陪孩子爱阅读

20个家庭的亲子阅读之旅

张 燕◎主编

华东师范大学出版社

上海

一次陪伴

张　燕

一

真好，能够和这么多可爱的家长一起做出这本可爱的书。

借着阅读，他或者她，与孩子之间进行了最美好的陪伴，同样借着阅读，我们之间，也是一次最美好的陪伴。

二

关于亲子阅读，我喜欢松居直先生的一些看法和说法，他在《爱的语言》一文里写道：

念书给孩子们听，就好像和孩子们牵手到故事国去旅行，共同分享同一段充满温暖语言的快乐时光。即使经过几十年，我们仍然以自己的方式，将这些宝贵的经验和美好的回忆珍藏在内心深处。

一直以来，我所在的锦绣博文幼儿园有很多家长朋友，相聚在"小种子"悦读坊,他们在那里一起学习、分享并相互鼓励,他们念书给孩子们听,牵着孩子们的手,"到故事国去旅行"。在"旅行"中,他们度过了很多光阴,经历了很多风景,不但欣赏了天光与云影,更对"旅行"本身有了很多理解与发现,因此,我们试图用这本书,将这些宝贵的经验和美好的回忆进行珍藏。并且,特别重要的一点,虽然书中的故事说的是不同家庭的个体经验,但汇集起来,就会呈现出不少共通的、值得其他家庭学习的亲子阅读方式和策略。

三

到底大人和孩子之间,怎样的亲子阅读才是"好的"?

我想来想去,想出这么几点:一是给孩子一个书的世界;二是培养孩子的阅读兴趣;三是在阅读中大人和孩子一起成长。

孩子是从什么时候知道世界上有一样东西叫做"书"的?想来,应是从大人捧起书来到他面前这个动作开始的。很多人都听过犹太人将蜂蜜涂在书页上让孩子尝一尝的故事,我倒是觉得这个故事最大的意义不仅在于让孩子认识到"书"是甜的,而是让孩子从此意识到与书有关的世界都是甜的。亲子阅读的起点,就是把"书"这个世界带到孩子面前,让他/她知道有这样一个四四方方却奥妙无穷,通过手指的翻页来推进的世界,这个世界是甜的。

培养孩子的阅读兴趣,是说借着共读,让孩子对阅读这件事产生兴趣,能够感受到读书是多么愉悦而美好的事。大人参与其中,一来可以进行指导,二来也会给孩子一个感受——大人是如此深爱着阅读,就和他一样。我觉得后者其实更为重要,吴蓓老师曾在文章里写道:

孩子看到的图画必须非常美丽,色彩、内容应该健康、积极、美好。……"图画"在德语里是榜样的意思,孩子看到的画面会内化成他的一部分。

这个"榜样"在绘本阅读中显得如此卓尔不群,这是书籍的榜样,是阅读的榜样,也是兴趣的榜样。

至于说大人和孩子在阅读中一起成长,想来不必多说。阅读本来就是一种修炼,一路读下去,大人变成更好的大人,孩子变成更好的孩子,家庭变成更好的家庭,世界变成更好的世界……这样的阅读,怎么会不好呢?

这本书,就是想让大家看到很多很多好的亲子阅读。

四

从上述的角度,来进入这本书里的故事,就别有一番感受与收获,仔细去读、去体会、去领悟,这些大人是怎样把孩子带进书的世界,又怎么让他们生出更多的兴趣,最终又如何与孩子一起成长。

看起来,本书的三个分类——"读什么""怎么读""为什么读",都是"技术",尤其前面两辑,但我要说的是,亲子阅读,扎根于"亲子",绝非是一招一式刻意而为的"技术"。或者说,关于"技术",一般人的理解一直存在误区,多年以前,好朋友发来王德威先生的一段话,正是讲这个:

海德格尔曾说明技术这一观念的微妙意义。我们今天对技术的认知,多与其立竿见影的工具性衔接,有用之谓也。海德格尔曾提醒我们,技术的希腊字源,不仅指器械手艺,也更指经由人为媒介,由无生有的过程。正因为慧心巧手使然,无从捉摸的天机得以为我所形构驾驭。

在我看来,本书各篇,真正值得我们再三咀嚼的,恰恰是这"由无生有的过程",并且,永远不要忘记,"由人为媒介",这是亲子阅读的精神,也是这本书的精神。

五

说到"由人为媒介",还有一点必须一提,那就是每篇案例之后的点评。进行点评的几位既有来自教研部门的博士后,也有一线教书的普通老师,还有同为亲子阅读践行者的家长,他们通读相应案例,提炼出案例中最具代表性的尤其是可供读者借鉴的观念、思路、方法、策略、书目等。从内容上看,这些点评是对原有案例的概括与点拨,同时,更重要的,也更强调的是突出了一种"爱阅"的精神,就像有评者在点评中所说,"阅读不是一件任务,我们所要做的就是让孩子爱上阅读",所有的点评都指向这一点,推心置腹,娓娓道来,值得读者品味一番。

感谢以下朋友撰写点评:

冷玉斌,小学语文教师,2015年度中国教育报推动读书十大人物;
曹刚,南京师范大学附属中学树人学校语文教师;
王丽琴,上海市浦东教育发展研究院副教授。

另外要说的一点是,全书在版式上特意留出 1/3 留白空间,将正文中提到的推荐书目、亲子阅读 Tips、儿童发展规律等内容单独拎出呈现,协助读者更方便地思考、借鉴。当然,更多空白还是留给读者的,每个人阅读案例后的感受和心得并不相同,在空白处写下你觉得印象深刻的语句,留下你自己的感悟吧。

张 燕

目录

第一辑　　读什么？

第二辑　　怎么读？

第三辑　　　为什么读？

第一辑

读什么？

做个负责任的阅读把关人

自述者 姜 昳(5岁叮当的妈妈)

家庭档案

　　叮当5岁,在幼儿园读中班,爸爸在银行工作,妈妈在大学任教。爸爸工作比较忙,每天很晚回家,经常出差。妈妈每周有三天去大学上课,因备课、科研等工作可以在家完成,待在家里的时间比较多。从叮当出生起,家中长辈——主要是叮当的外婆就在上海帮忙照顾小家庭的生活起居,让妈妈可以把更多的时间和精力花在陪伴孩子上。

亲子阅读 Tips

★ 父母有责任为孩子挑选适宜的优秀书籍,甚至是成为阅读的把关人。选书的基本原则是,必须由专业的绘本作者专门为儿童创作的作品,最好是经过时间检验或专家肯定的优秀作品。

★ 开展亲子阅读的过程,也是父母广泛调查、精心挑选书籍,在共读中发现孩子的阅读兴趣,再一边发展兴趣、一边填补空白的过程。

★ 尊重孩子的阅读习惯和阅读兴趣,顺势引导,让读书成为自然的、快乐的事情。

3

★ 在孩子上幼儿园之前就应该开展大量的亲子阅读,这对于他们专注力的培养、艺术感觉的启蒙及最初世界观的形成都有很大帮助。

★ 不必刻意去教,在亲子阅读的过程中,孩子识字量的日益丰富是水到渠成的结果。

★ 在泛读的基础上,可以挑选一些孩子喜欢的绘本进行反复精读。优秀的绘本作品具备常读常新的魅力。

我从小就爱看书、买书,特别是读了中国古典文献学的研究生以后,买了不少大部头的工具书、专业书,不敢谈藏书,因为见多了老师、同学房间里书堆得无处下脚的情形,一来是觉得书在手边用起来方便,二来美好的东西总难免想要拥有,随时与之亲近。

叮当出生以后,我发现了新的乐趣——陪孩子读书、给孩子买书。这五年多来,陆陆续续购入的绘本超过了 500 本。叮当的书,翻得再旧了我也不舍得扔,他一两岁时看的那些简单的小书也都好好地保存着,时常拿出来重温一下。

因为从小阅读的缘故,叮当对书非常亲近,随时随地拿起一本书来看,对他而言是非常自然的一件事。在我们家，阅读没有固定时间，只要他想听故事了随时都可以为他读，想听多久都没问题。寒暑假到外公外婆家，会让他带上几套心爱的书慢慢读，哪怕周末短途出游，也会挑选两三本书作为睡前故事。随着叮当年龄的增长，从我选书给他读，逐渐变成了他选书让我读，当然有的时候，他会选书自己读，或者给我读，我也会不断挑选新的绘本与他一起读。

在与叮当共读的过程中，我深深地感到，能够将优秀的童书带到孩子的面前，看见孩子因此打开了一扇认识世界、发现美的大门，是多么幸福的一件事。亲子阅读，也给身为父母的我们带来了挑战：怎样选择合适的绘本，才能保证孩子精神食粮的品质？

广泛了解绘本信息

逛论坛，初涉绘本

我最初了解、接触绘本是在叮当出生以后，逛育儿论坛的时候发现好些妈妈都在推荐佐佐木洋子的《小熊宝宝》和《噼里啪啦》系列。于是在叮当半岁多的时候，把它们买回了家。这两套书在叮当1周岁以后成了他的最爱，《小熊宝宝》一套有15册，《噼里啪啦》一套有7册，可叮当一定要一口气全部读完，特别喜欢的还要反复地读。

从妈妈们在论坛上的经验分享中，我初步了解到什么是绘本，有哪些让孩子们着迷的经典绘本。

叮当1周岁后的最爱：
《小熊宝宝》
《噼里啪啦》

但是妈妈们的分享毕竟主观性比较强,而每个孩子的兴趣爱好、发展情况是不一样的,完全按图索骥并不现实,所以我关注的重点逐渐地从别人的孩子爱看什么转移到了书籍本身,试图通过广泛了解绘本信息来发现适合我的孩子的绘本。

❀ 上网站,选书购书省精力

想要了解图书信息,逛图书馆和书店当然是最直接的途径,拿在手上翻阅一遍,便可了解绘本的文字内容、图画风格,产生直观的感受。但受限于时间和精力,我更多在网上购书,便捷之外,在价格上也有不少优惠。最初在亚马逊、当当网和淘宝都买过书,后来就固定在当当网购书。当当网根据适读年龄对童书进行了分类,也有专业绘本出版品牌的专辑链接。网站的畅销排行榜、主编推荐、专家推荐和精彩书评也都有一定参考价值。点击感兴趣的图书,除了出版信息,还有几页可供试读,对图书风格也能有所了解,再加上买家评价,可以形成大致的印象。

❀ 看推荐,精挑细选

但浏览购书网站,难免会产生一种眼花缭乱、难以抉择的感觉。名家名作、奖项荣誉、畅销作品,几乎每部书都是出版社精挑细选的上乘之作。但还是太多了,买不完也看不完。什么才是最适合叮当的书呢?哪些值得买回家收藏、反复品读呢?在做出购书选择之前,除了我个人的阅读品位以及对叮当

当当网根据适读年龄对童书进行了分类,也有专业绘本出版品牌的专辑链接。

阅读相关的推荐微博:
@杨政
@彭懿
@信谊图画书
@蒲蒲兰绘本馆
@爱心树童书
@启发童书馆
@彩翼儿童绘本馆

喜好的揣测之外，还是需要一些专家或者有识之士的指点。为此我在微博上关注了一些绘本阅读的账号，有童书出版社的，有儿童文学家的，有绘本推广者的，结合他们的推荐来挑选心仪的书籍。

🌸 幼儿园、家长群，拓宽眼界

幸运的是，绘本阅读正是叮当所在幼儿园的特色。自从叮当上了幼儿园，我在绘本的选择上得到了更多专业的指导。幼儿园网站的首页就有"馆藏书目"的链接，将绘本按照内容分成"生命教育类""乡土民俗类""认知学习类""日常生活类"等14个大类，每一类都附有详细书单。幼儿园里的绘本屋每周为小朋友提供一次借书的服务，也让家长有机会更直观地了解幼儿园藏书的情况。幼儿园的"小种子"悦读坊每月举行一次活动，由园长和老师向家长介绍如何与孩子共读绘本，只要有时间我都会参加，除了学习阅读绘本的技巧外，老师推荐的图书也都一一列入购买清单。

去朋友家做客，我常会看看那家孩子的书橱，听听那家妈妈的推荐。同园的家长们也都非常重视阅读，常常进行阅读心得的交流，我也因此而拓宽了挑书的眼界。

给孩子提供适宜的书

对于1岁以前的孩子来说，书只是一种玩具。

叮当半岁以后,我买过黑白卡、视觉挂图等对他进行视觉刺激和启蒙。亲戚也送过一些布书和小本的启蒙认知书,叮当也会翻着玩儿。到叮当9、10个月左右,外婆买了一套故事绘本,三只小猪、丑小鸭等经典童话形象以彩泥造型在书中呈现,很吸引孩子。只是叮当不喜欢小红帽的故事,特别是大灰狼把小红帽和外婆吃掉的情节,一开始听时会被吓哭,后来干脆要求跳过这个故事不讲。我也因此开始重新审视这些耳熟能详的经典童话故事,发现其中存在着暴力因素以及性别定型问题,并不适合婴幼儿阅读。我也曾买过几本标榜专为0-3岁宝宝设计的经典故事、婴儿故事大全之类的书,但书里面的故事说教性较强,画面也较为艳俗,很快就被我束之高阁了。

从此我更坚定了这样的认识:给孩子看的书,必须是符合他们的认知能力、对心智发展有促进作用的,并且必须是美的。这种美,体现在故事的语言、情节和画面上,也体现在书的装帧、纸张上。在孩子开始接触图书的时候,就要给他们提供好的、美的阅读体验,培养起基本的审美观念。当然,什么是美,见仁见智。所以我为叮当挑选绘本的基本原则就是,必须由专业的绘本作者专门为儿童创作的作品,最好是经过时间检验或专家肯定的优秀作品。

像《小熊宝宝绘本》《斯凯瑞金色童书》及历届凯迪克大奖作品等,受到一代又一代小读者的喜欢,都是历久弥新、值得收藏的好书。此外,我也为叮当订阅了《东方宝宝》《东方娃娃》杂志,每月一本的绘本

推荐书目:
《斯凯瑞金色童书》
历届凯迪克大奖作品
《东方宝宝》
《东方娃娃》

由编辑从国内外优秀作品中精选出来,品质稳定,符合孩子的阅读习惯。

随着年龄的增长,叮当的理解力、欣赏力也在不断提高,我会根据他的年龄特点、智力发展水平和阅读习惯来挑选合适的绘本。

例如叮当在 1 岁多时喜欢情节简单、语言重复的《小熊宝宝》《噼里啪啦》和《东方宝宝》绘本,我就会挑选同类型的文字简单、情节在重复中有变化的故事,如《幸福宝宝益智启蒙绘本》《可爱的鼠小弟》以及《好饿的小蛇》这样的低幼绘本与叮当共读。

叮当在 2 岁多开始喜欢有一定故事情节的绘本,如《叽里咕噜亲子互动绘本》《折耳兔奇奇》,逐渐地,《幸福的小土豆》《青蛙弗瑞格》《小鼠宝贝》《米米》系列、《小巧手游戏书》《婴儿画报精品故事书》、斯凯瑞系列故事以及《大卫不可以》系列、《我爸爸》《我妈妈》《猜猜我有多爱你》《是谁嗯嗯在我的头上》《100 层的房子》等经典绘本也都逐渐进入了叮当的日常阅读书目。

3 岁以后,深受叮当喜爱的绘本有《小兔汤姆》系列、《阿罗》系列、《11 只猫》系列、《开车出发》系列、《点点点》《棕色的熊、棕色的熊,你在看什么?》《妈妈,买绿豆》《小蓝和小黄》《字母树》《楼上的外婆和楼下的外婆》《我们要去捉狗熊》《动物绝对不应该穿衣服》《长颈鹿不会跳舞》《十二生肖的故事》《手不是用来打人的》《人》《ABC 之书》《东方娃娃》绘本以及《幼儿画报精品故事书》等。有些书刚买回家时他

叮当在 1 岁多时喜欢情节简单、语言重复的绘本。

叮当在 2 岁多时喜欢有一定故事情节的绘本。

叮当在 3 岁以后的阅读兴趣越来越广泛。

9

不怎么爱看,可能是不符合当时的心智或兴趣,那就先搁着,过段时间再喜欢上的情况也时有发生。比如我买过一套《趣味转转书》,包括《在家中》《宝宝的一天》《在农场里》《动物和它的宝宝》4 本。叮当 3 岁时对这套书完全没兴趣,到了 4 岁突然就非常痴迷,喜欢从画面中寻找答案给自己一些挑战,解题正确后他会获得极大的自信心和满足感。

在叮当 4 岁以前,我收书的范围很散,各国作品、各种主题内容的绘本都有,觉得好的就会买,没有明确的规划性。这些书大多受到了叮当的欢迎,为他奠定了比较广阔的阅读基础。虽然我们从未刻意教叮当认字,但他的识字量在同龄孩子中是比较大的,在幼儿园中也被认为是心智发展相对成熟的孩子,专注力很强,这和他从小开始的大量的阅读是分不开的。

4 岁以后叮当在幼儿园中参与了丰富多彩的社会性活动,也通过绘本借阅等方式接触到了更多图书,但阅读的时间却比以前少了,也不再像以前那样反复读一本书。在改变共读方式的同时,我也放缓了买书的步伐,更加有针对性地选购图书。

如叮当喜欢李欧·李奥尼的《小蓝和小黄》《字母树》,那么同一作者的《小黑鱼》《田鼠阿佛》等作品也一并购入。安东尼·布朗的《我爸爸》《我妈妈》直到现在都是叮当时常翻阅的爱书,于是我将同一作者的《我喜欢书》《形状游戏》《朱家故事》等也收入囊中。通过集中的比较阅读会发现同一位作者不同作

在叮当 4 岁以后,放缓了购书的步伐,根据他当下的阅读兴趣有针对性地选购同一作者的书。

品中绘画以及叙事风格的一致性和延续性，这非常有意思。比如读完《母鸡罗斯去散步》，我们会再拿出《金老爷买钟》和《晚安猫头鹰》来一起回味。叮当曾经从浦东图书馆借过一本昆汀·布莱克的《六个和七个》，因为他非常喜欢，于是我们买了一本收藏，后来他又从幼儿园的绘本屋借回一本《派克的小提琴》，我翻了翻发现绘画风格似曾相识，于是问叮当能不能看出作者是谁，叮当马上回答出是《六个和七个》的作者。这两本书并非同一家出版社出版，装帧样式也不一样，后者的作者名字更被译成了昆汀·布雷克，而叮当纯粹是从绘图风格判断出来的。五味太郎、宫西达也的绘本，也都有鲜明的个人风格，深受叮当的喜爱，我们借阅、收藏了不少这些大师的作品。

5岁多的叮当开始表现出对自然、科学的探究欲望，我又购入了《神奇校车》等科学系列绘本，虽然有些内容略显艰深，但孩子看得津津有味。

5岁多的叮当开始表现出对自然、科学的探究欲望，开始购入科学系列绘本。

在共读中发现孩子的兴趣点

每个孩子的兴趣和特长都不一样，有的喜爱运动，有的擅长绘画，有的对音乐有天生的敏锐感受。我们一直很关注叮当的全面发展，比如每天保证大量的运动时间，陪着一起画画做手工等，但他还是在阅读方面表现出了浓厚的兴趣，并带有明显的阅读偏好。

推荐书目：
《小兔子快乐认知：创新低幼启蒙读物》

🌸 对数字和字母的兴趣初显

叮当 2 周岁的时候，我买了一套《小兔子快乐认知：创新低幼启蒙读物》，包括了《小兔子识数字》《小白兔玩颜色》《小灰兔学归类》《小棕兔认形状》《小花兔学字母》《小棕兔认时间》6 本书。这套书开本大、画面干净、色彩鲜明，孩子和我都很喜欢，是当时阅读频率很高的一套书。开始的时候通常是一气儿把 6 本讲完，渐渐地，叮当会指名要讲其中某几本，并且反复多次地听，剩下的就不怎么要讲，丢在一边。这其中叮当最爱的两本是《小兔子识数字》和《小花兔学字母》，特别是前一本，很快就被翻破了，我不得不用胶带纸把书给粘起来。叮当 1 岁以后就不撕书了，爱惜书本的意识很强，把一本书翻到烂的情况是很罕见的。就是从这时候开始，我非常明显地感受到了叮当对数字和字母的兴趣。

在其他的套书中，叮当也表现出鲜明的喜好。《阿罗》系列中读得最多的是《阿罗的 ABC》，后来甚至点名只看这一本。书里有些比较复杂的词比如 rhinoceros（犀牛）、sea serpent（海龙王），叮当都非常感兴趣地记住了。从《斯凯瑞最棒的故事集》里头会单独挑出《请大河马希尔达吃 ABC》和《耳边轻语》来讲，分别是用从 A 到 Z 打头的单词串成的故事和从 1 数到 12 的故事。

🌸 英文阅读词汇积累

叮当从书中认识了字母，还主动要学着写，用小手指头在书上比着画来画去。于是我在纸上把字母写给他看,他也就像模像样地在写字板上一遍遍地写着玩。顺着叮当的兴趣买回的《字母树》《ABC 之书》都是他反复阅读的心头大爱。叮当很爱和我玩的一个游戏是轮流说出从 A 到 Z 打头的单词,并逐渐升级到只能说动物的名称,或者只能说食物。而他的词汇量,就是从这几本绘本中积累起来的。后来我又陆续与他共读了 *Kim and Carrots*、《培生幼儿英语》《兰登双语经典》这些简单的英语绘本,并且在他三岁半以后正式报班学习幼儿英语,叮当在英语班的学习兴趣异常浓厚,表现也很突出。

 ### 数学游戏兴趣浓厚

叮当对数学表现出的兴趣就更大了。他在两岁半学会写数字之后,走火入魔似地每天写啊写,刚睡醒还躺在床上呢,就伸出小手在空中比画来比画去,到哪里都抱着写字板,写了擦、擦了写,不知写坏了多少块。外出的时候他还特别留意公交车上的数字,并且模仿着写出来。岩井俊雄《100 层的房子》和《地下 100 层的房子》、五味太郎的《数字在哪里》《三顶帽子几个人》、濑边雅之的《100 只动物大游行》都是他读过无数遍几乎要翻烂的书。

他还会自己把数字和字母结合起来,有一天突然问我:"A 是第几个字母?""第 1 个。""那 E 呢?""第 5 个。""L 呢?"我默默地在脑子里数了数,说:"第 12 个。""那 Q 呢?"我反问他:"你说是第几个

推荐书目:
《字母树》
《ABC 之书》

推荐书目:
《100 层的房子》
《地下 100 层的房子》
《数字在哪里》
《三顶帽子几个人》
《100 只动物大游行》

呀?""第 19 个呀!"叮当兴奋地马上报出了答案,我再掰着手指头算了算,果然没错。以后他就常常拿这个来考我们,并进一步发展到出这样的题目给我们做:"C+E=?"而那时候的叮当 4 岁还未满。鉴于叮当在数学方面表现出来的强烈兴趣,我也陆续买了一些迷宫书、找不同、图画捉迷藏的书,他一口气能做一二十页,做完了就催我再去买,有时会自己默默地把做过的书拿出来再做一遍。

❋ 认字顺势而为

有一段时间,叮当对识字的兴趣浓厚,见到文字都要问一问这是什么,他问我就会回答,但不会刻意地教。我一直认为过早识字会禁锢孩子的想象力,在亲子阅读的过程中,自然地认识文字当然是很好,但不该把识字当作阅读的目的。

但在叮当 4 周岁左右的时候,有一段时间他看书只盯着字看,完全不看画面。加上他从小不喜欢画画涂鸦,只爱写数字、写字母,我为此颇有些焦虑,除了引导他一起边读边画绘本之外,还买了些无字书回家来与他共读。

比如莫妮克·弗利克斯的《小老鼠无字书》、芭芭拉·莱曼的《小红书》、大卫·威斯纳的《七号梦工厂》《海底的秘密》等。

但叮当一直没有对这些书表现出很大的兴趣。他要求我讲给他听,对我在阅读中提出的问题勉强作答,但不愿自己看、自己讲。到后来他还常用手比

在亲子阅读的过程中,自然地认识文字当然是很好,但不该把识字当作阅读的目的。

14

着书上的字写来写去，我干脆下载了一个笔顺 APP，每天给他写几个字。

奇怪的是，渐渐地他看绘本的关注点又回到了画面上，甚至是文、图都能同时兼顾到了。甚至自己还主动要求看无字书，拿出《疯狂星期二》和《七号梦工厂》讲给我听，还注意到了画面上一些以前没发现的小细节。到了中班以后，他也开始愿意画画了，画的时候颇有些自己的想法。

从这件事上我也认识到，孩子有自己的阅读习惯和阅读兴趣，家长只需顺势引导就好。很多时候孩子吸收进去的东西不会立刻反映出来，但那些影响是潜移默化的，等有了一定的积累、到了合适的时机，自然就会表现出来，甚至带给我们惊喜。

很多时候孩子吸收进去的东西不会立刻反映出来，但那些影响是潜移默化的，等有了一定的积累，到了合适的时机，自然就会表现出来。

坚持把美好的东西带到孩子面前

阅读习惯是从小养成的。孩子的世界相对简单，绘本中传递出的信息经过重复讲述而被幼儿反复认知，在脑海中留下深刻印象，潜移默化地影响着他们的艺术感觉以及最初的世界观的形成，因此早期高质量的亲子共读尤为必要。家长有责任为孩子挑选适宜的优秀书籍，甚至是成为阅读的把关人，提供给孩子高品质的精神食粮。

每个孩子的个性特质都不一样，了解自己的孩子，根据孩子的兴趣和心智发展的特点来开展亲子阅读，才能给孩子带来美好的阅读体验。开展亲子

每个孩子的个性特质都不一样，了解自己的孩子，根据孩子的兴趣和心智发展的特点来开展亲子阅读，才能给孩子带来美好的阅读体验。

阅读的过程,也是家长广泛调查、精心挑选书籍,在共读中发现孩子的阅读兴趣,再一边发展兴趣、一边填补空白的过程。这当然不意味着对孩子阅读自主权的限制,孩子还是可以通过在学校的图书角、绘本屋、图书馆、书店、书展中的浏览、借阅、购买来表达自己的喜好。亲子阅读时孩子自己挑选和家长推介相结合,是比较合适的方法。

优秀的绘本作品都具备常读常新的魅力,甚至成年人也能从中读出一些人生感悟。尽管正版精装绘本不算便宜,但挑选一些进行收藏,绝对是值得的。

从绘本中发现美、感受美,共度亲密愉快的亲子时光,这是我们阅读的初衷。至于孩子能从中读到、学到什么,那是由他的天资、阅历所决定的,家长可以引导,但不必强求。我们所做的,就是把美好的东西带到孩子面前,陪伴、等待、相信,如此而已。

每年为新生家长或社区家长做阅读讲座,被问及最多的就是该给孩子读什么书,有的家长干脆说请老师推荐个阅读书目吧。确实,在这个童书年增长率达 9%、份额占据图书市场 16%、童书品种喷涌的时代,寻找适合的书反而成了让我们头疼的事。叮当妈妈用自身的经历细致述说了寻书之旅。我们不妨在她的字里行间理出一条清晰的脉络。这条脉络,相信会给我们带来启发。

叮当妈的寻书大概可分成三个阶段:

第一阶段：别人都在读的书

"逛育儿论坛的时候发现好些妈妈都在推荐"，"从妈妈们在论坛上的经验分享中，我初步了解到什么是绘本，有哪些让孩子们着迷的经典绘本"，"都推荐""经验帖"无疑成了新手妈妈的良药。经过实战检验并被很多妈妈认可的绘本，一定程度上代表了儿童年龄特点的普适性发展需求。事实上，别人家读的一些好书，叮当也是百读不厌。

但是，仅仅这样去选书就可以了吗？叮当妈很快发现，"妈妈们的分享毕竟主观性比较强，而每个孩子的兴趣爱好、发展情况是不一样的，完全按图索骥并不现实，所以我关注的重点逐渐地从别人的孩子爱看什么转移到了书籍本身，试图通过广泛了解绘本信息来发现适合我的孩子的绘本"。这其中，有两个观点非常值得注意。首先，经验分享的主观性导致的局限，读书这件事，本来就是很私人很主观的事，"汝之毒药，我之甘饴"，每个孩子的个性特点、气质喜好都不一样，对书的喜好和兴趣必然也会呈现出不同的需求。也就是说，在共性特点之外，我们要思考"我"的孩子适合读什么。第二，怎么知道我的孩子适合读什么。我们常常说，不是我们读书少，而是我们读的原著少。通过妈妈们的经验分享去了解童书，信息零碎纷杂，也可能良莠不齐，往往耗费大量时间却不得要领。因此，叮当妈在有能力为孩子个性化选书之前，把目光"转移到了书籍本身"，此时，叮当妈自觉进入了第二阶段。

第二阶段：童书专题学习

正本清源，通过专业图书网站、阅读相关微博和公众号以及幼儿园的阅读共同体，静心阅读经典，独立思考，从本质上了解童书是什么，它的结构类型、画风装帧、历史渊源……为未来针对叮当需求选择适宜的书奠定了坚实的基础。

从完全不懂的新手到初涉绘本之河，叮当妈显示了大学老师做科研的严谨精神和独立思考能力，因此，顺利进入第三阶段。

第三阶段：我的孩子爱什么书

对叮当妈的表述我们毫不奇怪，但读来却依然震撼不已。"叮当在1岁多时喜欢情节简单、语言重复的绘本"，"2岁多开始喜欢有一定故事情节的绘本"，"3岁以后，深受叮当喜爱的绘本有……"，"叮当3岁时对这套书完全没兴趣，到了4岁突然就非常痴迷，喜欢从画面中寻找答案给自己一些挑战，解题正确后他会获得极大的自信心和满足感"。这些话，如果没有对叮当的仔细观察是写不出的，而每一条特点之后长长的书目，没有针对性的顺应和满足也同样是列不出的。此时，可以看出，叮当妈的寻书之旅已经逐渐走向了个性化选书阶段。而叮当，也逐渐成为拥有良好阅读习惯和能力的小书迷。

你喜欢叮当妈的寻书故事吗？就如蒋佩蓉老师所说：最好的书是孩子最爱读的书。我们可以参考经典书单，但我们更要用心观察自己孩子的喜好后再去选择。因为，阅读不是一件任务，我们所要做的就是让孩子爱上阅读。

张　燕

从6个月开始让书成为孩子的玩伴

自述者　周　镁(4岁逗逗龙的妈妈)

家庭档案

爸爸：33岁，银行客户经理；喜欢钻研、探索及户外运动；擅投资、理财。妈妈：32岁，幼教老师；爱看书、旅行和"遛娃"；带娃能手。儿子：4岁，喜水，对凡是和水有关的事物都痴迷不已(如喷泉、瀑布、游泳等)；爱表达，一说就没完没了。

亲子阅读 Tips

★ 要让孩子爱上阅读、爱上看书，第一件事情就是要让他成为一个爱惜书、视书为友的人。

★ 亲子阅读从6个月开始，越早开始亲子阅读，做起来越容易，效果也越好。

★ 反复阅读是早期阅读的重要特点之一，是孩子成长中特有的学习方式。父母并不需要每天讲一本书力图新鲜有趣，一本绘本也可以和孩子一起阅读两到三天。

★ 在孩子1到3岁时期，可以开始逐渐选购富有情节、侧重情商培养的绘本。

★ 图画书的画面是会讲故事的，如果画面故事被有心的教育者发现就可以成为丰富故事内容的线索。

你或许拥有无限的财富，
一箱箱的珠宝与一柜柜的黄金。
但你永远不会比我富有——
我有一位读书给我听的妈妈。

——摘自史斯克兰·吉利兰《阅读的妈妈》

当我的宝贝尚未降临到我们身边时，我就已经决定要做个坚持每天为我的孩子朗读的妈妈。会有这样的决心，源于我是一名热爱阅读和语言教学的幼教老师。从 2007 年开始，我在日常工作中接触了形形色色的绘本，优秀的绘本用简单的画面、简单的文字表达出深刻的内涵，可以把很多人生哲理通过有趣的绘画、简练的文字传达给孩子。阅读适合的绘本对孩子的未来将产生深远的影响。我先生在银行工作，最初，他的阅读兴趣仅限于金融类书籍，但随着孩子一天天长大，他有时也会和孩子一起阅读，甚至用上海话给孩子说故事，说着说着，父子俩就快乐地笑成一团，拥抱在一起。这真是幸福的时光！

让孩子爱惜书、视书为友

要让孩子爱上阅读、爱上看书，第一件事情就是要让他成为一个爱惜书、视书为友的人。从我家逗逗龙六个月开始,每过一段时间我就会从亚马逊或当当网购买一些适合他的绘本,与他一起欣赏、阅读。所以,在逗逗龙尚不会说话时,他就已经开始喜欢上名为"书"的"玩伴"。至今,我们读过的每一本书基本都完整地保留着。

从他拿到第一本书开始,我都会像给他介绍一位有趣的朋友一样郑重地展示书、翻阅书。两岁之前,逗逗龙偶尔也会"不小心"让书"受伤"。那时,我并不会责怪他,破坏是孩子成长过程的一部分,谁小时候没有做过这样的事情呢? 我会轻声告诉他:"你的朋友'受伤了',需要妈妈来修补一下。"及时找来透明胶和剪刀,当着他的面修补好图书,让书页完好如初。同时,我会告诉他,书和他一样会疼,我们最好不要让书"受伤"。

在教养孩子的过程中,很多时候迅速、及时的行动比絮絮叨叨的语言、讲道理更直观、有力、事半功倍。反反复复几次之后,逗逗龙再也不会去撕他的书"朋友",而是在不小心弄坏后,也会很心疼、很紧张地要求我赶紧修补。就这样,我们的每本绘本"朋友"都很愉快地在书箱、书架上幸福度日,因为它们的小主人非常爱惜他们,将它们视为珍宝。

从儿子拿到第一本书开始,我都会像给他介绍一位有趣的朋友一样郑重地展示书、翻阅书。

选对书才能让孩子爱上书

作为一名幼教老师,经常会听到一些家长抱怨"我们明明很小的时候就开始和孩子讲故事了,可是他就是不爱看书，完全静不下心来阅读，逼他也没有用"。这时，我通常会微笑地问他们：

"你们平时亲子阅读时都看些什么书？"

"就是小朋友喜欢的童话故事、寓言故事之类的……"

"接触过绘本吗？"

"什么样的绘本？我们小时候看过吗？"

每当遇到这样的家长，我就很为他们感到惋惜。因为自身接触面的局限，使他们倾向按照自己的童年记忆给孩子选书。而那些根本不适合小年龄段孩子欣赏的以大量文字为主的故事书只会让孩子更加困惑、没有方向，自然不会有兴趣去翻阅。久而久之，恶性循环。父母没有给孩子选对书，错过了培养孩子早期阅读兴趣的黄金时期，反而将无辜的孩子归入不爱看书之列，不知是谁之过？

❀ 6个月-1岁半，绘本打开了孩子认识世界的第一扇窗户

我们家的亲子阅读是从逗逗龙6个月时开始的，越早开始亲子阅读，做起来越容易，效果也越好。孩子在1周岁之前，从朦胧的混沌过渡到有秩序的世界。他们需要在家长的引导下，逐步地认识各种事物，书就是其中之一，绘本打开了孩子认识世界的第一扇窗户。6个月的孩子虽然还不能说话，但听

6个月的孩子虽然还不能说话，但听力正日益发展，让他们听到大量丰富、优美的语言对发展出有品位的语言感觉十分关键。

力正日益发展,让他们听到大量丰富、优美的语言对发展出有品位的语言感觉十分关键。

6个月的孩子对亲人的声音很敏感,因此亲子共读是最有效的阅读方式。此时最好挑选构图比较简单、颜色比较明快、轮廓比较清楚、线条比较干净的绘本。书中文字还应富有节奏感,能朗朗上口,情节在反复中稍有变化,而书中形象和场景则是在孩子生活中常见并熟悉的。

提问 我家孩子就爱看那一本或几本书,对其他的书好像都不太喜欢,为什么?

这是我经常会听到的小年龄段家长的抱怨。事实上,反复阅读是年幼孩子早期阅读的重要特点之一,是孩子成长中特有的学习方式。他们由于记忆力和理解力相对有限,对新奇的词汇、表达方式和知识素材往往需要经过多次的重复才能不断强化,将其纳入长时记忆。反复阅读可以减少孩子对于新鲜内容的不确定感,增强这一时期孩子的自信心、控制感和安全感。所以,从襁褓中的婴儿到摇摆学步的娃娃,亲子阅读的内容建议主要是文句重复的绘本。我们并不需要每天讲一本力图新鲜有趣的书,一本绘本可以和孩子一起阅读两到三天。在每一次阅读的旅途中,牙牙学语的孩子都会得到我们所无法想象的收获。

在一岁半之前,我给逗逗龙挑选的绘本大多是我在从事幼教以来一直都非常喜欢的蒲蒲兰绘本系列。其中,最受逗逗龙喜爱的当属《小熊宝宝》绘本系列,共有15本书。这套绘本,内容丰富,涵盖了婴幼儿生活的各个方面:吃饭、睡觉、洗澡、穿衣、问好、交友等。简单重复的语言容易为孩子识记，生动传神的动物形象深受孩子喜爱。

还有一套类似的《噼里啪啦》系列，共 7 本。分别描绘了孩子在刷牙、洗澡、吃点心、游玩等各种时候所碰到的问题，以风趣的方式教会他们人生最初的知识。画面不仅夸张诱人，而且采用了一些局部折叠的方式，孩子可以不时地翻开一些折叠页，看到隐藏起来的画面，非常符合小年龄孩子的阅读心理。

逗逗龙还偏爱的一个系列是《聪明的小宝》绘本系列，可能是因为小时候我们也叫他小宝，他对相同的名字产生了共鸣，至今还会不时地拿出来翻阅回味一番。这一系列由日本著名童话作家阿万纪美子和《可爱的鼠小弟》系列绘本的创作者著名画家上野纪子联袂创作，是低幼绘本中的经典作品。文字简洁、画面可爱生动，包括吃饭、睡觉、玩耍、做鬼脸、拍手……讲述孩子日常生活中的细节和习惯，孩子们读来亲切有趣。

以上三个系列，是逗逗龙在 6 个月 - 1 周岁期间最常阅读的绘本。当我盘腿坐下时，他就会主动爬过来坐在我的腿上，我们开始一本本地翻阅，一看就是数十分钟。即使已经看过无数遍，他也还是每次都乐此不疲。长到 8 个月以后，他会咿哩哇啦地指着书上的某一情节急着表达。

在翻阅的过程中，书中折叠页的部分会因为经常翻看而脱落，我都会及时修补，而逗逗龙在下次翻到那处时，似乎也会格外小心。

画面不仅夸张诱人，而且采用了一些局部折叠的方式，孩子可以不时地翻开一些折叠页，看到隐藏起来的画面，非常符合小年龄孩子的阅读心理。

当我盘腿坐下时，他就会主动爬过来坐在我的腿上，我们开始一本本地翻阅，一看就是数十分钟。

这些绘本产生的潜移默化作用，使逗逗龙的规则意识也逐渐有了雏形。很多同龄孩子会遇到的刷牙难、嗯嗯难、爱哭闹等问题，在逗逗龙身上几乎没有发生过。因为这些问题在他看来是熟悉的、是能解决的，书上的小朋友已经起了很好的示范作用，告诉他应该怎么解决这些问题。

还有一本绘本我要重点介绍一下，这本绘本出现在逗逗龙1周岁时的"抓周"仪式上，同样属于蒲蒲兰系列，名为《谁藏起来了》，大致内容如下：狗、老虎、河马、斑马、袋鼠、狮子、兔子等孩子喜欢的18个动物朋友逐个登场亮相，它们都瞪大眼睛看着小读者们，这种直接面对书中形象的手法，给孩子强烈的参与感。作者对本书的很多环节都作了精心的设计，每次翻页都是让孩子来猜猜"谁藏起来了""谁哭了""谁转过身去了"……巧妙的艺术构思和精致的手工画令人赞叹。动物们轮流躲藏、变换着各种不同姿态。逗逗龙和我反复阅读了这本书很长一段时间，我们尽情地和这些动物朋友们一起玩这个简单又好玩的游戏，可以说是百读不厌。通过快乐的"躲猫猫"游戏，逗逗龙不仅认识了可爱的动物们，而且在一次次的猜谜中不知不觉地发展了他的观察力、记忆力，并对各种动物之间的不同细节特征有了更多更深入的理解。确实，孩子天生就对温驯可爱的小动物有一种亲密的感觉。

这本神奇有趣的绘本，让逗逗龙在学说话阶段就能准确无误地说出书中藏起来的小动物的名称。亲

推荐书目：
《谁藏起来了》

25

密的亲子共读给了他足够的空间和想象去观察不同动物，抓住它们的某些特征去分辨。亲子共读时，我一般只是静静地陪伴看，因为孩子的眼里看到的世界才是真正属于他的世界。在他静静地看某幅画面时，也许，某些共鸣的小秘密已经藏进他小小的心里。

这一时期，我们还读了其他很多有趣的绘本，多数绘本逗逗龙都很喜爱，但其中也有在这一时期不太合适的。如《幸福的小土豆》系列，因为文字较多，情感更加丰富，让1岁左右的逗逗龙失去了阅读的耐心和兴趣。当时，我并没有强制他继续读，而是先将它搁置一边等待时机。果不其然，在他1岁半之后，这一系列中的《哈罗，小白菜》成为他最喜爱的绘本之一。静待花开，阅读有时候需要等待合适的时机。就像我们的孩子一样，成长需要一个漫长的过程，我们能做的就是告诉孩子，别急，慢慢来！我相信你一定行！

静待花开，阅读有时候需要等待合适的时机。

❀ **1岁半-3周岁，绘本是孩子情商培养的最好载体**

在逗逗龙1-3岁时期，我开始逐渐选购一些富有情节、侧重情商培养方面的绘本。在近几年的幼儿教育工作中，我发现现在的家长普遍越来越重视孩子的早期教育，希望自己的孩子不输在起跑线上。所以在孩子的智商培育上不遗余力，在孩子很小的时候就开始来往于各种培训机构，力图让自己的孩子成为他人眼中的"好孩子""学霸"。但在情商或者说非智力因素的培养上却往往忽视。有些孩子性格孤僻、不合群、脆弱、急躁，情绪不稳定，缺乏安全感。但良好的情商却是决定孩子是否幸福的关键因素，情商高的孩子会有很好的自我认知，能主动地积极探索，从探索中建立自信心，有对自我情绪的控制和抗挫折能力，喜欢与人交往，愿意分享、合作。同时，很多专家认为，一个人是否具有较高的情商，和童年时期的教育培养有着密切的关系。通过实践，我坚定地相信，优秀绘本的亲子阅读是情商培养很好的载体。

> 我坚定地相信，优秀绘本的亲子阅读是情商培养很好的载体。

亲子阅读的时候，逗逗龙最喜欢坐在我的膝上，小脑袋依偎在我的怀中，我搂抱着他给他朗读。相信这令人陶醉的温馨画面无一例外地会出现在每一个热爱亲子阅读的家庭中。肌肤的相亲、语言的交流、心灵的沟通，会使得我们的孩子全身甚至全心都能感觉到牢牢拥抱自己的"那个人"，带给孩子很大的安全感。另外，在孩子尚且不识字的年龄段，妈妈读，孩子听。对于孩子来说，世界上最动听的声音莫过于妈妈的声音，妈妈用温柔、细腻、声情并茂的声音给孩子"读"故事时，孩子会沉浸在母亲温暖的话语中，感受到母亲愉悦放松的心情，以及由此带来的安全感和心灵舒适感。

很多绘本的内容对孩子情商也有很大的提升作用。以前我一直介绍外国绘本，但这几年，我国的绘本出版蒸蒸日上，在模仿的基础上逐渐显现符合中国国情的特色。在这一时期，我就选购了一套《中国儿童情绪管理图画书》，通过小兔子的形象将孩子在

> 推荐书目：
> 《中国儿童情绪管理图画书》

不同年龄段所面临的各种各样的情绪情境,如害怕、悲伤、快乐、爱、孤独、妒忌、生气等等娓娓道来,从自我情绪认知、自我与他人、自我与社会等角度,让孩子在充满趣味和美感的阅读过程中,认识和了解自己成长过程中的情绪变化,从而轻松快乐地接纳和管理自己的情绪。

提问 很多绘本特别是 3 岁前读的绘本惜字如金,丰富语言环境又从何谈起呢?

这位家长的困惑完全是从成人角度来看绘本,在孩子的"视界"中,绘本的画面是会讲故事的,如果画面故事被有心的教育者发现就可以成为丰富故事内容的线索。《母鸡萝丝去散步》是这类绘本中的经典之作。单从文字讲,这本书出奇的平实,简洁到全书只有 44 个字,但孩子每次读的时候总会哈哈大笑,因为图画和文字各自表述了两个故事,秘密一旦被孩子发现,这本书将成为孩子的最爱。作者哈斯群是个能真正抓住孩子心理的人,甚至她还为孩子设计了哈哈大笑的时刻,一共 7 次!不信的话,赶紧为你的孩子买一本读一读吧!

从孩子的发展来看,1 岁以前的孩子一般都非常温顺、乖巧。可一到 2 岁,孩子好像变了个人似的,特别叛逆、易怒,动辄大哭大闹,令人头疼不已。此时,出现了孩子人生的第一个叛逆期,在此期间,他的自我意识开始慢慢形成,一方面急于表达自己的情绪和意愿,一方面尚没有足够的自制力来约束自己的行为。同时也没有足够的词汇表达自己的感情和需要。所以,这个阶段的孩子,往往会让父母觉得,孩子是故意在和他们对着干,令人头疼不已。

这里就必须提到一本有趣的绘本——大师大卫·香农的《大卫,不可以》。这本书描写的是大卫,其实就是我们每个人小时候的自己。做了无数淘气的事情,即使爸爸妈妈在大吼大叫,小脑袋里也许已经想着下一步该玩什么。

推荐书目:
《大卫,不可以》

《大卫,不可以》是逗逗龙至今都非常喜欢的绘本之一。在刚刚拿到这本书的时候,逗逗龙已经从扉页中看到了自己,他与书之间的距离一下子拉近了。接着便开始讲故事。因为整个故事文字都很少,所以在讲的过程中,我重点是和逗逗龙聊画面,说说画面中的大卫在干什么。一般我还会问他大卫这样做为什么不可以,逗逗龙也总能用简单的语言答上来。我想,可能是画面中描述的事情跟他的生活颇多相似。

例如,我问大卫为什么不可以光着身子跑出去,逗逗龙说这样会生病的;问大卫为什么不能玩食物,食物是用来干什么的,逗逗龙说食物是吃的,不能玩;问大卫为什么不可以挖鼻子,逗逗龙说这样会流鼻血的……也正是这个原因,所以许多画面,逗逗龙都会联系一下自己。讲到"不可以玩食物"时,逗逗龙说:"妈妈,我小的时候是不是也玩过食物的呀?"后来又跟他聊大卫用食物做的像什么?逗逗龙用手指了一下大卫说:"像他。"接着又自语道:"这是怎么给他想出来的呀?"一副很老练的样子。

绘本用特别的画风和简单的语言绘出了小孩子

29

逗逗龙在阅读中找到了自己,通过阅读体验了想做而不得做的事,被压抑的情感获得了合理的宣泄。

的天真无邪,可爱以及天马行空的想象。逗逗龙在阅读中找到了自己,通过阅读体验了想做而不得做的事,被压抑的情感获得了合理的宣泄。爸爸妈妈则在阅读中发现了童心童趣,发现了自己作为成人的唠叨和不理解,也明白了孩子做"错"时,他们最需要爸爸妈妈的拥抱——一个温暖的拥抱!

由《大卫,不可以》我还想多唠叨几句。日常生活中,我们习惯了对孩子说不,不可以做这事,不可以做那事。但在孩子听来,关键词不是"不可以",而恰恰是后面禁止的东西,甚至变成了一种提醒。那么,"不可以"暂且退居次要甚至不是必要的位置,而"为什么"不可以、什么情况下"不可以",以及将要"怎么做"才是最重要的吧。比如,不是不可以爬椅子,关键是怎样避免摔下来,当看到逗逗龙熟练地一跃而上、逆身而下,旁边又有监护人时,为什么不可以? 不是不可以钻桌子,关键是怎样避免磕碰头,当看到他一副谨慎地匍匐前进和匍匐后退的滑稽模样,自己钻桌子取东西又为何不可以呢? 每个词,越是慎用,威力越大。一旦被"滥用",它应有的效果一定会降低,禁令如此,赞语也是如此。

推荐书目:
《永远永远爱你》

说起来,亲子阅读中,有这样一个镜头我始终难忘。那是在逗逗龙两岁多的时候,我们第一次阅读日本著名绘本作家宫西达也的《永远永远爱你》时,当时我被深深地感动到落泪,逗逗龙感受到了我的情感,他突然转过身轻轻地用小胖手擦干我脸上的泪珠,说:"妈妈,别哭,宝宝爱你。"那一刻我无比动容。

阅读，让我和孩子享有了美好的亲子时光。让我们有机会，用这样温暖的方式无声地告诉孩子——爸爸妈妈爱他，深深地爱他。而逗逗龙，也就是在无数这样的时刻，感受了爱，懂得了爱，并学习了爱吧！

绘本又称图画书，图画在德语中为"榜样"的意思。从这点而言，作为一名幼教工作者，在逗逗龙的阅读书目选择上，逗逗龙妈妈可谓目的明确，深谙其道。

一起来看看逗逗龙的书单。在逗逗龙 1 岁半前，妈妈主要选择了《小熊宝宝》绘本系列、《噼里啪啦》丛书和《聪明的小宝》系列，这三套书，我们可以发现，都有明显的共同特点：基于婴幼儿的日常生活，引导婴幼儿养成良好的生活习惯，潜移默化形成孩子初步的规则意识。

在 1 岁半到 3 岁之间，逗逗龙妈妈把逗逗龙情商的培育作为了一个重要的目标，她认为，"情商高的孩子会有很好的自我认知，能主动地积极探索，从探索中建立自信心，有对自我情绪的控制和抗挫折能力，喜欢与人交往，愿意分享、合作"，她坚信，"优秀绘本的亲子阅读是情商培养很好的载体"。

于是，她选择了专题性的情绪管理绘本——《中国儿童情绪管理图画书》，"通过小兔子的形象将孩子在不同年龄段所面临的各种各样的情绪情境，如害怕、悲伤、快乐、爱、孤独、妒忌、生气等娓娓道来，从自我情绪认知、自我与他人、自我与社会等角度，让孩子在充满趣味和美感的阅读过程中，认识和了解自己成长过程中的情绪变化，从而轻松快乐地接纳和管理自己的情绪",是的,轻松快乐,不仅是指阅读的过程,也是指通过绘本中的榜样让孩子了解自己的情绪并逐渐具备处理自己情绪的能力,从而快乐成长。

当然,仅仅通过阅读并不能培育好情商,重要的还是生活。可是,无论怎样,阅读却打开大门,连接起了书本世界与孩子自身的生活世界,产生了奇妙的力量。

与前面列举的具有好孩子特征的主人公不同,《大卫,不可以》似乎提供的是一个"顽童"形象。他能算是成长榜样吗?刘绪源先生在《儿童文学的三大母题》一书中写道:儿童文学作品具有三大母题,爱的母题,顽童母题和自然母题。如果说爱的母题体现的是成人对儿童的眼光,那么顽童母题是儿童自己的眼光,它可以体现儿童与生俱来的渴望自由、向往无拘无束的天性,从而弥补正面教育的不足和缺憾。因为孩子在阅读中获得情感的共鸣,你瞧,"在刚刚拿到这本书的时候,逗逗龙已经从扉页中看到了自己",自身在现实生活中不被允许遭到压抑的言行将通过主人公获得宣泄——"这是怎么给他想出来的呀?"从而在会心一笑中获得情感平衡和满足。

可以说,既有洋溢爱和温暖爱的母题,又有奔放自由、幽默诙谐的顽童的母题,儿童的习惯、情绪和人格才有可能获得全面的发展,儿童成长的榜样才是完整而立体的。我们惊喜地见证,生活中的逗逗龙天真烂漫,富有创造,却善良有爱。

从这个意义而言,逗逗龙妈妈的书单确实给予我们很好的启发。

张 燕

静静等待那本入门书的出现

自述者　徐若之(4 岁之之的妈妈)

家庭档案

　　女儿之之 4 岁,妈妈是个意义控,行事喜欢有意义和方向感,阶段性目标是近距离陪伴,和女儿共同成长;女儿是小月龄,喜欢和妈妈一起行动;爸爸则在一边守候,在亲子阅读上关注着我们但自己参与得不多。

亲子阅读 Tips

★　别担心孩子不像其他人那样一开始就喜欢绘本,只是因为那本领她入门的书还未出现。

★　给喜欢手舞足蹈的孩子一些可以演出来的绘本。

★　单本书读 N 次虽然辛苦,但也绝对是常态。

★　买来的书孩子不看并不是浪费,只是因为这些书当下不是孩子的"最近发展区",只要是好书,在将来总会发光。

★　与对颜色有兴趣的女儿一起给自制绘本涂色、根据颜色选绘本,扩宽阅读面。

★　别低估了孩子的理解力,虽说不出,但听得懂。

女儿出生的头几年,我对婴幼儿亲子阅读了解得不多,当时由于方法不妥,在女儿3岁前没能把亲子阅读坚持下来,也未意识到许多妈妈在这方面已经有成功的经验可以交流。女儿的阅读之门在她入幼儿园后方才开启。

2012年下半年女儿刚入幼儿园时,正好3周岁。虽然慢热,但也掩盖不了她外向好动、热衷户外运动的性格。无论是学骑脚踏车,或者踏轮滑,自己开电动车上路,都是当天教当天就会的。但是论口语表达,她实足2周岁才开口叫人,入园前读过的书不超过个位数,看到数字会打哈欠。就是这个活泼好动不愿久坐的小姑娘,入园后,在幼儿园那间敞开的借阅室,借由这里的藏书完成了从不看绘本到每日必读绘本的转变,慢慢养成了阅读的习惯。转变过程是替代式的,由控制看动画片的时间,渐渐引入绘本阅读,逐渐开始享受每日阅读的乐趣。当初停掉一切电视节目的目的是为了能让女儿把注意力转到阅读上,一旦培养起了阅读习惯,女儿还是获得了看益智类节目的权利,只是数量有限,一周一次。

对绘本毫无兴趣的头3个月

记得,新学期刚开始,我们拉着女儿的小手去选书。面对满屋子的书,小姑娘完全是一副事不关己

入园后,在幼儿园那间敞开的借阅室,借由这里的藏书完成了从不看绘本到每日必读绘本的转变,慢慢养成了阅读的习惯。

高高挂起的表情。我知道她不是无所谓，而是完全没这根筋。爸爸曾经非常羡慕地夸过一个小朋友："太棒了，会自己选书！"反映了当时在绘本方面我们对女儿的期望值。那时女儿所在的小班中有的小朋友已经认识上千字，开始自主阅读，有的能流利地说故事，有的能大方得体地与大人攀谈，女儿的语言水平和他们相比差远了。老师很耐心地鼓励我们，小月龄的孩子在小班差距会比较明显，以后慢慢会跟上，这话对我们真是一种安慰和鼓励。

由于女儿不会自己选书，暂且由我代劳，挑回家能被她看上几眼的书屈指可数。《山猫怎么办》可能看过几次，快速翻过，还自言自语编一个小故事，每次不超过 3 分钟。《黎明》是灰色调的，心不在焉地听我念了念，结尾还没读到，小听众已经不见了。《我妈妈》是小班的推荐书目，色调明快，女儿每次看到封面时坚持读成"我外婆"，很不认可那是妈妈的形象，小姑娘书不怎么看，主意可大呢。

拿绘本当剧本，喜欢行动的女孩开始亲近绘本

前 3 个月总不成气候，终于有一次无意中选了本《母鸡萝丝去散步》，打动了女儿。这是一本经典的图文结合的绘本，文出上半句，图绘下半句，文字与画面形成一种非常有趣的对比。文字前后连贯起来就只有一个长句子，交代了一只母鸡散步的路线："母鸡萝丝出门去散步，她走过院子，绕过池塘，越过

推荐书目：
《母鸡萝丝去散步》

35

干草堆，经过磨坊，穿过篱笆，钻过蜂房，按时回到家吃晚饭。"而画面则描述狐狸一路追逐母鸡却在各个场景中屡屡受挫的窘态。

女儿领略画面的速度飞快，狐狸每一次出丑她都要大笑和模仿一番，当我念出文字场景，她就装成狐狸受挫的样子补充画面台词，当讲到母鸡走过农舍，她就哎哎地叫着："狐狸踩到钉耙啦，好疼啊，流血啦！"讲到母鸡绕过池塘，她就喊："狐狸掉到水里啦，救命啊！"讲到母鸡越过干草堆，她就说："哎呦，狐狸掉下来了，头上敲个包！"说着一定会摸摸自己的脑袋。那会儿她还不会用人称代词"你、我、他"，看她演得那么带劲，真不知道她说的"狐狸"是书里的狐狸呢，还是假装成狐狸的她自己。那几个晚上，我一提看书，女儿就会很开心地过来，我讲她演，接连好几遍。绘本便变成了我们亲子舞台剧的剧本。

推荐书目：
《猜猜我有多爱你》

有了"萝丝"的先例，接下来就特意挑了同样充满了动作感的《猜猜我有多爱你》，书里一只大兔子和一只小兔子比赛谁爱谁多。比赛的方式是，谁的胳膊伸得长，谁的手举得高，谁的手指得远，谁跳得高。当晚小姑娘果然看得不亦乐乎，或者说是玩得不亦乐乎。她自动幻化为小兔子，我则是大兔子，她要站在床上（不然就没法比了，输赢太明显），量量谁的手长，比比谁的手举得高，更在床上蹦个不停，尽力地想比我跳得高。她是那么乐在其中，大声笑着，以至于临睡前外婆非常严肃地过来批评我们，这哪像是好好看书的样子？觉都不要睡了！挨了骂后我和女儿偷偷相视而笑，我知道这有点不合逻辑，可心中还是非常高兴。我以这种非常规的方式带着女儿向绘本渐渐靠近了。之后，带女儿去借书时，她已经愿意自己在阅览室转悠了，看到自己有印象的书会很兴奋地指指点点。如果现在有人问她看过书吗？她一定会大声说出《母鸡萝丝去散步》和《猜猜我有多爱你》。

选好书 vs 选对书

成功完成第一阶段任务，女儿对绘本不再敬而远之。幼儿园绘本屋内藏有丰富的绘本，一天一本，三年毕业时都读不完，可是女儿却始终盯着几本"动作剧"不放，令我困惑了好长时间。

我曾列出适合小班幼儿的绘本选择提纲：首先选择色彩明快，语句简短，结局圆满的；进阶版本可按作者或按出版社，甚至按认知类型（历史，地理，数学，音乐）等系列来选。也曾打算按这个提纲把绘本屋里某位作者的绘本一一借阅，可是到了现场会发现，若不是对该作者很了解，要在茫茫书丛里找到他的作品真不是件易事，而且畅销书是不会躺在架子上等人的，我眼神还没聚焦呢，有眼尖的书友就把它抱走了。继而，铁了心把某一系列的书成套都买了，可买单后女儿又不买账，被拒看在那时是再寻常不过的事了。

买来不看的书是不是就浪费了？其实，这里有个分级阅读的概念，孩子总是对接近她"最近发展区"的事物感兴趣，我们也应该以此为参考向孩子提

孩子总是对接近她"最近发展区"的事物感兴趣，我们也应该以此为参考向孩子提供素材。

供素材。只是倘若像我此刻一样尚在摸索，买了跨级的书，这书便须得放一放了。以我后来的经验，到了一定时期，女儿还是会对这些书发生兴趣，不会浪费的，喜欢的好书值得入手；只是就当下而言那算远水，不解近渴。没选对书的直接结果是女儿不会主动要求看书，她的小书架上已经有了点存货，但她每次都匆匆走过，几乎不曾停下来自觉地取过一本书看。

单本书的 N 次阅读

女儿对书看得不多，不过读书的时间却慢慢地延长了。这个转变来自我们生活节奏的变化。长辈与我们分开住后，女儿因为没有外公外婆在，特别黏我，放学后我俩几乎就成了合体人。这也促使我重新分配时间与精力，除了把爸爸这一"大件"利用起来，能让女儿参与的家庭事务都邀请她参与，包括去超市、打扫房间和庭院、帮厨切菜打蛋淘米等。女儿再也没有机会偷瞄外公看的电视节目或者在我找她帮忙的时候跑去外婆那里撒娇，于是，读绘本就成了我俩共同的休闲项目。

这期间，我俩的步调非常合拍，亲子阅读的量大幅上升，从每天争取读 30 分钟，到 1 小时，到之后必须事先讲好结束的时间，不然女儿会没完没了地要求重复，也不管我是不是已经讲得口干舌燥。当时点播率最高的是《点点点》和《小房子》，至今小房子

推荐书目：
《点点点》
《小房子》

还无数次地以抽象派或现代画派的风格出现在女儿的涂鸦中。

　　回首总结，也只能说当初的困惑在当时是无解的，只能假以时日。一方面，要从经验中获益，儿童必须具备生物学意义上的准备状态。小班下学期，按 3 岁半的女儿的身心发育阶段，她对绘本的心理需求在数量上只要那么几本，程度上却需要 N 次重复。其中的心理落差和口干舌燥只能由做妈妈的我自己体验一番啦。另一方面，阅读并非是孤立的事件，生活的其他方面会在无形中对其产生影响，有理由相信，它也反过来影响着我们的生活。

令人着迷的线描绘本重涂色

　　后来，我接触到英文原版绘本，原版和中文版的文本风味的差异，出版系列和风格的变化等，令我自己对绘本兴趣大增。同时，又得益于在幼儿园里的"悦读坊"与绘本阅读专家和妈妈们的定期交流，我强烈意识到读好绘本的过程也是对绘本的再创造，读者要用自己的想象和情趣来介入，才能有所得。一切艺术作品都是如此，要带着创造性去欣赏。随着阅读量的上升和阅读体验的深入，我自己在绘本世界里流连忘返，和女儿的亲子阅读也渐入佳境。

　　女儿 4 周岁了，妈妈有变化，她也有变化，这一时期，她对颜色特别敏感。我们曾把绘本《忙碌的周末》画下来上色。最初有这个想法是因为这本书讲

小班下学期，按 3 岁半的女儿的身心发育阶段，她对绘本的心理需求在数量上只要那么几本，程度上却需要 N 次重复。

随着阅读量的上升和阅读体验的深入，我自己在绘本世界里流连忘返，和女儿的亲子阅读也渐入佳境。

述了一家三口的周末日常生活，女儿非常喜欢，由于书是借阅的，我们打算自己买一本，却发现已经绝版。心想一共 30 多页不算厚，不如试试边读边画吧。把图画线描下来，然后一起上色。最初她上大色块，我上小色块，逐渐她也能更好地控制蜡笔进而上一些小色块了。在忙碌了一天后，我们的绘本成功完成了。

接着，我们还制作了另一本水彩上色的绘本作品 *Leo The Late Bloomer*，由于还不能很好地控制软笔，正式上水彩对她有难度，所以正式的画面由我上色，她的任务是帮我挤颜色。顺便熟悉颜色的英语，我用英语说我需要红色，她就挤好红色；我用英语说我需要蓝色，她就挤好蓝色……以此类推，几次以后就能熟悉这些英语单词了。

不挤颜色的时候，女儿就在自己的纸上蹭一点颜料随意地画，画得最多的是《小房子》里的小房子。不时地，她就关注一下我这边的进展，一次封面上有个单词"Bloomer"最后的字母"r"漏写了，她马上发现了。如果我上色的深浅浓淡与原书有出入，她也会提出意见。总体上，女儿对原作和复制品的一致性有很高的分辨力。我们自己动手后，才发现从头到尾完成一本绘本不像想的那么容易。

有时爸爸会冒出来表示不解："怎么费那么大劲？"女儿回答："这是我们的作品，做纪念！"我答他："画下来就不用买书了，书也很贵！"虽然买书的钱是省下了，但在时间和精力上投入的成本可不是一点

我把绘本上的图画描画下来，然后和女儿一起上色。

点,好在我们也有大大的审美收益。

今天啥心情,看颜色选绘本

除了复制绘本进行填色,我们也将颜色应用到
了女儿的自主选择绘本上。受到"九九消寒图"(幼
儿园冬至的点梅活动)的启发,我们尝试以封面颜色
为线索挑选绘本,红橙黄绿靛蓝紫,怎么决定选哪个
颜色呢? 依据此刻的心情!

清晰地记得当天有了这个新想法后,我俩特别
高兴,一致认为可以选红色系的绘本看,当时清点了
一下书架上的红色绘本,有纯红色的《尼古拉的三个
问题》、橙红色的《快活的狮子》、大红色的《圣诞火鸡
传奇》和酒红色的《安娜的新大衣》。

我们尝试以封面颜色为
线索挑选绘本。

读完这些绘本后,稍作留意就会发现,好绘本的
封面色调必定是绘图者经过深思熟虑的,的确能预
示故事的情感基调。

例如,《快活的狮子》如同其封面的橙红充满了
阳光的快乐气息,虽然它的法式幽默,女儿还有些摸
不着头脑,可是里面活灵活现的画面已令她忍俊
不禁。

《安娜的新大衣》用了深亮的酒红色,这既符合
故事深沉的背景,也用红色烘托了故事结尾的圆满
和希望。

《尼古拉的三个问题》封面是纯粹的深红色,和
故事里小男孩尼古拉手中的红色风筝呼应,有一种

视觉的联动，如同他提出的三个终极问题一样牵动着我们阅读时的思绪。

《圣诞火鸡传奇》里，火鸡女士的大将之风令人称奇，整个故事在淡紫红色的背景中展开，分明在意料之外，却又似乎在情理之中，有一种乐观的机智，读后不禁令人莞尔一笑。

这个方式无意中拓展了女儿选书的思路，选中了许多以前她不会触及的书目。以上几本红色的书后来都入选了她喜爱的书单，也使她对这种直白的挑选方式产生极大兴趣。从此，在一起选书的时候，我们都是从从容容，把前一次没看完的颜色系列书看完，或依照当天的心情选一个新的颜色系列。有时，她的心情颜色和我的心情颜色会不同，那我们会各自分开挑选，并且约好互相识别和体谅一下对方的心情。

有趣的是，被她点击率最高的一本书是《糟糕，身上长条纹了》，讲述一个小女孩早上醒来身上长了彩色条纹的故事。彩色，就是女儿最爱挑的颜色，像她这样年龄的孩子，属于她们的心情色彩就是彩色啊。

不过谁都有心情不好的时候，那天她很肯定地说她要选一本黑色的书，结果选了一本黑色封面的《爸爸》，真是任性啊。借由儿童绘本才有了这样的机会，让我能伴着女儿作随心畅想式的挑选，而这样的挑选方式也算得上是对绘本最独特的喜爱吧。

在按照颜色选书的过程中，我发现，如果仅仅着

推荐书目：
《糟糕，身上长条纹了》

如果仅仅着眼于儿童能说的内容，就会低估他们的理解能力。

42

眼于儿童能说的内容，就会低估他们的理解能力。和女儿的表达能力比起来，她的阅读理解能力也许是水面下的冰山。

当我们俩最初为着封面主题色而把《苏菲的杰作》（浅灰）、《大家来听音乐会》（红色）、《糟糕，身上长条纹了》（彩色）、《让路给小鸭子》（墨绿）这些篇幅较长的绘本带回家时，我曾怀疑过女儿能不能听我念完，因为我会念完中文念英文，有时念得连自己都走神了。可是她都表现出了稳定的兴趣，每晚会要求我念几次，每次都是静静地听完，没有提问，我没有她也没有。只是当我念完《大家来听音乐会》，她会热烈鼓掌，以示"再来一遍"；在琴行看到乐器会突然说出它的英文名称；她还把真的蜘蛛当成苏菲，轻手轻脚不去打扰它。

正因为孩子在绘本阅读中的收获很难量化，绘本总是提供了比问几个问题、听一听答案多得多的内容，所以现在我要做的就是把握亲子阅读的时机，和她一起度过温暖而有意义的共读时光。

转眼，女儿5周岁了，进了大班，正是扩大阅读量的时候，现在我们选书可以有点随心所欲了，虽然选的时候并没有限定的主题，但却总能发现有兴趣的好书，这得益于持续进行阅读绘本两年来培养出来的一点感觉，还有女儿吸收能力的增强。

而今第三年的开头，我仍是女儿的专用朗读机，她目前并不太识字，所以离自主阅读还有距离，但这并不阻挡她假装识字的热情。好几次，她到小伙伴

孩子在绘本阅读中的收获很难量化，绘本总是提供了比问几个问题、听一听答案多得多的内容，所以现在我要做的就是把握亲子阅读的时机，和她一起度过温暖而有意义的共读时光。

43

家玩，拿起一本书就自信满满地开始读起来，不明就里的其他家长赞她识字量大，我只能据实相告，那是女儿现场在编故事，事实上她只认得自己的名字。

不过女儿爱收集字的苗头已经出现了，比如她发现中文"一二三四"的书写有别于阿拉伯数字，就来告诉我这个新发现并饶有兴趣地识记下来。我挺珍惜她现在还不识字的时光，一旦识字孩子就会进入注意力和思维的另一个阶段。希望在进入下一阶段前，她能充分享受看图的乐趣，并在日后依然保有这种乐趣。确切地讲，这两年来，她是读了大量的画——配音的画。

独"阅"乐不如众"阅"乐，和志同道合的家长多交流，听听他们的经验，取长补短。有时某个家长提起的某本书，会无意间打开一个自己未察觉的视野，然后能和孩子领略到一系列好书的风采。

女儿的幼儿园里有一位有资深教育背景的妈妈，我们曾和她分享过一本绘本《打瞌睡的房子》，中译本的文字是比较平的，但她说直接读英文原文 *The Napping House*，其文本就有很强的韵律，韵是押在句首的，而中译本没法做到这一点，不是译得好不好的问题，而是没有办法译出来。后来我发现《晚安，月亮》(*Goodnight Moon*)、《棕色的熊、棕色的熊，你在看什么？》(*Brown Bear，Brown Bear，What Do You See?*)也是属于这一类。于是再遇到那些知名却又读起来让人抓狂的中文翻译绘本时，我也觉得并不是事了，找到原版读就没问题了。特别像

我挺珍惜她现在还不识字的时光，一旦识字孩子就会进入注意力和思维的另一个阶段。

Brown Bear，*Brown Bear*，*What Do You See?*还配有歌谣，女儿已经一天不落地唱了快一个月了还在继续。

说到绘本的中英对比资源，沪江网上非常丰富，有些绘本还有歌谣和视频资源，非常到位。

虽然女儿在阅读上启蒙晚、火候小，但这种细水长流的方法是适合她的，对一个爱动的孩子来说，利用阅读来进行睡前静心是一举两得的乐事。我们为她设了两个放书的空间，一大一小，大的内置式，小的开放式。内置式大书架的作用相当于藏书架，放置看过的书或囤起来的书。容易拿取的开放式小书架上则放上那些她自己定期借阅的书和最近我们希望她看的书。有了这样的布置，她自己选当天想看的书和归位都挺方便的，而她的选择范围也在我们的预期之内。

在阅读的这条路上，女儿已经懵懵懂懂地上路了，祝愿她这一生有书香为伴。

读之之家的阅读故事，不由让我想到绘本《阿虎开窍了》，如阿虎一样，小月龄的之之开始让妈妈很着急，"论口语表达，她实足2周岁才开口叫人，入园前读过的书不超过个位数，看到数字会打哈欠"，可是，"那时女儿所在的小班中有的小朋友已经认识上千字，开始自主阅读，有的能流利地说故事，有的能大方得体地与大人攀谈，女儿当时的语言水平和他们相比差远了"，不过两年后，之之妈妈却欣慰叹道，"在阅读的这条路上,女儿已经懵懵懂懂地上路了"。

我的朋友冷玉斌在分析《阿虎开窍了》一书中的儿童形象时说:"阿虎的故事让我们明白:儿童是未完成的人;儿童是具体的人;儿童的发展是有节律的。"这个启发,用在之之的故事上,真是再合适不过。

你看,老师鼓励说"小月龄的孩子以后慢慢会跟上",之之妈妈感到了"安慰和鼓励",放下焦虑的心,相信之之会如阿虎一样,"时候到了,开窍了"。相信孩子的成长有自己的节奏,相信孩子还未完成,还在完成的路上,如此,之之妈妈眼里也就必定有了一个活生生的具体的之之。

在一次无意中选择《母鸡萝丝去散步》后,之之妈妈第一次发现了属于之之的阅读金钥匙,那就是把绘本当剧本,让女儿随着故事去表演,在之之妈妈眼里,"不知道她说的'狐狸'是书里的狐狸呢,还是假装成狐狸的她自己"不重要,重要的是"一提看书,女儿就会很开心地过来"。是的,开心很重要。再次选书,之之妈妈已经有了方向,于是,动作感十足的《猜猜我有多爱你》成了心头爱,之之"果然看得不亦乐乎,或者说是玩得不亦乐乎"。就这样,一个崭新的开始,悄然打开,虽然之之妈妈觉得这样的打开方式"有点不合逻辑"、"非常规",可是,如果我们记得开头部分之之妈妈对之之的介绍,一定会会心一笑,多么符合之之的需求逻辑。之之"虽然慢热,但也掩盖不了她外向好动、热衷户外运动的性格"、"活泼好动不愿久坐"。之之妈妈自己意识到之之的运动特质,那本第一次点燃之之的绘本《母鸡萝丝去散步》,其鲜明的戏剧性与动作感,恰到好处地激发了之之,于是阅读成为行动,小家伙的大笑、模仿和表演进一步滋长了她的天性。动作派的阅读方式恰恰是顺应其天性的因势利导。

一旦教育儿童的观念被打开,真的是"教无定法"。母女俩的选书之旅快乐多多,创意多多。

瞧,很快,"女儿4周岁了,妈妈有变化,她也有变化,这一时期,她对颜色特别敏感",于是,"今天啥心情,看颜色选绘本"。就是这样的"直观"、"直白","拓展了女儿选书的思路,选中了许多以前她不会触及的书目",并且"很有兴趣"。4岁的之之正属于具体形象思维阶段,直观的封面颜色选择正适合其心理发展需求,并且这个阶段的儿童特别喜欢用多种感官去感知世界,同时绘本封面的颜色往往寓意着故事的情感基调。寻找相同颜色的绘本犹如一个有趣的智力游戏,来得适宜、有效。我们可以想象,之之欣喜地寻得那一本本"红色"绘本时的雀跃,也可以想象,在红色绘本群裏挟后留在心里对颜色深深的理解。独辟蹊径的颜色控再一次推动了前行的阅读步伐。而在这轻松的选择中,之之妈妈不仅解决了书目的问题,还读到了孩子当下的心情,并"互相识别和体谅"。每每读到这儿,我总莫名感动。

从之之的阅读故事里,我们能够迅速捕捉到孩子的天性与书籍关系的秘密。确实,基于天性的选书,"这样的挑选方式也算得上是对绘本最独特的喜爱吧"!

张　燕

坚守自己选书偏好的倔强男孩

自述者　陆　菁(5 岁小白的妈妈)

家庭档案

　　妈妈曾是教师,现在则是一位全职妈妈。曾经睁眼盯着每个孩子,想要每个孩子都好好学习,曾经争强好胜,想着各种方法啊技巧啊,要把班级成绩维持年级第一。这样的妈妈面对自己的孩子免不了各种较劲。爸爸是公司白领,在农村长大,家里管得少,自己向往学习,考上了大学。爸爸觉得只要给点好的影响,孩子自然会好好成长。儿子 8 月底出生,入学后他将是班里最小的孩子。成为学生的最初阶段,从智力、心理、体能都会欠缺。孩子性格上天生倔强。这样的儿子和这样的妈妈配对必然"斗争"不断。

亲子阅读 Tips

★ 一直担心孩子执着于某本或者某类书,阅读面会太窄。可其实这都是阶段性的,孩子成长需要耐心、再耐心的等待。

★ 儿子所钟情的书常常会出乎我的意料,自己看中的书往往要看上几十遍,有些书我第一遍看的时候都会感觉挺"平淡"没什么"特别"的,在儿子要求反复朗读的过程中,我也在反复进行体验,有些书甚至是晚于孩子喜欢上的。

★　儿子仍然不愿意回答我的问题，仍然不愿意复述故事，仍然只钟情他自己选择的书。而我也渐渐接受了他的这种读书方式。

　　我家男孩 5 岁半，最初的阅读是 5 个月时被抱在怀里看小布书。亲子阅读的任务是由爸爸妈妈共同承担的。儿子差不多从 3 个月前开始对识字有兴趣，目前的识字量还不能自主阅读，我们并没有在阅读时要求识字，而是阅读达到一定程度后自发地对识字有兴趣，也没有特别教。也是几个月前开始从绘本过渡到章节小说（同时还是会读绘本）。

　　我是和儿子一起认识绘本读物的。绘本的数量、种类繁多，针对孩子的成长选什么样的绘本我没有经验。网上的推荐，或者网上热销，图书馆借书，到幼儿园获得专业指导前都属于抓到篮里就是菜吧，小家伙也跟着胡乱读书。

2 岁男孩的执着选择

　　那个阶段当当网上最火的就是《不一样的卡梅拉》了，看到书觉得故事情节复杂，文字量大，不适合

推荐书目：
《不一样的卡梅拉》

2岁的小朋友，但买来了就用吧，在阅读其他比较低幼的《小熊宝宝》系列、《小熊和最好的爸爸》系列、《小波》系列时，穿插着讲《卡梅拉》系列。但这个2岁的小家伙却已经有自己的主意了，话说得不利索，就用手指着这只封面上的小鸡"嗯嗯、嗯嗯"表示他强烈的意愿。他爱上了《卡梅拉》系列！

一开始我并没有完全按照文字读，替换了一些2岁宝宝能理解的口语讲述故事，边讲边对故事做一些解释，这样一本书讲完差不多要半个小时，没想到讲完后小朋友"嗯嗯"地要求再来一遍，两遍讲完口干舌燥，头晕眼花，更没想到小朋友继续"嗯嗯"还要听！抱着"要看书总是好事"的念头，强打精神又讲了一遍。之后经常发生这样的故事，重复讲同样的故事对成人来说基本是种折磨。我也努力推荐他看其他书籍，然而，他听过后依旧点名"卡梅拉"、"卡梅利多"。这样的状况竟然整整持续了1年的时间。

其中一本《我想有颗星星》，卡梅利多误把海星当做天上掉下的流星，儿子就此迷上了海星。那一年我们买了海洋世界的年票，转完一圈之后，必定跑到那个有海星的鱼缸前，待上半个小时看海星，后来干脆其他鱼缸都略过，直接跑去海星前坐着发呆。当妈的当然想让孩子多看多学，想着给儿子这也讲讲，那也看看，不愿错过海洋馆里的任何一种动物，但是孩子却不买账。还是爸爸比较淡定：孩子哪怕只对一样东西感兴趣也是收获啊。好吧！拧不过他们。确实孩子没有兴趣的时候讲什么也没有效果。

当时我们没法确切了解他的脑袋里究竟在想什么，但可以肯定，人虽然坐着不动，思想是在奔腾的。

有的孩子重复看书能把整本书背下来，有模有样地复述故事，或者讲了上句孩子接下句，有的孩子看多了，字也认识不少。可惜，这样的"副产品"就没有在我家孩子身上出现过。按书上的内容提个问题，或者让儿子描述下某个情节，儿子就对着我说"你说"、"你来告诉我"，真没办法。我不断尝试推荐给儿子其他绘本，儿子总是明确告诉我他要看"卡梅拉"。1年下来真是让我焦虑了，会不会只喜欢这两本书？还有那么多好的绘本都不看啦？儿子3周岁入幼儿园时，我还特地去咨询园长"这样会不会阅读面太窄了"。没想到这之后儿子马上就不再执着于《卡梅拉》系列了。其他各种类型的绘本都开始进入了他的视线。原来，孩子的成长需要耐心、再耐心的等待。

儿子3岁半在幼儿园图书馆自己选中了神奇校车系列中的《迷失在太阳系》。我的第一判断是对这么小的孩子来说太深奥了，儿子坚定地告诉我就要这本。心底里觉得儿子是乱弹琴的，小孩子家不懂这个书有难度不合适。但我错了！这又成了他的钟爱。儿子不认字，选这本书是看中封面，校车变身的宇宙飞船开在太空，边上还有颗巨大的星体。对宇宙的兴趣追溯起来还是源于《我想有颗星星》，卡梅利多向往摸摸星星，用伽利略望远镜观测太空，和外星鸡塞勒斯成为好友。都说兴趣是最好的老师，一

孩子的成长需要耐心、再耐心的等待。

51

点也没错。后来的某一天,儿子突然冒出来说"我要当天文学家"。他对太空、太阳系、黑洞、宇宙特别感兴趣,还说黑洞是他的好朋友。

孩子的选择令我诧异

儿子是 8 月底出生的,在同年级的小朋友中间确实显得稚嫩,但在阅读方面恰恰有超出年龄的能力。目前家里已经有几百本童书。幼儿园的图书馆更是宝藏,那是专业人士专门为这个阶段的孩子挑选的,数量大、种类多,孩子可以每周去图书馆借一次。其次还会被带去浦东图书馆的童书馆借阅。借的书中有些是我自己喜欢的童书,有些是获奖的童书。儿子所钟情的书经常出乎我的意料,他自己看中的书往往要看上几十遍,有些书我第一遍看的时候都会感觉挺"平淡"没什么"特别",在儿子要求下反复朗读的过程中,也会慢慢喜欢上。

儿子 3 岁多时喜欢了一本书,让我不太明白,这本书是《月亮下看猫头鹰》。隆冬的白雪皑皑的深夜,为了看猫头鹰,小女孩和爸爸去树林"探险"。四周静极了,看猫头鹰就是要安静,小女孩和爸爸不说一句话,深夜的树林被寒冷和黑暗笼罩,在心里告诉自己一定要安静,一定要坚强,一定要勇敢。猫头鹰来了,他们和猫头鹰你看我,我看你,看了 1 分钟、3 分钟,或者足足看了 100 分钟也说不定。回家路上俩人仍然一声不响。

推荐书目:
《月亮下看猫头鹰》

整本书没有有趣的情节，用小女孩的心理活动贯穿起故事。父女的深情，小女孩内心的期待、紧张、喜悦都是隐藏在恬静文字背后的。画面的主基调是黑、白、褐色和暗暗的蓝色。令我诧异的是儿子在3岁多就喜欢上了这本书，虽然文字颇多，讲起来很是费口舌，但儿子就是喜欢一遍一遍地听，静静地，如同这个小女孩，什么话也不说。

后来，又出现了一本儿子在3岁半时反复阅读好几十遍的书——《小恩的秘密花园》。整本书是用小恩写给舅舅、妈妈、爸爸、奶奶的信来讲述整个故事。这让儿子对写信产生了兴趣，希望了解写信是怎么回事。故事的开头是爸爸妈妈失业，生活拮据，小女孩小恩只能搬去和舅舅同住。对现在的孩子来说这是不曾体会过的灰暗生活。小恩和奶奶也满是愁容，即将要去一个陌生的地方，奶奶给了小恩种子，会变成花园的种子，这给每个人包括阅读的人都带来了光明。书里的舅舅是一个不会笑的人，小恩希望舅舅会笑。书中说："有一天我写给吉姆舅舅一首很长的诗，他都没有笑。不过我想，他应该喜欢我的诗吧，因为他念得很大声，念完还放进他的口袋里拍了几下。"小恩还是想让舅舅笑，所以她计划了一个秘密。她来到楼顶，横七竖八的罐子、破旧的箱子、各种废弃物的楼顶在小恩眼里是个种花的好场所。用家里寄来的种子和幼苗，小恩在每个窗台和阳台上都种上了花。小恩成了"小园丁"。到了揭晓秘密的那天，看到了鲜花满园的屋顶，儿子和我一同

推荐书目：
《小恩的秘密花园》

53

赞叹！舅舅带来满是花朵的蛋糕，儿子也和小恩一样欣喜。小恩家里的情况好转，可以回家了。生活不就是这样吗？你辛勤劳动、播种、培植，总会收获美好。奶奶对小恩的爱、舅舅虽不会笑却也感情丰富、小恩的勤劳乐观富有爱心，全都表现出来了。儿子深深喜欢小恩，也像小恩一样向往美好，喜欢美丽的花，喜欢找种子播种，喜欢当个"小园丁"，还要把我家屋顶变成"小白花园"。就像书中小恩给奶奶写信，儿子还学着写信的格式给外婆写了信。

又一本让我诧异的书是在儿子 4 岁多时选择的——《最想做的事》，书里写了一个 9 岁穷孩子的心愿。"从日出到日落，把盐巴装进一只只木桶里"的黑人孩子天天做着成人的苦工维生，心里充满的是对阅读的渴望。偶然遇见和他一样棕色皮肤会读报的人，学会阅读成了他最想做的事。绘本以孩子为第一人称，描述他的渴望、他的执着——辗转寻找读报人，想向他学习。当书中孩子学了"符号"后感觉"我已经跳进了另一个世界里，我得救了"。全书用了很长的篇幅描写孩子追求阅读的心理过程，没有曲折的故事，只有缓缓的描述，带给人淡淡的、温和的感动。画面风格是写实的，黑人孩子、盐场劳作、夜间的读书人、困苦的家庭环境。色调又是灰暗的，只透出一点煤油灯的微光，这就是那个世界的希望。

读这本书时，儿子会进入一种"宁静"的状态，没有什么言语，静静地靠在我身上连续听上几遍，似乎

推荐书目：
《最想做的事》

还不够。然后温柔地告诉我，他最想做的事也是阅读。这时我的心里有波涛在涌动：儿子你能欣赏这样的作品，说这样的话，妈妈很是骄傲。

自己编游戏，自己出题目

儿子从来不拒绝读书，但是读书甚少反馈。我也曾想方设法诱导，却常常败下阵来，只好做一个朗读者。

突然有一天，儿子拿出许久没看的小坡系列之《复活节彩蛋》，要求再讲一遍，这是一个叫小坡的小狗寻找复活节彩蛋的故事。然后他翻出家里的玻璃弹珠说："妈妈，我们来玩 where's the egg 的游戏吧！""怎么玩呢？""我把这些彩蛋藏起来，你来找。"差不多 20 来个玻璃弹珠被儿子藏在家里的各个角落，如果我找到了，我和儿子在一起哈哈大笑，如果我找不到，儿子会得意地指给我。这是儿子自创的游戏啊！比我那些所谓的技巧、诱导实在是高明多了。自此他开始对创造游戏充满兴趣。

绘本《一粒种子的旅行》正合他口味。凤仙花种子弹出去，老鹳草种子抛出去，他特别留意"弹"和"抛"的区别：弹，是用拇指扣住食指，食指蜷曲着突然用力弹开，凤仙花种子就快速地飞出去了；而老鹳草种子是在"勺子"里像投掷器一样抛出，种子沿着弧形轨道飞出去。他着迷于"弹"和"抛"，每次连说带做用动作比画，还要求我们扮演他的种子，被"抛"

推荐书目：
《复活书彩蛋》
《一粒种子的旅行》

出去、"弹"出去。当他读到书中的蒲公英，得意地告诉我们，用嘴一吹，蒲公英的种子就像带着降落伞似的，飘飘扬扬地出去了。是啊，看到这本书之前他已经玩过蒲公英了。书中说牛蒡和猪殃殃的种子都长着毛毛的钩子，用钩子黏在动物的皮毛上到处旅行，儿子就会蹭在我和他爸爸身边随行，我们假装发现了，惊讶道："咦！怎么有个猪殃殃黏在我身上。"儿子听了哈哈大笑，对这个游戏乐此不疲。

《奇妙的植物世界》一书中，儿子最爱北美洲会吃昆虫的茅膏菜和捕蝇草。捕蝇草的叶子能像蚌壳一样打开和关闭，叶子内有细毛，如果停落在叶子上的昆虫触动了一根细毛，叶子就成了陷阱，迅速合上，植物的汁液就把猎物消化掉。这个植物真神奇，儿子又开始了他的游戏，让爸爸两腿一张一合当捕蝇草，自己当昆虫，把脑袋伸进爸爸两腿之间被爸爸夹住动弹不得，乐得咯咯笑不停。还会让我两个手臂一张一合当捕蝇草，自己当逃跑的昆虫，我嘴里唱着"我是捕蝇草，我是捕蝇草"，满屋子追"小昆虫"，屋子里总是笑声不断。

推荐书目：
《奇妙的植物世界》

由植物类书籍爱上大自然

儿子由此喜欢上了植物类书籍。书里说紫罗兰的种子外面含有附着物，那是蚂蚁的美食，儿子非常向往，也想找来尝尝。他也会拿着草莓告诉外婆，上面的小点点就是它的种子，表现强烈的当小老师的欲望。他还喜欢南美洲的炮弹树，树的果实挂下来像炮弹；喜欢欧洲的甘菊和雪绒花，每次讲到甘菊他就想起那个著名的捷克"小鼹鼠"的故事：小鼹鼠转遍了整个欧洲为他的朋友找德国甘菊治感冒，最后发现自己花园里就有呢，也会想到《亨利爷爷找幸运》里的爷爷总是习惯性地泡杯甘菊，遇到事情喝杯甘菊压压惊。儿子看到蘑菇特别感兴趣，他在小区里找到的蘑菇和书上的高大环柄菇真的很像，也在野外找到过类似有毒的毒蝇伞，大声呼喊着爸爸妈妈帮助分辨是否有毒，可惜我们也不能确定，不敢让孩子采着玩。在书中读到"花园"的部分，儿子会联系《小恩的秘密花园》，选择自己喜欢的一些花打扮自己的花园——他想要成片的紫罗兰，我给他买来紫罗兰的种子，他小心翼翼地种下，每天浇水，等到冒出小苗时欣喜不已；他又醉心于油菜花的鲜艳色彩，于是安排另一块地方种油菜花，每天去自己的楼顶小花园看油菜花，陶醉其间。

不喜欢回答问题，却喜欢提问

《黄色小番茄》一书讲述了生物内部的联系，以及生物和外部自然环境的交融。看到"如果没有瓢虫和蚯蚓，小番茄的叶子会被害虫吃光光，它们的根也无法呼吸"，儿子对害虫和益虫产生了好奇，问我们："害虫和益虫都吃植物，为什么一个就成了害虫一个成了益虫了呢？"这还真是个高深的问题呢。书

推荐书目：
《黄色小番茄》

57

中讲到水的循环、太阳和宇宙,儿子又联系了神奇校车的内容,向我发问:"水有几个形态? 怎样升到空中? 怎样聚集变成云? 又是怎样凝结成水回落到大地河流?"这些问题他心中都有答案的,如果我回答的不合意就会来纠正我。书中有一页是太阳系各大行星全景图,儿子靠图上每个星球的特征就能叫出它们的名称,还要出考题让妈妈也对它们倒背如流……

只喜欢自己选择的书

越是担心儿子在学习上会有困难,就越是想多给儿子"灌输"点"知识"。可他越"灌输"就越"抗拒",看书照样按他自己的节奏来。

有一段时间他对自己的身体特别感兴趣,想知道身体各部分怎么运作,想知道自己从哪里来,那段时间就只看与这相关的书。

推荐书目:
《你不知道的三个朋友》

《你不知道的三个朋友》讲述了人体内有三个好朋友:脑教授,心小姐和肚子先生。自从你出生开始,三个好朋友就合作运行你的身体,陪伴你的一生。出现矛盾时会生病,和解了就会康复。直到你去世的那天。一个孩子最初了解自己身体的时候确实没必要太过于具体去讲什么是心、肝、脾、肺、肾。这本书抽象出人体内部三个部分由"三个人"来管理。正符合这个年龄孩子的思维特征。看过这本书后,儿子记忆的时候会叫脑教授帮忙;遇到不爱吃的菜,我说这会给脑教授营养,他也会接受;生气的时候说,心小姐不高兴了;不愿意吃的时候说,肚子先生说饱了,看他理解得多好。

《牙齿大街的新鲜事》讲述了牙齿大街上住着迪克和哈克两个小家伙。他们要在牙齿上挖洞,储藏食物,建舒适的小窝,还要建成豪华公寓,雄心勃勃改造整条牙齿大街。直到有一天牙齿警察来了,更可怕的钩子也来了,修好了牙齿,赶走了两兄弟。读过这本绘本后,儿子都能非常自觉地刷牙。看! 一本好的绘本可以替代多少磨破嘴皮子的说教啊!

"我是从哪里来的呢?"孩子或早或晚都会提出这样的疑问。《小威向前冲》这本书正好解释了从精子变成孩子的过程,这既是生命的教育又是两性的教育。怎么给予合适孩子的内容,一直是个难题,这本书恰好适合幼儿园的孩子。

过了一阵子,儿子又专注于太空宇宙的书。例如神奇校车系列之《迷失在太阳系》,How&Why 系列之《宇宙探秘》《地球密码》等。

几年过去了,儿子仍然不愿意回答我针对书提出的问题,仍然不愿意复述故事,仍然只钟情于他自己选择的书。而我也渐渐接受了他的这种读书方式。

常说世上没有相同的人,每个孩子都不同,为什么不可以有他自己的读书方式呢? 读他自己感兴趣的书有错吗? 我选的书都是好书,那么好东西就非得都被接受吗? 回到事物的本身,回到我的初衷,我

推荐书目:
《牙齿大街的新鲜事》
《小威向前冲》
神奇校车系列
How & Why 系列

世上没有相同的人,每个孩子都不同,为什么不可以有他自己的读书方式呢? 读他自己感兴趣的书有错吗?

就是想让孩子享受到阅读的愉悦,做个爱读书的人。那些"道理"重要吗?那些"知识"重要吗?"识字"重要吗?这些都不是重点。其实书看多了那些都会有,自然而然便会产生。

与其郁闷焦虑,不如静待孩子成长。

小白这个孩子似乎天生就明白自己要读什么。你瞧,"2岁的小家伙却已经有自己的主意了,话说得不利索,就用手指着这只封面上的小鸡'嗯嗯、嗯嗯'表示他强烈的意愿",3岁半在幼儿园图书馆自己选中了神奇校车系列中的《迷失在太阳系》,还热衷《月亮下看猫头鹰》和《小恩的秘密花园》,4岁多又有一个让妈妈诧异的选择:《最想做的事》,之后,爱上植物类书籍,并始终只喜欢自己选择的书。按道理,拥有一个天生会自主选书的孩子,该是多么幸福的事。

可是,这一路读来,小白妈妈的内心却也曾纠结苦恼,百转千回。她说,"1年下来真是让我焦虑了,会不会只喜欢这两本书?还有那么多好的绘本都不看啦"、"第一判断是对这么小的孩子来说太深奥了"、"心底里觉得儿子是乱弹琴的"。可是,慢慢地,她开始发现,"孩子的选择令我诧异"、"儿子所钟情的书经常出乎我的意料",接着某一天心里的波浪开始涌动,为儿子欣赏的作品开始骄傲,直到最后反问自己:"读他自己感兴趣的书有错吗?我选的书都是好书,那么好东西就非得都被接受吗?"并最终与自己和解,"与其郁闷焦虑,不如静待孩子成长"。

河合隼雄先生曾说:"在每个孩子的内心深处,都存在一个宇宙,孩子的宇宙是美好的,充满灵性和神奇;但是由于我们的不理解,由于作为'教育家'和'治疗师'的失误,而使得这孩子的宇宙也布满了失望。"小白的故事似乎印证了河合先生的话。我们是否可以说,给孩子读什么书,某种意义上也许是个伪问题。作为具有自我成长力量的主动个体,孩子们实际上和小白一样天生是会选书的。只是在他们学习选书的过程中,作为成人的我们常常自以为是地干涉、主导,急于"推销"有用的长知识、长本领的书籍,从而让孩子无所适从,或丧失自信,或失去阅读的兴趣。

可是,作为成人,难道在孩子选书这件事上真的一无所用吗? 不,我们可以做。还是河合先生,他说:"在荣格研究所,我学到了这样的姿态:参与,但不像人们一般想象的那样,'我什么都帮你做'、'我会为了你而努力'。从外表上看,真像是'不干预、不参与',但实际上是'静静地在深处参与'。"

"静静地在深处参与",仔细读小白的故事,会发现妈妈一直在尝试。虽然"重复讲同样的故事对成人来说基本是种折磨",可是妈妈还是给2岁多的小白整整讲了一年的卡梅拉。在小白对《我想有颗星星》中的海星着迷时,他们买了海洋馆一年的年票,陪着小白坐在海星面前长久地发呆。对小白喜欢的书,妈妈在陪读中反复体验,并最终也喜欢上了。因为小白想拥有和小恩一样的秘密花园,妈妈给他买来紫罗兰的种子,让楼顶变成小白的花海……妈妈静静地在深处的参与,让小白在自我世界、生活世界和书之间自由幸福地徜徉,多么美妙并完整的童年经历。

说起来,我所认识的小白妈妈生活中真的是个急性子,曾经也是争强好胜带着学生考试要争第一的老师,并且,也许直到现在,她也未必知晓小白选读那些书的理由。可是,在小白读书这件事上,或者往大一点说,在小白生命成长这件事上,她真的在塑造一个新的自己——耐心、平和地追随小白世界的自己,并且,设法帮助小白靠自己的力量生长。

感受自我生命力量的小白,怎么会不知道自己喜欢读什么书呢?

张　燕

爱书的儿子和扔书的女儿

自述者　陈云窗（4 岁 Sophia 的妈妈）

家庭档案

　　4 口之家，儿子 12 岁，上 6 年级，女儿 4 岁，在幼儿园上小班。学理工科的妈妈特点是理性，这也体现在她对两个孩子的养育上。女儿出生后，妈妈开始感到很难在工作和家庭上保持平衡，于是辞去工作，开始以家庭为重心的生活，并在中科院心理所读起了儿童心理学，这也是她的第二个硕士学位。孩子的爸爸很喜欢小孩，很会和孩子打成一片，因为时间分配的关系，孩子的学习是以妈妈为主爸爸为辅。

亲子阅读 Tips

★　儿子对阅读的喜爱是从几个月大开始萌生的，这为 2 - 4 岁这段时间的亲子共读奠定了基础。

★　妈妈决定把大部分书从书房挪出来，放到客厅朝阳的一角，并配上舒适的沙发，儿子一进家门就能看到这个读书角。

★　阅读不仅是读书的过程，更是亲密亲子关系构建的过程。女儿享受与妈妈一起坐在床上，妈妈抱着她的那种温暖的感觉，或是面对着她边讲边演，她愉悦地看妈妈表情听妈妈声音，在眼神的交流中母女融为一体。

★ 对女儿阅读无字书的 30 天观察记录让妈妈发现了她的专注力、观察力和表达能力,妈妈本无预期,却已足够让她惊喜。

两个孩子都喜欢阅读,视书为生活的一部分,不过两个人爱上阅读的经历却各有特色。

喜欢"吃书"的儿子

儿子每天放学回来的第一件事,就是拿个面包往书架旁一坐,开始看书。如果不提醒他该去写作业了,看 1 - 2 小时都没问题。他喜欢自然科学类的,也喜欢故事类的,无厘头搞笑的自然也不会放过。无论哪一类,他都能特别专注,比如自然科学类,从 3 岁多开始就自主阅读一套韩国的幼儿科普 Why 系列,第一本是我出差时在机场买的,关于植物,看他那么喜欢,陆续又买了动物、人体、宇宙、汽车、地球等等,看了太多遍,以致都翻烂了。到 7 岁多 2 年级时,我订阅了一套成人的自然科学期刊《新发现》,从欧洲引进,涉及很多前沿科学,有点艰涩难懂,本来是给我们自己看的,结果他看得比我还积极,每月一本,积累到现在已经60-70本了,每一本他都看过,并且不止一遍。我和他爸爸常开玩笑说,儿子是吃书的。确实,书已是他生活的一部分,他的涉猎之广也为他赢得了小伙伴们的爱戴。

儿子爱阅读,追溯到半岁时

回想起来,儿子爱读书的习惯也不是毫无缘由的。2002年底,我初次当妈,其实蛮焦虑的,觉得自己还是个孩子呢,怎么养好一个这么小的宝宝?不过,焦虑归焦虑,直觉告诉我,要给孩子多读书,这是我的父母传递给我、已经渗入血液的潜意识。于是买了些图画书回来给几个月的儿子读,那时还没有现在这么多的绘本可选,印象最深的是《绿野仙踪》这本,小小的儿子趴在床上或是背靠被子半躺,或者是我抱着他,然后我给他读,只要他不抗议,就一直读下去。

当时奶奶也在,对我们给小小孩读书的行为觉得有点不可思议,说这么小的孩子能听懂什么?但是儿子的一个举动让她彻底改变了看法。有一天,我们上班去了,奶奶在家陪孙子,学我们也给他读故事,结果,当她说出"多萝西"这三个字时,7-8个月的儿子竟然用小手指了封面上的小姑娘——多萝西!后来又试了几次,都能准确指认出来。这事给了我们鼓舞,更坚定了和他一起读书的信心。

他两周岁生日时,我送了他一套画面很美的

书——《鼹鼠的故事》，一共有 7-8 本，鼹鼠当医生、鼹鼠和汽车、鼹鼠进城历险记、鼹鼠做裤子、鼹鼠和兔子……时隔 10 年，我仍然耳熟能详这些书名和里面的故事，因为和他一起读了太多太多遍。读过这套书的应该知道，《鼹鼠的故事》系列每一本都比较厚，比 16 开还略大的页面，虽然画面占了大部分，但是文字也不少，儿子的需求是每天晚上至少一遍起，所以读完后口干舌燥那是必然的。同时期一起读的还有《贝贝熊》，这两套书陪伴儿子度过幼儿园时期，他的识字能力也是靠反复阅读这两套书获得的。

儿子开始自主阅读，缘于一本书

如果说儿子对阅读的喜爱是从几个月大开始萌生的，那么 2-4 岁这段时间的亲子共读则是奠定了基础。

大概是 3 岁半的时候，有个周末，我在收拾书房，不能陪他，就让他在自己房间玩。约半小时后，他喊我："妈妈，你来看！"我循声而去，见他手上正拿着《Why·植物》，指着书页上的 3 幅图跟我说："妈妈，这种草会吃虫子！"可不是嘛！第一幅图上捕蝇草把叶子张开，第二幅图上一只虫子飞近停在叶面上，第三幅图上两片叶子合起来虫子被吃进捕蝇草的"肚子"里。

这件事对我触动很大，首先是他的专注力让我吃惊：3 岁多的他，自己看书看了半小时！其次是他的理解力让我惊讶：他不识字，但是从 3 幅图上看懂了意思！我意识到，眼前这个 3 岁多小男孩爱阅读的种子已经开始发芽了！从那时开始，虽然睡前亲子阅读仍是每天的常规节目，但他已渐渐能自己看图画书了。

种子已发芽，阅读环境依然重要

儿子爱上阅读是显而易见的了，但是小学 3 - 4 年级有一段时间却有下降的趋势，那时我把书全部搬到了书房，但书房朝北，冷而且离客厅远，儿子放学回家后很少去书房，看书也因此减少了。观察到这个现象，我决定把大部分书从书房挪出来，放到客厅朝阳的一角，并配上舒适的沙发，一进家门就能看到这个读书角。记得那天放学回来后，儿子一眼发现了这个新变化，惊喜地跟我说："妈，你弄的这个读书角太好了！我很喜欢！"这以后，儿子每天回家后的第一件事就是往书架旁沙发上一坐，"吃"起了书！

我决定把大部分书从书房挪出来，放到客厅朝阳的一角，并配上舒适的沙发，一进家门就能看到这个读书角。

儿子的成功经验，复制到女儿身上却挫败而归

2011 年夏天，儿子 8 岁半，女儿出生。女儿 8 - 9 个月时，我辞去了繁忙的工作，转入以家庭为主的生活，相比以前，多了很多时间来陪伴孩子、观察孩子，记录我们的生活点滴。

看到儿子这么好的阅读习惯,自然而然地,我想拷贝儿子小时候我们的做法,让女儿也爱上阅读。于是,在女儿1岁左右的时候,我开始拿着书和她一起阅读,但她的反应和她哥哥完全两样!她把书拿过去、扔地上,我捡起来,她再拿过去、扔地上,一遍又一遍。看她这样子,我只好放弃把哥哥的经验复制到她身上的计划,接下来的两个月,我再没有拿书给她看过。

换了场景,女儿终于开始喜欢阅读

想想还是心有不甘,于是两个月后,我重整旗鼓,再次拿起书。这次,我把看书的场景换到了睡前、床上。结果,她不再扔书了!而是指着小鼹鼠的眼睛、头发、长耳兔的耳朵,转头看我,意思是要我给她讲。虽然当时的专注时间不到1分钟,但我已经很满意了。从那天开始,每晚睡前都要给她翻翻书,她翻到哪一页我就给她读哪一页,书没被看坏,倒是被撕坏了好几页。

我把看书的场景换到了睡前、床上。

为了吸引她的注意力,我这个不善表演的理工科妈妈使出浑身解数把故事的内容尽量表情夸张、声情并茂地讲出来,还真的起到了效果,也得益于《鼹鼠的故事》这套书里富有童趣的画面,大概用了3-4周的时间,她对书产生了喜爱,开始主动找我读书。

"在一个好远好远的地方,那儿没有黑烟和混乱，没有叮叮当当、轰隆轰隆、哗啦哗啦的声响，那儿的阳光亮闪闪地照在清晨的露珠上，空气是甜的，还有小鸟儿啾啾叫，嘘——那是一片秘密森林。你知道它在哪里吗？就是有蝴蝶飞舞、小鸟奔跑的地方啊，要是没有他们，这片森林都要难过呢。如果你在这里看到了小鼹鼠，很快就会看到刺猬，如果你看到了刺猬，很快就会发现长耳兔，为什么呢？因为他们是最要好的朋友，喜欢整天在一起玩。当他们在一起的时候，世界真是太美好了！"

这是《鼹鼠进城历险记》开头一段，女儿每天都会听好几遍，我也因此烂熟于心了，每次她都会眼睛一眨不眨地一直盯着我看，看我的表情和动作，快到那一句的时候，马上用小手和小嘴配合着做出"嘘"的一声，样子要多可爱有多可爱！

女儿开始喜欢阅读、惦记阅读了，比如她洗澡后从浴室一出来就要我拿书给她，坐在床上抱着书听我给她读，眼睛亮闪闪地看着我。如果我要走开几分钟，给她一本故事书就可以了（但是书有被翻坏的风险，翻书有时会变成撕书）。此时，她的专注时间最长可以达到 10 分钟左右。这一切，都是我想要的。

回头来看，场景的改变带来最大的变化是，阅读不仅是读书的过程，更是亲密亲子关系构建的过程。她享受我们一起坐在床上，我抱着她的那种温暖感觉，或是面对着她边讲边演，她愉悦地看我表情听我声音，在眼神的交流中我们融为一体。

回头来看，场景的改变带来最大的变化是，阅读不仅是读书的过程，更是亲密亲子关系构建的过程。

为女儿选书,渐渐发现她的喜好

最初我是拿家里现有的书给她讲,比如哥哥的《鼹鼠的故事》,甚至《贝贝熊》,但这些故事对 1 岁半的女儿来说都太长,一次讲不完,经常在前几页徘徊,或是她翻到哪就讲哪,跳着读,不连贯。和 8 年前儿子小时候不同,女儿这时候的童书选择面已大大不同,日本的、美国的、欧洲的,翻译的、原文的、中文的,都能找到。

在她 1 岁时,我先给她买了一套《迪士尼宝宝摇铃书》(4 本),硬纸板,撕不烂! 刚开始她只会扔书,半年后不扔书了,这套书重新拿出来读,没想到她特别喜欢,究其原因,我觉得是书中儿歌的韵律、节奏吸引了她,例如:

推荐书目:
《迪士尼宝宝摇铃书》

小铅笔,
真神奇,
写上一句我爱你。
小杯子,
手中拿,
米妮请我喝杯茶。
小花伞,
扛肩上,
遮住风雨和太阳。

每本小书里有 10 首儿歌，4 本就是 40 首。我们在睡前读、上下午空闲时读，不仅我烂熟于心，她也能跟我短句接龙了。有时她吃饭不大配合，如果我给她念起这些儿歌，她立刻就愉快地吃起来了。有时我说前面几句她接最后一个字或是最后一句，我们俩快乐得哈哈大笑。

有第一个孩子的时候可喜欢买这买那了，到有第二个孩子时我就懒得多了。比如说买书吧，摇铃书之后又零零星星买了些，直到她两岁半时，我才第一次为她大规模地购了一批书，约 60 本。这些书都是网上不少人推荐的，但她并不是每本都喜欢。到目前为止，点读率最高的有 3 本：《一切因为有你》《女巫扫帚排排坐》《小房子变大房子》。女儿最初喜欢的是《小房子变大房子》这本，在两个月里成为每晚必点节目。细想起来，她喜欢这本书的原因和 1 岁半时喜欢那套摇铃书的理由几乎一样：韵律，当然还有充满童趣的画面感，不信你读：

推荐书目：
《一切因为有你》
《女巫扫帚排排坐》
《小房子变大房子》

她喜欢这本书的原因和 1 岁半时喜欢那套摇铃书的理由几乎一样：韵律，当然还有充满童趣的画面感。

小猪一进屋，

就把母鸡追，

它还打开食品柜，

见着好吃的就塞进嘴。

奶牛一进屋，

就把小猪扑，

它还跳上桌子，

大跳踢踏舞。

不得不感谢这套书的译者，著名的翻译家、儿童文学作家任溶溶，让英文作品近似中文母语般呈现。并且，女儿对喜欢的书是反复反复地看，不喜欢的就很少看。我听说有的小朋友一本接一本的泛读比较多，而她则以精读为主。

30 天的阅读观察，发现无字书之趣

2014 年秋，女儿 3 周岁，开始上幼儿园。看到幼儿园有"小种子悦读坊"，我毫不犹豫地报名参加了。有一次张燕园长给我们推荐大卫·威斯纳的《海底的秘密》，这是一本无字书。

推荐书目：
《海底的秘密》

书说的是一个小男孩和海底相机的故事。一个浪头过后，沙滩上多了个相机，小男孩拾起来，好奇地查看，后来打开相机发现了胶卷，于是飞速找到一家照相馆快速冲印出来，照片里有人物，但是照片里有照片，小男孩用显微镜仔细看着：第一个人 A 拿着第二个人 B 的照片，B 又拿着第三个人 C 的照片，C 又拿着第四个人 D 的照片，如此反复，直到最后一个人，他手里什么也没拿，着装不同于现代人。照片里除了人物，还有各种超现实的海底生物，装了发条的鱼、背上有树林的海星、坐在沙发上的八脚章鱼……小男孩感到很新奇，思考这其中的奥秘，突然他明白了，他摆好相机，手里拿着那张有很多人物嵌

套的照片,也拍了一张,然后把相机包好,投入大海。故事的结尾,相机经过海底各种历险后,又被另一个小朋友发现。

无疑这本无字书对 3 岁多的孩子是个不小的挑战,她能自己看懂吗?能看懂多少?她喜欢反复阅读,那么反复的过程中前后几次又会有什么不同?出于好奇,也出于对心理学家皮亚杰先生观察儿童能力的仰慕,我决定详细地记录她的阅读,观察她的观察,来解答我心中的疑问:没想到因此更新了我对她的认知,也更新了我对亲子阅读的认知。

2014 年 10 月 28 日,当她第一次拿到这本书时就喜欢上了,在车上迫不及待地翻,我心中暗喜,小朋友上"钩"啦!我们几乎都是在睡前读这本书,于是从那天开始,只要她点读这本,我就打起十二分精神(因为记忆力已远不如从前啦),先是心里默记阅读中她的观察和我们的对话,然后要在接下来的陪睡环节里强撑住不合眼。等她睡着后,虽然内心有一万个倒下睡觉的呼声,但还会爬起来打开电脑,记录详细过程。

在这 30 天里,我们从头至尾完整地读了 9 遍,每次约半小时。如果说以前和她一起阅读时我是一个很自然的状态,我讲讲她说说我们一起讨论或是模仿书里的对话乐哈哈,那么这次,为了观察她对无字书的阅读,我刻意尽量不主动发言。

第一遍时,有些页面她观察到很多细节,"啪啦

我决定详细地记录她的阅读,观察她的观察,来解答我心中的疑问:没想到因此更新了我对她的认知,也更新了我对亲子阅读的认知。

72

啪啦"地跟我说一堆；有些页面则一言不发。随着阅读的深入，最初能说一堆的页面渐渐快快翻过，而最初一言不发的页面则渐渐发现线索交流增多。全书共 19 页（两面），每页我都有记录，这里摘取 2 页来说明。

【第 10 页阅读观察记录】

这一页由两个大画面构成，左页上有一群很像人类的生物，开着宇宙飞船一样的飞行器来到了海底，遇到各种鱼、海马。右页上 3 只大海星，身体上长了树，两只像在跳舞，1 只睡在水里。

第 1 遍	女儿第一次看到这页时就说了很多，发现了这发现了那，从左页观察到右页，然后逐渐地停留时间变短。
第 2 遍	这页她看了很久，观察到了很多内容。 左页上，她首先对那些像人的生物说是"怪人"，描述了 3 个怪人：怪人发现了一条鱼，然后用棍子戳它；怪人坐在鱼身上，鱼在游；这个怪人在往下面看什么？（你看看呢？）在看照相的东西，掉下去了。（对，相机）又指着怪人背后的像飞碟一样的东西说那是怪人的家里。 海马，3 只海马！这里有 3 条鱼。 （女儿主要在看左页，对右页大海星的观察时间很少）
第 3 遍	她先看了左页，基本重复昨天看到的内容，但是表达顺序和方式有变： 海马！海马，海马，海马，3 只海马！ 这个人在往下看什么？嗯，是相机！ 这条鱼睡着了，这个人用棍子去戳它。 他们的房子在冒泡。（新的发现） 我：是房子在冒泡吗？（其实是每个人的头顶在冒泡） 女：是的。 （我不做纠正，等待下一次她的发现。） 指着右页的海星，问：这是什么？ 我：你看它像不像星星？ 女：像。 我：它叫海星。海星身上长了树。
第 4 遍	（女儿主要看右页）
第 5 遍	（看右页）星星、星星，水里还有一个星星！ （看左页）海马！人在看相机。 很快翻过。

【第 5 页阅读观察记录】

　　这一页由 9 幅大小图构成,各图之间有一定的情节发展,画面上小男孩拿着相机在琢磨:这是什么? 它从哪里来? 然后去找他的爸爸妈妈寻求帮助,爸爸低头托腮沉思,妈妈也不知道是怎么回事,于是他们找到沙滩工作人员询问,工作人员两手一摊也表示不清楚怎么回事,小男孩只好拿回相机,然后尝试着打开了,发现里面有一个胶卷!

第 1 遍	这一页好多小画面,女儿貌似被太多信息冲击的不知道说什么了。 　　我不想第一次就主动讲解,所以,稍作停留,说这是相机后,翻过。
第 2 遍	又是默默地看,不出声。 　　我忍不住问(指着右页中间最右小图,是男孩和爸爸妈妈咨询沙滩工作人员):他们在做什么呢? 　　女:他们在请工作人员修相机,然后就可以拍照了。 　　我:哦,原来是这样啊。
第 3 遍	女(指着最左边的一幅,男孩拿着相机在琢磨发愁):他生气了。 　　我:他是生气吗? 　　女:嗯。 　　我:他也可能是在发愁、困惑呢。
第 4 遍	从第 6 页返回来(因为她问为什么小男孩一个人去洗照片,于是我提议往前看一页)。 　　我:你看这两个人像小男孩的谁呀? 　　女:不知道。 　　我:你看他是男孩还是女孩(指着爸爸)? 　　女:男孩。 　　我:这个呢(指着妈妈)? 　　女:也是男孩。 　　我:你再看看,她的头发很长哦。 　　女:不长,短短的。 　　我:她把头发扎起来了。 　　女:是女孩。 　　我:那你看他们像小男孩的谁呢? 　　女:他们像 DORA 和 BOOSTS。 　　我:哈哈哈,为什么? 　　女:因为他们在一起玩。

第5遍	右页中间最右一幅图上，小男孩和爸爸妈妈咨询沙滩工作人员的这幅画面，女儿看了很久。然后说：他（指工作人员）说他没钱，买不了。 　　我不禁乐了，她观察挺仔细的，双手一摊，可不是能表达"我没钱买不了"的意思嘛！ 　　我启发她，问：还可以表示什么呢？ 　　女：嗯，嗯，嗯。 　　我：是不是还可以是"我不知道"的意思呢。 　　女（似懂非懂地）：我没有钱。 　　说完她学着绘本里的姿势，双手一摊。我也跟着学起来，"哈哈哈哈"我们乐在一起。 　　又指着胶卷的图案自己说：胶卷！
第6遍	和昨天一样，女儿又从第6页返回来看。 　　我：你看他们俩像小男孩的谁呢？ 　　女：他们像DORA和BOOSTS。 　　我：他是男的还是女的？ 　　女：男的。 　　我：这个呢？ 　　女：女的。 　　我：那你看他们像是小男孩的谁？ 　　女：爸爸。 　　我（努力淡定地惊喜中）：那这个呢（指妈妈）？ 　　女：是奶奶。他们是小男孩的爸爸和奶奶。 　　我：哦，这样啊，你看是奶奶吗？ 　　女：是妈妈，不是，是奶奶！ 　　（不管怎么样，女儿的理解总算靠点边了）
第7遍	我：这个是谁呀？ 　　女：爸爸。 　　我：这个呢？ 　　女：妈妈。 　　我：原来是小男孩的爸爸妈妈！ 　　女：他生气了，他在想事情。 　　我：嗯，他在想事情。这个相机是他的吗？ 　　女：不是。 　　我：那是从哪里来的？ 　　女：……（把书往回翻，指指海面）从水里来的。 　　我：嗯，从海水里来的。他知道这是什么吗？ 　　女：不知道。 　　我：他拿着相机去找谁了？ 　　女：（指着右页里的两个人）找他们。

第 7 遍	我：他们是谁？ 女：爸爸妈妈。 我：他们在做什么（指右页）？ 女：相机坏了。 我：然后他们去找谁了？（指右页） 女：他说他没钱（指沙滩工作人员）。 我：（模仿书中的双手摊开）还可以是什么意思呢？"我不知道"可不可以？ 女：可以的。

第 10 页和第 5 页的阅读过程可以说完全相反，看第 10 页时刚开始她的话很多，之后渐渐变少；而看第 5 页时则是前面少然后逐渐增多。我思考这其中的缘故，猜测是因为这两页的性质不同引起的，第 10 页以相对独立的信息为主，两幅大图之间没有情节关联，而第 5 页由多幅小图构成，之间有情节关联。对 3 岁半的她来说，情节的理解还有些困难，所以需要一个多次读图的过程。

更重要的是，从她一遍一遍的阅读中我发现，当她一遍遍重复某个问题时，同时也观察到了其他信息。虽然她一言不发什么也不说，其实正在为茅塞顿开而积累。所以，我庆幸自己安心做了回"等待者"，等到了她的主动发现，我也因此有了惊喜。

虽然对画面细节她已观察到很多，但 3 岁多的她，还不能理解画面背后的深意。即使是浅层一点的推断，也还有困难，比如最后一页，相机又进入了另一个小朋友的视线，我问她：

"如果这个小朋友把里面的胶卷洗出来，会看到什么？"

虽然她一言不发什么也不说，其实正在为茅塞顿开而积累。

"汪老师。"（这位中分头发的女孩，女儿第一次看到时就说这是她的汪老师，因为发型很相似）

"还有呢？"

"鱼和动物。"

"还有呢？"

"鱼和动物。"

尽管经过我的提示她最终想到了小男孩拍下的照片里不仅有汪老师，还拍了小男孩自己。但我相信，如果今后她再读，将会有更多的发现和理解。

读了这本《海底的秘密》之后，我对无字书都有点上瘾了，她也是，后来又读了另一本无字书《雪人》，也很喜欢。这30天的观察让我发现了她的专注力、观察力和表达能力，我本无预期，却已足够让我惊喜。

这30天的观察让我发现了她的专注力、观察力和表达能力，我本无预期，却已足够让我惊喜。

虽然是兄妹，两个孩子在阅读这件事上的反应却全然不同，妈妈用细致的笔调娓娓道来，不由让我们感叹世界上确实没有两片相同的树叶。哥哥是个"吃书"的书痴，妹妹却是个"扔书"的小孩。妈妈曾经试图拷贝教育哥哥时采用的方式，但在妹妹身上却失败了。

怎么办？

于是，转换读书场景，变更读书时间，使出浑身解数，终于让妹妹也对阅读产生了兴趣。经历了一段时间的阅读后，妈妈发现了女儿阅读的喜好，"这套书重新拿出来读，没想到她特别喜欢，究其原因，我觉得是书中儿歌的韵律、节奏吸引了她"，两岁半时，最初喜欢的是《小房子变大房子》这本书，成了接下来两个月每晚必点节目。细想起来，她喜欢这本书的原因和1岁半时喜欢那套摇铃书的理由几乎一样：韵律。

这真是一个美好的发现，在女儿的选书喜好里，其实，妈妈已经发现了绘本的又一要素，那就是对其文字音乐性的体验。你听，在《小房子变大房子》中，一段小小的童谣就有"追"和"嘴"押着"ui"的音，"扑"和"舞"一起发着"u"，这样相同的韵脚，既琅琅上口，又给孩子带来富有韵律的听觉刺激。除了押韵的绘本语言，绘本中经常出现的拟声词，也让阅读变得妙趣横生。比如，"叽叽""呜咿""啪啦""砰""噗"，有的是模拟动物的叫声，有的甚至是毫无意义的"怪词"，可是我们会看到，每每读到这样的词，孩子总是兴致盎然地一读再读，高兴得手舞足蹈。怪不得河合先生说，"绘本里有声音，也有歌声"，带着孩子用心倾听，那些不仅是语言，更是来自灵魂深处的律动。由此，我们会不由地想，我们给孩子讲故事时，自己的声音节奏也同样重要吧。

在女儿3岁多的时候，妈妈和女儿开始了一次长达30天反复阅读一本无字书的过程。在这次过程中，妈妈用1万多字记录了女儿的阅读过程，并最后感叹，"这30天的观察让我发现了她的专注力、观察力和表达能力，我本无预期，却已足够让我惊喜"。

没有文字的无字书，把绘本的图画功能表现到了极致。女儿阅读"第一遍时，有些页面她观察到很多细节，'啪啦啪啦'地跟我说一堆；有些页面则一言不发。随着阅读的深入，最初能说一堆的页面渐渐快快翻过，而最初一言不发的页面则渐渐发现线索交流增多"。不识字的女儿，通过自己对画面的观察了解故事，在反复阅读中不断发现画面的细节，理解画面背后的关系，并建立画面与画面之间的连接，并越来越丰富地建构自己的故事。

在女儿的阅读故事里，我们确信：好的绘本，画面就能说故事。绘本的故事，不仅是文字的故事，也是画面传递的故事，更是文字和画面交相辉映的故事。绘本的故事，不仅是作者的故事，还是属于读者每一个人自己的故事。所以，对于一本绘本而言，到底读什么呢？我们不妨用台湾学者杨茂秀先生的一段话作为结尾吧：

　　绘本像是大地，图是大地上的风景，文是大地上的路。图是风景，会拉住你，仿佛不断轻声提醒你："慢慢走，好好欣赏，不要急，急躁并不好，再看我一眼，不要急着翻页。"而文是路，路与文仿佛呼唤着你："快往前走，往前走，前面还有许多精彩的东西，翻页，读下去。"

张　燕

延伸阅读之旅的广度和深度

自述者　费　扬(6 岁诺诺的妈妈)

家庭档案

从事广告和文化传播工作的妈妈,和金融行业的爸爸,都是爱书的人。2009 年元旦,女儿出生了。在喜爱中外历史和政治书籍的爸爸和热爱中国的经典传统文化和历史的妈妈的熏陶下,女儿也渐渐地有了一些小文艺范儿。父母都相信,播下儿童早期阅读的种子,就是永远为孩子的人生留着一扇与精神世界对话的窗口。

亲子阅读 Tips

★ 尽量地不局限于根据年龄给予孩子规定性阅读的绘本,阅读书籍的过程中,也尽量地向宽度上做延伸,比如从不同类型风格的书籍中寻找到文字、音乐、诗歌韵律、各种风格的绘画、知识,而这些是可以融合在一起互相启发并呼应呈现,而非割裂的。

★ 希望借助一本本亲子阅读,帮助孩子建立属于她自己的人生价值观,对这个世界的积极正面的认知,帮助孩子形成"真实""善良""勇敢"等好的品质,也帮助孩子处理日常生活中的各种情绪。

★ 孩子喜欢"画面"甚于"文字"，一直到近 6 岁，才开始问到关于书本里面的字，之前的所有阅读过程，都更加专注于书里丰富的画。这正是特别爱画画的她最真实也最宝贵的禀赋所在，父母也愿意接受她原来的样子，并努力陪伴和帮助她。

记忆深处的童年，总有一个难忘的画面——床头一盏台灯，暖暖的光芒，入睡前，爸爸或者妈妈在灯下和我讲《格林童话》和《安徒生童话》中的故事。我时常会让他们反复给我讲《拇指姑娘》或者《灰姑娘》。上学后的无数个晚上，父母都放弃了自己的时间，陪我一起阅读。时至今日，这仍是我记忆中关于童年最美好的片段。阅读的种子，大概就是从彼时生根发芽，陪伴着我一路走来，像一个朋友，像一个心灵导师，更像某种精神连接的对象。

曾国藩在家书中曾经教导自己的儿子要读书，"读书不独变人气质，且能养人精神"。是的，读书可改变人的气质，情操和价值。于是，就有了"蹉跎莫遗韶光老，人生唯有读书好"这样的感叹。

当诺诺到来，我和先生也希望她和我们一样爱上书，并让这个爱好陪伴她的一生。爱书的人，即使未来的人生有再多的纷扰，也可以在文字中，找到那条温暖的归家路。同时，在知识和信息爆炸的时代，成为"高感"一族，将尤为可贵。在这样的理念下，我

爱书的人，即使未来的人生有再多的纷扰，也可以在文字中，找到那条温暖的归家路。

们带着孩子踏上了阅读之旅。

儿童早期阅读的各种理论中，我喜欢朱永新教授所说的：

童年的阅读对于一个人的完美人格的形成起着非常重要的作用。童书对于一个孩子来说，意味着成长的伴侣，意味着心灵的雨露，意味着精神的家园，意味着美的存在，意味着笑的源泉，意味着第二个生命。

尤其当我们成年以后，回忆自己的童年，给予自己最美好的梦想，甚至是当面对这个并不完美的现实世界的时候，我们是否愿意用"真诚"、"善意"和"勇敢"去面对而非逃避，其原动力竟是那一个又一个曾经让我们无限幻想的美好童话故事。我一直以为，因为相信，所以才会真的存在。

当回到如何阅读的问题上时，我和先生主要集中在阅读的广度和深度这两个维度上实施操作。

阅读广度的延伸

我认为早期阅读价值的第一个层面是通过早期阅读，培养孩子的"审美和通感"，让孩子借助阅读这种介质，打通思维和感知的各个方位。

我认为早期阅读价值的第一个层面是通过早期阅读，培养孩子的"审美和通感"，让孩子借助阅读这种介质，打通思维和感知的各个方位。在这一点上，我们尽量地不局限于根据年龄给予孩子规定性阅读的绘本，阅读书籍的过程中，也尽量地向宽度上做延伸：比如从不同类型风格的书籍中寻找到文字、音乐、诗歌韵律、各种风格的绘画、知识，而这些是可以融合在一起互相启发并呼应呈现，而非割裂的。

诺诺从很小就表现出对于音乐节奏、诗歌、绘画和文字表达方面的浓厚兴趣，她特别喜欢文字有韵律，画面很有美感的绘本。在诺诺的早期阅读中，有很多绘本和书籍的文字都是非常注重韵律和节奏的美感的，一方面可以让还没有爱上阅读的小宝贝很快被吸引住，另一方面也能增强孩子的记忆力。下面介绍一些我们家阅读过程中比较有心得的书本：

🌸 《噼里啪啦》系列丛书

《噼里啪啦》系列丛书包括：《我要拉巴巴》《我去刷牙》《我要洗澡》《你好》《草莓点心》《车来了》《我喜欢游泳》，共 7 册。这是日本画家佐佐木洋子编绘的一套非常畅销的适合低年龄学前儿童阅读的绘本，分别描绘孩子在刷牙、洗澡、游玩、吃点心等各种时候所碰到的问题，以风趣的方式教会他们人生的最初的知识。诺诺 2 岁左右开始读这套书，一直读到 3 岁多。其中，她最喜欢的是《草莓蛋糕》，反反复复读了不下几十遍。

草莓，草莓
草莓是红色的，红色的是邮筒！
邮筒，邮筒，

从不同类型风格的书籍中寻找到文字、音乐、诗歌韵律、各种风格的绘画、知识，而这些是可以融合在一起互相启发并呼应呈现，而非割裂的。

推荐书目：
《噼里啪啦》系列

邮筒是方形的,方形的是门!

门是绿色的,

绿色的,绿色的,

绿色的是草地!

草地,草地

草地是广阔的,广阔的是天空

天上有云彩,云彩是白色的!

白色的是年糕,白色的是冰激凌,白色的是棉花糖,

白色的是砂糖,砂糖是甜的,甜的是点心!

点心,点心,草莓点心!

草莓,草莓!

　　2-3岁的那段时间,每一次和诺诺读这本书,都是特别欢乐,尤其当读到这一段首尾如诗歌般的文字时,作为大人,我也从韵律里面感受到了一种轻松愉快的趣味。与其说这是一个故事,不如说是一首童谣,有颜色,有形状,有想象力,还有一切孩子们的最爱"冰激凌,棉花糖,蛋糕,砂糖"。隔了很久,再和诺诺提到这本绘本,她依然记得里面所有的人物和情节,尤其对于"绿色的是草地,草地是广阔的,广阔的是天空"还有"点心,点心,草莓点心",瞬间就念了出来,最后小舌头还舔舔嘴唇说:"妈妈,我也想吃草莓点心了,太好吃了,甜甜的……"而对于孩子最初接触绘画的时候,天空,草地,房子,还有一起玩耍的小动物们,是他们最喜欢的画面。

《千字文》《千家诗》《诗经》等国学启蒙的阅读

说到早期阅读，现在很多时候，我们都聚焦在绘本阅读上，但是国产的优秀绘本比较有限，诺诺读的绘本基本都是日本和欧美的作品，所以从 3 岁的时候开始，诺诺就开始接触一些国学的启蒙教育。虽然关于国学启蒙教育一直有争议，但是我依然认为这其中是精华多于糟粕的。结合诺诺国学启蒙的过程，我有一些自己的深刻感受可以分享：

诺诺学《三字经》和《弟子规》的时候，一边读一边结合故事讲解，读多了就自然会背诵了。由于《三字经》和《弟子规》都是以三个字为一个单位，读起来朗朗上口，节奏感是非常好，可谓抑扬顿挫。虽然诺诺并不识字，但是读的过程依然是让她拿着书本，挨个字用点读的方式读过去的。阅读的同时，还会通过播放有声读物给她听，让她加深记忆。虽然在读这两本书的过程中，她也曾和我们说一些故事她不能理解，但是我的感觉是这些传统的道德约束并没有对她产生负面的影响，更多的还是得到一些启蒙性的行为习惯礼仪和传统文化的熏陶。

5 岁的时候，诺诺开始接触《千字文》。全文为 4 字句，对仗工整，读起来很优美。千字文里每一句话都有可以延伸开来的很多故事。去年夏天，我带诺诺去了辽阔的大西北，在青藏高原的盘山公路，望着远方连绵的丹霞地貌的群山，有苍鹰划过天际，诺诺突然对我说："妈妈，这就是天地玄黄，宇宙洪荒的景

一边读一边结合故事讲解，读多了就自然会背诵了。

85

象吗?"我很惊喜她可以把看到的美景和读过的诗句联系起来,至少她从眼前的景象里真实地感受到了苍茫和辽阔。在草地上,她快乐地奔跑,说:"妈妈,这就是天苍苍,野茫茫,风吹草低见牛羊啊。"

6岁的时候,诺诺对《千字文》的阅读就有了更多的体会,比如她会和我们讲她知道的很多中国山脉,她知道的孔子、孟子、盘古开天辟地、女娲补天的故事。她在读千字文中"鸣凤在竹,白驹食场。化被草木,赖及万方",知道了凤凰的故事,说"凤凰是一种吉祥的鸟,只有一个国家很太平的时候,凤凰才会出现"。

诺诺在6岁开始接触《千家诗》中的一些唐宋诗词。为了提高她的兴趣,让她学完一首,就把诗歌里面的故事情景画一幅画,让她的想像有了落脚处,念诗的时候也就更为认真,一边读一边考虑画图,而画画的过程又提升了对诗歌的理解。

> 为了提高她的兴趣,让她学完一首,就把诗歌里面的故事情景画一幅画,让她的想像有了落脚处。

🌸 各种漫画书本

5-6岁开始,诺诺越来越喜欢各种风格的漫画,比如几米漫画那样色彩浓烈而充满意境的漫画书,虽然没有文字,但是她可以翻来覆去地看,并且选择出她认为最美的图。她最为喜欢的几米漫画有《地下铁》《月亮忘记了》《真的假的啊》;6岁以后,她越来越喜欢《蔡志忠古典漫画》系列,蔡志忠用简洁生动的线条,把人物表现得栩栩如生,浅显易懂地描述了一些经典的历史人物故事。

阅读深度的延伸

早期阅读价值的第二个层面，除了上面所提到的诗画早期的阅读培养，我们更加希望借助一次次亲子阅读，帮助孩子建立属于他们自己的人生价值观，对这个世界的积极正面的认知，帮助孩子形成"真实""善良""勇敢"等好的品质，也帮助孩子处理日常生活中的各种情绪。

借助一次次亲子阅读，帮助孩子建立属于他们自己的人生价值观，对这个世界的积极正面的认知。

每一个孩子成长过程中，都会经历以往不曾遇到的麻烦和困惑，会体验不同以往的情绪。他们也许还不会用直接的方式和这个世界沟通，也不擅长表达，但是这不代表他们没有这样的需求。在阅读绘本的过程中，共情和移情是最普遍发生的现象，孩子会随着人物的情感变化感受到快乐、悲伤、失望、激动、伤心、恐惧、担心、忧虑等等，这些接近孩子各阶段真实生活的情感体验通过一个个小故事表现出来，让孩子们感同身受，情绪得到了出口。同时，通过家长的引导，让他们更好地接纳自己的各种情绪，无论是正面还是负面的情绪；也更善解人意，学会换位思考理解身边的人和事。

❀ 《重要书》

这是一本玛格丽特·怀兹·布朗的知名绘本。从各个角度去衡量都非常完美。从画面看，彩色和黑白页面的交替形成了一种节奏。画面都清新典

推荐书目：
《重要书》

雅。与画面相比,文字丝毫不逊色,让我们读读看:

> 对勺子来说,最重要的是用来吃饭。
> 对雏菊来说,最重要的是它美丽的白色。
> 对雨来说,最重要的是它湿漉漉的。
> 对草来说,最重要的是它青青的绿色。
> 对雪来说,最重要的是它洁白洁白。
> 对苹果来说,最重要的是它圆圆的。
> ……

　　第一次读的时候,诺诺就被名字吸引了,"《重要书》是说这是一本非常重要的书吗?"打开来,那一句"对玻璃杯来说,最重要的是透过它,能看见对面"马上吸引了我们继续往下读。我们又一起讨论了其他我们可以想得到的重要性。比如,对于灯泡,最重要的是可以发光;对于冰淇淋,最重要的是甜甜凉凉的;对于猫咪,最重要的是会喵呜喵呜抓老鼠;对于诺诺,最重要的是妈妈;对于水,最重要的是可以喝……其实从我们大人的角度去看这个绘本,对于这些平凡而不起眼的事物,我们在生活中往往忽略了它们自身所存在的特质,而更关注它们存在的对于外界的用途、价值和意义。我们的孩子,也是在这样一种价值体系中成长的,所以他们很容易就把一个人或者事物存在的意义依附于它对其他事物的功效性上,因此有了对于妈妈来说最重要的是诺诺,或者说对于杯子,最重要的是用来喝水。

诺诺6岁的时候再读起这本《重要书》，仅仅和她一起重温了一遍，她就流利地把整个故事基本复述出来，这一次她说，对于诺诺，最重要的就是"我是诺诺"，我问她为什么？她几乎没有犹豫地回答我说："那是因为我就是我自己啊，我不是别人啊！"说完她又接着冒出了一连串的话："对于妈妈，最重要的是妈妈就是妈妈自己；对于狗狗，最重要的就是狗狗是狗狗自己；所以对于诺诺，最重要的就是我就是我自己……"，她为自己的总结显得颇为得意的样子。

 一个关于《点》的故事

《点》这本绘本，有着纯朴俏皮的漫画风格。此书曾荣登《纽约时报》畅销书榜，囊括美国10项年度童书大奖，同名电影荣获芝加哥国际儿童电影节大奖并入围奥斯卡最佳动画短片奖。

推荐书目：《点》

艺术课结束了，但Vashiti却什么也没画。

老师弯下腰，看了看那张白纸，幽默地说："啊！暴风雪中的北极熊。"

Vashiti说："很可笑！我就是不会画！"

老师笑了笑说："那随便画一笔，看看能画出什么。"

Vashiti拿起笔，在纸上狠狠地戳了一下，递给老师，说："好了。"

老师轻轻地说："现在，请签名吧。"

下个星期，当Vashiti来上艺术课时，惊奇地发现她的那幅画挂在老师的桌子上方的墙上，还用金色的画框装了起来……

虽然故事画面和文字都非常的简单，但是这却是一本充满了正能量的绘本，让孩子和我都感受到了一种温暖。成长中，我们都曾经有过不自信的时候，和内心那个羞涩的自己做着小小的斗争。我们多希望在那个时候，可以有一道阳光暖暖地投到我们的心田，让我们不再害怕自己做得不好。《点》就是这样一个故事，全书没有一句"你画得真好"这样的夸奖，但是老师用行为让孩子的心灵得到了非常大的鼓舞和安慰。这是一本给孩子读，也是给家长读的书。

"妈妈，我也要拿纸出来画点，你看看我画得好不好？"我记得当时诺诺看完这本书之后的反应就是她也想画，然后请我对她说"请签名，好吗？"兴趣是孩子最大的动力，而有效的鼓励是激励孩子最好的方式。而且这种美好还可以传递。学会欣赏和鼓励他人，也是诺诺这一代孩子容易欠缺的品质，这也是《点》所给到我们的启发。给一"点"鼓励，就能激发孩子无限的可能！

✿ 《一片叶子落下来》

我从哪里来？我会去哪里？为什么要活着？死是怎么回事？一片叶子回答了孩子所有关于生命的疑问。所以这是一本关于生命和生死的书。给诺诺选择这本书，是因为在她 3 岁的时候，经历了家庭中

这是一本给孩子读，也是给家长读的书。

推荐书目：
《一片叶子落下来》

成员的离世，所以她很早就有了关于永久分别的感受，而当她 6 岁的时候，她就直接地提出了关于生死的问题，比如：

我们人是从哪儿来的，又要到哪儿去呢？

真的是有上帝或者女娲造人吗？

那为什么说我们又是猩猩变成的呢？

为什么我们小孩子会慢慢地长大变成和爸爸妈妈一样，然后爸爸妈妈还会变老，但是你们不能变成我们小孩子呢？

再大一些的时候，诺诺会更直接地问我们：

既然最后都会死掉的，那为什么还有来到这个世界的人呢？

关于生死和无常，我们大人也未必真的通达，这又如何与孩子去讨论呢。所以我试着和她去读这本关于叶子的生命童话。书中一片叫做弗雷迪的叶子和它的伙伴们经历了四季的变化，逐渐懂得了生命的意义在于经历美好的事物和给别人带来快乐；明白了死亡并不代表一切毁灭，而是另一种形式的新生。我并不知道这样的故事是否就能解答孩子关于生命的困惑，因为她时常还会和我讨论这样的话题，并且不断有新的问题产生，比如，这片叶子死了以后它到底去哪儿了呢？这片叶子新生之后，还会记得

诺诺 6 岁的时候，直接地提出了关于生死的问题。

91

它以前的朋友吗？这些都是我们所有人的困惑，但至少我们试着不回避，不让她感到非常的担忧和害怕，尽力减少她在这个问题上的负面情绪。

🌸 中西方经典童话和神话故事的阅读

《萤火虫世界经典童话》系列是 3－5 岁阶段诺诺最喜欢阅读的以情节为主的绘本。在这个童话系列中，我们为诺诺挑选了《小红帽》《灰姑娘》《皇帝的新装》《白雪公主》《绿野仙踪》《丑小鸭》《海的女儿》《卖火柴的小女孩》《花木兰》以及《阿里巴巴与四十大盗》。其中她最喜欢读的是《阿里巴巴与四十大盗》《花木兰》以及《卖火柴的小女孩》。

《花木兰》是家喻户晓的传奇故事，绘本《花木兰》通过通俗的语言和明朗的绘画风格，在传统与现代之间找到平衡点，很受儿童读者的喜爱。诺诺读这本绘本的时候，提出很多问题，比如为什么木兰去从军就必须要装扮成男的呢？她如果是一个女孩子，头发那么长，在军营里怎么会不被发现呢？她为什么不留在皇宫里要回家呢？我们试着和她讲述这个故事发生的时代背景，也许她无法理解什么是战争，什么是宫廷里的爵禄，但是她感受到了木兰的孝顺有爱、机智勇敢。

《卖火柴的小女孩》是在诺诺大概 5 岁多的时候第一次读的，这个在我们看来充满了悲情色彩的故事，却并没有引起她太多的触动，并且阅读的时候她的注意力完全都在"圣诞节美丽的橱窗""美味的圣诞大餐"上，她还不太理解小女孩为什么要光着脚丫子卖火柴。后来，她参加了戏剧表演，在排练《卖火柴的小女孩》这部戏剧时，才真正理解了卖火柴的小女孩。她饰演剧中的一位有钱人家的女儿，穿着漂亮的宫廷小礼服和厚厚的红色皮靴。戏剧中，她很想帮助卖火柴的小姐姐，把她所有的火柴都买下来，但是她没有钱，她好不容易央求妈妈来买火柴，却发现小姐姐已经躺在冰冷的地上再也醒不过来了。她坐在小姐姐身边，不断地摇着她的身体说："小姐姐，你快醒醒，你快醒醒，我来买你的火柴了，买下你所有的火柴！你怎么不说话呀？小姐姐！"记得我看这场演出这最后一幕的时候，当舞台的灯光都暗了下来，只有一束冷色的光打在她和小姐姐身上，我的眼泪都掉了下来。这之后，她也再也没有问过"小女孩为什么不问爸爸妈妈要一点钱去买好吃的呢"这样的问题了。这大概就是戏剧的魅力所在吧。

关于家庭阅读和书本的故事，永远都是未完待续。虽然其中也会有一些现实的挫折和令人沮丧的时刻，比如我们的孩子是一个喜欢画面甚于文字的典型代表，一直到近 6 岁，她才开始问到关于书本里面的字，之前的所有阅读过程，她都更加专注于书里丰富的画。我们明白，这正是特别爱画画的她最真实也最宝贵的禀赋所在，我们也愿意接受她本身的样子，并努力陪伴和帮助她。

书是一辈子的朋友。最后我想借用杨绛先生关

一直到近 6 岁，诺诺才开始问到关于书本里面的字，我们也愿意接受她本身的样子，并努力陪伴和帮助她。

93

于读书的一段话来结束关于儿童早期阅读这一话题，也算是分享我自己关于阅读最美好的感悟：

读书是为了遇见更好的自己。

你的问题主要在于读书不多而想得太多。

读书不是为了拿文凭或者发财，而是成为一个有温度懂情趣会思考的人。

书虽然不能帮你解决所有问题，却能给你一个更好的视角。

读书影响潜在……它会在不知不觉中影响你的思考、逻辑、谈吐、与人共事等各个方面……

读书多了，内心才不会决堤，是指人的情商积累和阅读有关。

读书到了最后，是为了让我们更宽容地去理解这个世界有多复杂。

读书，正是为了遇见更好的自己。

喜欢读书，就等于把生活中寂寞的辰光换成巨大享受的时刻。

读书多了，容颜自然改变。

让我们帮助孩子一起种下阅读的种子，也让我们继续践行，陪伴孩子一起把阅读进行到底！

前阵子参加一个教学活动，现场点评一节课，授课老师讲的是人教版 4 年级语文书中的《巨人的花园》，改编自王尔德的童话《自私的巨人》。课上，老师由课文引向了原文，并推荐了《夜莺与玫瑰》（林徽因译）一书，在评课中我用了一个词，称之为"辽阔"：

什么是辽阔？那就是将孩子们带离相对贫瘠的课本，去往更辽远更阔大的地方。一个老师最大的功劳就是将孩子们从一本书带往另一本书。授课老师今天将孩子们带往王尔德这个诗人，带往《夜莺与玫瑰》这本书，带往"童话"这个神奇的世界，这些，都是在小小的课堂，短短的 40 分钟里所发生的"辽阔"。

后来，我据此写了篇文章，标题就拟作"辽阔的儿童阅读"——真的很高兴，从诺诺妈妈的这篇手记里，我同样读到了"辽阔"，真真切切的辽阔，完完全全的辽阔：

比如从不同类型风格的书籍中寻找到文字、音乐、诗歌韵律、各种风格的绘画、知识，而这些是可以融合在一起互相启发并呼应呈现，而非割裂的。——这是"广度"。

帮助孩子建立属于她自己的人生价值观，对这个世界的积极正面的认知，帮助孩子形成"真实""善良""勇敢"等好的品质，也帮助孩子处理日常生活中的各种情绪。——这是"深度"。

广度加上深度，构成了诺诺的妈妈、爸爸所经营的阅读的"密度"和"完成度"，这一点其实已经借他们的书目得到很好的表达，两个维度，交相辉映，多元而丰富。

诺诺妈妈说，"关于家庭阅读和书本的故事，永远都是未完待续"，的确是这样，我想用米切尔·恩德《永远讲不完的故事》里，描写巴斯蒂安对阅读的激情句子，来与她分享我们对于阅读共同的热爱：

一个下午一个下午地捧着书本读啊读啊，读得脸红筋涨，耳朵发烧，读得忘记了周围世界的存在，读得不再感觉饥饿、寒冷……躲在被窝里就着手电筒的光偷偷阅读，因为父母或者另外某个好心人把他的灯关掉了，理由是明天他得早起，现在必须上床睡觉……人前或者背后洒下痛苦心酸的泪水，就因为故事已经结尾，不得不跟书中那些自己喜爱和欣赏，曾跟他们一道冒险，曾为他们担惊受怕的主人公告别了，而没有了他们的陪伴，生活将变得空虚，将不再有任何意义……

期待诺诺的未来，会经历更多的"辽阔"；期待这个幸福的家庭，会发生更多的美好。

冷玉斌

在故事中成长的小书虫

自述者　王玲玲(6 岁芊芊的妈妈)

家庭档案

女儿芊芊 6 岁,2009 年出生的金牛座宝宝,开朗活泼,善解人意。妈妈是浦东图书馆馆员,是一位忙完单位忙家庭的双栖妈妈。爸爸专注于事业,偶尔也会陪伴芊芊出游、画画,被芊芊称为"空中飞人""周末爸爸"。

芊芊幼时主要由姥姥带,幼儿园以后姥爷、大姑各带一段时间。目前是三口之家,家中没有老人。为了引导芊芊规范各种日常行为,更为了调节平日的生活乐趣,妈妈除了讲绘本以外还自编了很多生活小故事。芊芊得益于此,不但生活方面的自理能力比较强,而且非常自信,已经可以自己编故事讲给妈妈听啦。

亲子阅读 Tips

★ 刚开始妈妈也会按新书推荐的书单把书借回家,但时间长了却发现,女儿最后选的并不一定是她这个年龄段的推荐书目。其实每个家庭、每个孩子都是不一样的。

★ 临睡前的半小时,就是雷打不动的故事时间。女儿洗漱好在床上等妈妈讲故事的时候会挑出来好几本书,每一本自己先翻看一遍,全部看完后再确定当晚让妈妈讲哪本。

- ★ 妈妈经常会不定期和女儿一起整理图书,把当期想看的需要妈妈讲的书挑出来,放在床边的书桌上,把妈妈已经讲过多次还要反复自己读的书放在客厅里女儿自己的小书架上,然后暂时不要看的书放进书柜。

- ★ 妈妈从来不限制女儿选什么看什么,所以有时候同一本书会读一周或者更长。

- ★ 为了纠正女儿生活中的小习惯,无意中妈妈开始以女儿身上发生的事情编故事。故事的结尾通常是对当天发生事情的总结和小期望,通常女儿都会在故事里得到表扬,这时她就会很心满意足的窃笑。

- ★ 妈妈会不断听到女儿自己编的故事,故事的逻辑性也越来越强,细节也越来越生动。

得知园长要结集出版亲子阅读故事后,我很兴奋。一直想为芊芊整理这方面的手记,却因整日忙于生活琐事而未能如愿,这次当然是最好的机缘。怎样才能把散落在日常生活中芊芊的阅读点滴串成一串闪亮的珍珠项链呢? 为此,我连续几个晚上都没有睡好。闭上眼睛,脑海中浮现出第一次看见芊芊时的场景:体重刚刚5斤的芊芊双目紧闭,两个小拳头紧紧地握着,举过肩膀,红通通的小脸蛋上还都是褶皱，正在努力地啼哭，哭声不大却坚定有力，让妈妈直到今日也无法忘怀。

姥姥当家：零岁启蒙终生受益

姥姥是芊芊最初的阅读启蒙老师。早在芊芊没有出生前姥姥来候产，就带来了知心姐姐卢勤的《写给年轻妈妈》让我先学习，后来又去书店买了《三字经》《幼儿诵读》等口袋读本，姥姥说：这样的书方便携带，以后可以带着芊芊走到哪读到哪！

当芊芊刚落姥姥怀里后，不论是给芊芊喂饭的时候，还是带芊芊出去遛弯的时候，或者哄芊芊睡觉的时候都离不开书。在姥姥的耳濡目染下，刚会讲话的芊芊不但能口齿清晰地背大段的《三字经》，而且还看见什么就会唱什么。比如，逛公园看见青蛙就唱："小青蛙，呱呱呱，轻轻藏在荷叶下，全神贯注捉害虫，就像一个小警察。"在花园里遛弯看到花朵，她又唱："小屋旁，院墙下，种了一朵小红花。太阳照，细雨洒，花儿笑着在长大。"晚上抬头看见月亮她张口就来："床前明月光，疑是地上霜。举头望明月，低头思故乡。"

与姥姥在一起的日子是芊芊最美的回忆，姥姥常讲"滴水之恩涌泉相报""赠人玫瑰手留余香"，要做一个知恩图报、乐善好施的人！芊芊早早学会了感恩，经常问我："是不是没有姥姥就没有你，没有你就没有我啊？"得到我的肯定回答以后，芊芊总会加

不论是给芊芊喂饭的时候，还是带芊芊出去遛弯的时候，或者哄芊芊睡觉的时候都离不开书。

上一句："我最喜欢姥姥了！我刚生下来的时候哭啊哭啊，姥姥一握我的小手，我就不哭了！……"

上海阿婆：浓浓的阿拉熏陶

姥姥回老家之后，妈妈曾经找过几位阿姨帮忙照顾芊芊，其中有一位上海阿姨和姥姥年纪相当，芊芊亲切地称她"阿婆"。这位上海阿婆不但爱干净整洁，而且为人真诚开朗，对幼儿教育自有一套。从某种程度上来讲，当仁不让地成为了芊芊熏陶上海文化的启蒙老师。

上海阿婆带芊芊不久，妈妈就发现芊芊一边玩一边又开始背诗了。刚开始听不清她在说什么，后来听多了才知道她在背一首很长的儿歌："北京有个天安门，天安门后是故宫。最长的城是长城，珠穆朗玛是最高峰。长江黄河波浪涌，华夏祖国传美名。指南针，造纸术，活字印刷真进步，中国的火药威力大，四大发明传天下，传天下！"不光如此，芊芊回来还经常给爸妈唱上海童谣："落雨了，打烊了，小八腊子开会咯，24 路电车打弯喽。""摇啊摇、摇到外婆桥，外婆叫我好宝宝……"让爸妈惊喜万分。这些对别人也许并不算什么，但是对刚融入上海的年轻爸妈却弥足珍贵。

上海阿婆带芊芊不足 1 年，芊芊不但学会了唱上海儿歌，还学会了跳"幼儿版探戈"。更可贵的是：得益于阿婆有规律的作息时间和有条理的做事习惯,使芊芊后来很快适应了幼儿园的生活。有趣的是,芊芊还跟阿婆学会了爱干净爱美,每次出门,都要像阿婆那样打扮得体,用上漂亮的发卡,美美的。更贴心的是,阿婆会把芊芊每天的生活情况汇总,让我有机会记录下来好多有趣的"阿婆说"的小故事,成为芊芊一生珍藏的童年轶事!

妈妈陪读之一：我来读你来听

　　芊芊出生到现在,除了寒暑假回老家,几乎每天晚上都是在我的陪伴下入眠的。临睡前的半小时,就是芊芊雷打不动的故事时间。芊芊洗漱好在床上等我讲故事的时候会挑出来好几本书,每一本自己先翻看一遍,全部看完后再确定当晚让我讲哪本。我洗漱好走进房间的时候看到这一幕都会有些感动：温暖而明亮的台灯下,芊芊小小的身子坐在被窝里,怀里抱着的、被子上散落着的都是书,她正安静或口中喃喃有词地、如饥似渴地翻看着,像一只嗷嗷待哺的小猫,那么地可爱迷人!

　　芊芊的故事书有一半是我根据她平时问的"为什么"买的,另外 40% 是从图书馆借的,剩下 10% 有朋友送的,还有后来芊芊自己从幼儿园图书室借的。我经常会和芊芊一起整理图书,把当期想看的需要我讲的书挑出来,放在床边的书桌上,把我已经讲过多次芊芊还要反复自己读的书放在客厅里芊芊自己的小书架上,然后芊芊暂时不要看的书放进书柜。

芊芊洗漱好在床上等我讲故事的时候会挑出来好几本书,每一本自己先翻看一遍,全部看完后再确定当晚让我讲哪本。

芊芊非常热衷这件事情,因为在这件事情上她完全有自主权,喜欢什么挑什么。正是因为这样,每个阶段芊芊喜欢看的书数量不等,有时 1 个月只有 1-2 本,也有看十来本的。

作为一名图书馆馆员,我每天都在和书打交道,而且少儿馆也会定期有推荐书单出来。刚开始我也会按新书推荐的书单把书借回家,但时间长了却发现,她最后选的并不一定是她这个年龄段的推荐书目。后来想想,其实每个家庭、每个孩子都是不一样的,就比如成长阶段的敏感期,每个孩子也会小有差别,每年出版的新书那么多,我们并不需要全部涉猎、面面俱到,而只取孩子自己需要的就已经足够了。

仔细想来,芊芊幼儿时间的绘本代表有《宝宝的一天》《宝宝逛公园》《小兔子学数数》《我的身体》《艾米莉》系列等,还有日本佐佐木洋子的全 15 册《小熊宝宝》绘本系列。当然芊芊这个时期并不要看字,对她来说,看图就足够解决问题啦。《小熊宝宝》绘本里面的《拉巴巴》《洗澡》《排好队一个接一个》《散步》等都是芊芊的最爱,这套绘本方方正正、页码不多,小宝宝好拿好翻,而且画面温馨、简单细致,情节也真实生动。小熊宝宝一段时期内成了芊芊最爱的小伙伴。不但让妈妈讲了一遍又一遍,还自己翻了一遍又一遍,结果出去滑滑梯学会了排队,和小朋友说"一个接一个"。平时玩具玩好了也会像书里的小熊宝宝一样很自觉地去收好。

每年出版的新书那么多,我们并不需要全部涉猎、面面俱到,而只取孩子自己需要的就已经足够了。

推荐书目:
《宝宝的一天》
《宝宝逛公园》
《小兔子学数数》
《我的身体》
《艾米莉》
《小熊宝宝》

3 岁以后,芊芊的语言能力大大地增强,可选的绘本也越来越多了,《丑小鸭》《晚安,跟屁熊》《我永远爱你》《房子,再见》《大熊抱抱》《神奇花园》《小猫钓鱼》《到我家来玩吧》《菲菲出生了》《妈妈买绿豆》《家》《圣诞老人的王国》《鼠小弟》系列、《小鳄狼》系列、《动物日记》系列、《我喜欢做的事》系列等,有很多很多。这批书每本都讲过很多遍,可以说是百读不厌,因为从来不限制她,选什么看什么,所以有时候同一本书会读 1 周或者更长。但这个时期基本上也是看图,芊芊好像对文字还不敏感,指读也是从小班下学期才慢慢开始。

读《菲菲出生了》《当我长大时》《小兔汤姆》系列这些绘本的时候,芊芊正好上幼儿园小班,有一次读完《汤姆的小妹妹》,芊芊抱着我说:"妈妈,你也给我生个小妹妹吧,不,要生 5 个小弟弟小妹妹! 噢,5 个,芊芊抱不下了,对了,我抱一个,妈妈抱一个,爸爸抱一个,大姑抱一个,大姑父抱一个,大哥哥也可以抱一个的!"(当时大姑一家在上海)芊芊一直对生命的诞生抱有很美好的渴望,她多次跟我说:"妈妈我觉得你肚子里还有好几个小豆豆,快给我生个弟弟或者妹妹出来吧!"如果你问芊芊长大以后想干什么,她几乎每次都会说:"我长大了要当妈妈,生一百一千一万个孩子,天天照顾他们!"有时我情不自禁地想:芊芊这种对爱我和我爱的追求究竟来自何方? 听到过现实中那么多孩子"恨生"的故事之后,尤其觉得芊芊这份自然天真的爱心弥足珍贵!

这批书每本都讲过很多遍,可以说是百读不厌,因为从来不限制她,选什么看什么,所以有时候同一本书会读 1 周或者更长。

推荐书目:
《菲菲出生了》
《当我长大时》
《小兔汤姆》系列

芊芊进入大班以后，兴趣开始有了明显的改变，开始喜欢《贝贝熊》系列、《芭比公主》系列、《神奇校车》系列、《巴巴爸爸》系列，还喜欢幽默诙谐的读本，比如：《你喜欢》《晚安，大猩猩》《又好又坏的一天》等。

《神奇校车》是从大班前的暑假开始看的，一拿到手，芊芊就被吸引了，当时有一位大姐姐放暑假来家玩，因为《神奇校车》每本都比较长，内容也比较多，所以我让姐姐一天只给芊芊读一本，结果这样更调动了芊芊的阅读胃口，每天芊芊都对明天那本是什么内容无比期待，而且一天只能一本，所以就会反复地读。那些天，我一下班回来，芊芊就会跑过来不停地说着："妈妈，你知道太阳系里都有什么星球吗？""妈妈，你说奇怪不奇怪，原来我们人体里有那么多的秘密啊！"看着她兴奋激动的小脸和眼睛里泛出求知的光芒，真觉得这套书买得太值了！

在《神奇校车》之前，芊芊还在我手机里找到一个 APP——儿童早教宝典，里面有个"迪士尼小百科"，是由多位自然科学专家精心编辑指导的科学启蒙音频，每期节目都编排得特别生动有趣，科普性、可听性极强，那段时间，芊芊只要看到我就要拿手机听"小百科"，也正是因为如此，芊芊的科学求知得以启蒙，后来能看懂更深层次的《神奇校车》。

大班的芊芊已经开始认字，慢慢地把对图画的关注转移到文字上面来。看书都是让我用手或用笔点着字一个一个地念,但是我发现,这好像并不影响她同时对图画的理解,孩子不像成人,看字就是看字,看图就是看图,需要定睛一看才能明白那些看起来支离破碎的图画的含义。比如,这两天正在看的《受人尊敬的哞哞先生》,讲的是外交官的故事,其中有一页是"奶牛国的奶牛们选举了一位彬彬有礼的、会说袋鼠话的奶牛,那就是哞哞先生"。书中左边是图、右边是文字,这句话刚用手指读着念完,芊芊就指着左边的图说:"妈妈你看,哞哞先生是这样选出来的,考试的时候有的牛答不出来,有的牛东张西望,有的牛在睡大觉,只有哞哞先生在好好写答案;要讲袋鼠话的时候,只有哞哞先生会讲得最多;还有这里,哞哞先生看起来更有礼貌……"如果没有芊芊提醒,我根本就不会去看图,就算看一眼,也绝对不能一下子看出来那么多幅图里画的是什么。我在心里暗暗佩服小孩子的读图能力,有这样的读图能力是不需要文字来赘述内容的,怪不得这页图画旁边的文字里并没有给小读者交代哞哞先生是怎样被选出来的,原来这个过程是小朋友们一眼便能看出来的!

我在心里暗暗佩服小孩子的读图能力,有这样的能力是不需要文字来赘述内容的。

妈妈陪读之二:生活无处不故事

不知道妈妈们是不是有同感,从我们成了妈妈的那天起,我们的话就格外地多了起来,讲故事的能力也绝对是与日俱增。刚开始芊芊小的时候是看图说话、看图讲故事,后来是看文字讲故事,再后来是没图没文字的时候也要讲故事。因为不管是绘本故事还是非绘本故事都有一个更实在的功能,那就是为了解决实际生活问题。

刚开始的时候,每晚讲完故事后芊芊仍觉得不过瘾,还要再讲一个,但是时间已经很晚,必须要关灯了,没有办法之下我就发明了一个新的故事方法:我说:"好的,我们先把灯关了,你躺在被窝里,闭上眼睛,妈妈再给你讲一个好听的故事。"我让芊芊躺好,然后就开讲了:"从前有一个聪明可爱的小姑娘叫美美,有一天,美美和爸爸妈妈一起去海洋公园玩……"其实故事的主人公其实就是芊芊,发生的事也是当天或者刚刚发现过的真实的事情,刚开始我以为芊芊会戳穿这个小计谋,结果我发现芊芊听得非常认真。当然很快芊芊就明白这些故事其实就是她的故事,于是,如果我讲的情节与现实中发生的有些出入的时候,芊芊就会认真地纠正我。

发展到后来,这样的现实版故事就有了固定的开头和结尾,开头是"从前……有一天……",结尾通常是对当天发生事情的总结和小期望,一般芊芊都会在故事里得到表扬,那时她就会在黑暗里心满意足地窃笑,非常可爱。每次讲完故事,芊芊就这样带着愉快的心情很快入睡了。现在看来,这样的讲故事形式非常有益,因为可以让妈妈和宝宝换一个角度,用旁观者的视角来观察和审视自己当天的语言和行为,就像一面镜子,照出了幸福和欢笑,也照出

发展到后来,这样的现实版故事就有了固定的开头和结尾,开头是"从前……有一天……",结尾通常是对当天发生事情的总结和小期望,一般芊芊都会在故事里得到表扬。

了痛苦和眼泪，不但对孩子更对妈妈的现实生活有非常重要的指导意义。

没想到这样的现实版故事仅仅只是一个开始，因为很快芊芊就开始不满足于此了。不知道从哪天开始，我开始在其他时段编故事了，例如吃早饭的时候芊芊不想吃蛋黄，我说吃蛋黄会变聪明的，可芊芊还是无动于衷，我灵机一动说："你慢慢吃，妈妈给你讲个故事哈，从前啊，有两个小朋友，一个叫明明，一个叫亮亮，明明特别爱吃鸡蛋，亮亮却不爱吃鸡蛋，就这样好一段时间，明明竟然比亮亮聪明起来，后来亮亮考试只得了 60 分，明明却得了 100 分……"故事还没收尾，芊芊那边就叫道："我要吃蛋黄！"

洗澡的时候，芊芊涂好泡泡后，在那扮美羊羊玩，不愿意用水冲掉，我赶紧说："我知道一个皮肤宝宝和泡泡宝宝的故事，皮肤宝宝和泡泡宝宝是一对好朋友，当皮肤宝宝觉得自己需要洗澡的时候就会请泡泡宝宝来帮忙，可是泡泡宝宝每次都告诉皮肤宝宝自己不能待得太久，要不然皮肤宝宝会长小红点的，皮肤宝宝不相信，非要让泡泡宝宝再多玩一会再走，结果只有一次，皮肤宝宝真的长了好多小红点，皮肤宝宝吓坏了，从此以后再也不敢让泡泡宝宝在它家里待太久了！"芊芊听了马上叫道："妈妈，快帮我把泡泡冲掉，我可不要让我的皮肤长小红点啊！"

这些临时编排的小故事在芊芊小班、中班时期盛行于日常生活的方方面面，"妈妈，你给我讲个美

这些临时编排的小故事在芊芊小班、中班时期盛行于日常生活的方方面面。

美换衣服的故事吧！""妈妈，再给我讲一遍眉毛和皮肤搽香香的故事吧！"……这些为了引导芊芊日常生活行为现编的各种各样小故事成了芊芊的至爱，听得她饶有兴趣、津津有味，还效果非凡，真可谓是"生活无处不故事"！

妈妈陪读之三：芊芊自己讲故事

大班第二学期的某一天，我为了让芊芊吃木耳又开始启动编故事模式："芊芊，你知道吗？妈妈小时候啊最不爱吃木耳了，后来妈妈的皮肤就变得黄黄的了，一点都不好看，你姥姥说只有多吃木耳才能补充血宝宝，皮肤就能变成像小苹果那样好看了。"芊芊听我说完，抬起头眨巴眨巴眼睛说："妈妈，我觉得其实是这样的，你说的这些都是你编的，是为了让我多吃木耳才这样说的，是不是？"我听了在心里真是大吃一惊，啊，什么时候露馅了啊？！"不是啊，妈妈说的是真的，不信你问爸爸！"一旁的爸爸也赶紧说："对啊，对啊，你看我就喜欢吃木耳，所以皮肤很好。"芊芊说："哈哈，没关系，我知道你们是为我好，那我就吃吧！"……从这次对话以后我知道，之前那些为达到某个小目的而编故事的小把戏已经不管用了，但是芊芊仍旧给了妈妈一个台阶"解围"，如此善解人意！

"上帝关了一扇门，必然会打开一扇窗"。果然，不知不觉中，一扇窗已经悄悄打开：芊芊开始自己

不知不觉中，一扇窗已经悄悄打开：芊芊开始自己讲故事了！

讲故事了!

有一天,芊芊从幼儿园拿回来一个任务本,任务本上的图画经芊芊解释是让小朋友查找世界上有哪些夜行性动物。芊芊很认真地让妈妈把找到的动物写到了作业本上。第二天任务本上画的任务是让小朋友讲述一个以"我和森林"为主题的故事。我当时真的不确定芊芊会怎样讲这个故事,真的能讲出来吗?但是没想到,芊芊只是想了一下,便一边玩着手里的毛绒小兔子,一边讲了起来:

有一天,我去森林边上的草地上扎帐蓬野营,睡到半夜想要去小便,于是便钻出了帐蓬,但是我发现我的鞋子不见了,只好拿着手电筒去找鞋子,找啊找就走到了森林里面,突然我抬头一看发现了一对闪闪发光的眼睛,吓了一跳,用手电筒一照,原来树上有一只猫头鹰。然后我又听到了"扑嗽扑嗽"肩膀扇动的声音,用手电筒一照,原来是一群蝙蝠。我拿着手电筒继续往前走,竟然还发现一只正在抓老鼠的猫!接下来,我听到一种呼呼的奇怪声音,非常恐怖,我以为是怪兽来了,但是仔细一听,原来是风吹动树林和草丛的声音。我走着走着,不知怎么已经走到了家门口,我打开门问妈妈我的鞋子哪里去了,妈妈说我看你睡着了不需要鞋子,所以就帮你拿回来了。我找到了鞋子非常高兴,但是一想,我的帐蓬还在森林边上呢,就又拐回去把帐篷收好回家了……

芊芊原来已经能讲这么长的故事了，而且情节还如此丰富！

听了这个故事我暗暗惊叹，芊芊原来已经能讲这么长的故事了，而且情节还如此丰富！更难得的是，这个故事里的小动物全是昨天她查到的夜行性动物！

从此，我不断能听到芊芊自己编的故事，故事的逻辑性也越来越强，细节也越来越生动。不由得惊奇：这些故事，芊芊并没有练习过，都是一气呵成，中间基本上也没有停顿，大人讲故事有时还要酝酿一下，列个题纲呢，芊芊又是怎么做到这一点的呢？我想这应该归功于芊芊的幼儿园，锦绣博文幼儿园是以"阅读"为主要特色的幼儿园，园里图书室的绘本购置及绘本课程设计都是园长妈妈为孩子花的心思，也许正是因为在幼儿园里每日接受这种潜移默化式的、系统的绘本阅读训练，才使孩子们逐渐显示出这种基本的文学艺术素养，并因此而受益终生。

如果说今天芊芊自己讲故事是水到渠成的自然结果，那之前姥姥的三字经、阿婆的儿歌、妈妈的绘本和自创生活小故事、幼儿园里系统的阅读训练等，这些就是滋养芊芊这株故事小花必需的阳光和雨露！假如没有之前这些日复一日、年复一年的养分补给，哪会有今天的惊喜和收获？每一个孩子都是一朵花，虽然花期不同，但如果精心哺育，即可静待花开！

给宝宝讲故事是最好的亲子时光，也是最美的亲子画面！故事中的良好习惯会潜移默化地影响孩子，让孩子变得更加知性可爱！亲爱的爸爸妈妈，别

假如没有之前这些日复一日、年复一年的养分补给，哪会有今天的惊喜和收获？每一个孩子都是一朵花，虽然花期不同，但如果精心哺育，即可静待花开！

管宝宝多大，请把她/他揽在怀里，或坐在腿上，用绘
本去消磨窗外的一束阳光，用故事打发屋内的最后
一盏灯光……

这个故事本身是有魔力的，你看芊芊森林图景的神秘、梦幻与光亮，她以好奇与敏感的心看见这个世界，通过话语、记忆与想象来讲述，一气呵成，情节缜密，在探索与抵达，折返与回家里完成一次精神意识的跨越与行进，这便是成长——也是故事的力量。

睡前半小时雷打不动的故事时间，场景是温馨的：柔和的灯光，温暖的被窝，静谧的气氛……我能感受到芊芊满心的期待，整个感官的打开，身心的放松；这是一个仪式，故事讲述的开始。

兴犹未尽，熄灯了，妈妈还要再讲一个"好听的故事"，她智慧地将生活的经历隐喻成故事，让想象与现实链接，精神世界与日常生活交融，故事本身作为"隐喻"，故事的主角便是芊芊的化身，故事的情节就是日常生活的寓言：正如妈妈自己意识到的"让妈妈和宝宝换一个角度，用旁观者的视角来观察和审视自己当天的语言和行动，就像一面镜子，照出了幸福和欢乐，也照出了痛苦与眼泪"，此时，芊芊以古老的、心照不宣的方式，全然接受着那个被话语包裹世界，而在那个世界里就有一个"她自己"，她用想象凝聚生活里的时间与记忆，看见世界，照见自己。

这里有一本好书，一定要推荐给大家——《故事知道怎么办》，作者是澳大利亚资深华德福幼儿教师苏珊·佩罗。她在这本书里，和读者分享了故事对儿童"治愈"的神奇，并给出了具体创作的模式——隐喻、情节和解决方案。即通过创作具有隐喻性质的故事，将孩子在现实生活中出现的问题，通过"障碍"和"如何解决"的隐喻情节，帮助孩子"达到平

衡,变得健全或完整"。

在此,我还想特别提醒的是,以经历来讲述故事时,讲述者的语言需要平和且充满爱意,即便其中伴随着忧虑、不安与烦恼(因为这些都是孩子在现实生活中真实的表现),当父母以接纳的温和的语气来讲述时,儿童的心也会因此而友善、柔软、坚定;进而更清晰地看见未来的自己。同时,还要注意,随着儿童年龄的增长,故事的隐喻,情节的发展也需要更加切近与复杂,而不至于像上文芊芊"善解人意"地一下子便揭示了妈妈的用意,因为纯粹的意义、说理与训诫,一定不是最好的儿童教育方式,孩子也很少会用理性记住,他们想用自己的整个身心去体验,进入到故事里。

曹　刚

第二辑

怎么读?

从新手妈妈到"故事妈妈"，在引导之前先滋养自己

自述者　陈东华(4岁大然的妈妈)

家庭档案

　　四口之家,哥哥9岁,妹妹4岁。当律师的爸爸是"书虫",酷爱看书,没孩子前书不离手,有了孩子后开始看孩子这本"天书",孩子大点就带上一起逛书店,买书、看书。妈妈也爱书,从小看书就只看字、不看画,理解很强、观察很弱,当了妈妈才开始看绘本,慢慢发现绘本之美、绘本之趣,成了爱上绘本的"故事妈妈"。儿子9岁,也爱书,酷爱科普,尤其喜欢宇宙知识。女儿4岁,爱美之外,也爱书,还悄悄认字,初显"学霸"特质。

亲子阅读 Tips

★ 绘本绝对不只是把情节看完、把字读完那么简单。孩子喜欢熟悉的故事,喜欢重复,一本书、一个故事要听好多遍,正是这样反复阅读的过程,才能真正品味出书中的味道。

★ 发现买成套的书很有好处。相同的角色,不同的故事,连续性很强。孩子喜欢熟悉的东西,成套系列正适合他们,从一本过渡到另一本。

★ 就像买衣服、买别的东西一样，书买回来，有不喜欢的很正常。但不要因此就停止了对绘本的发现，继续买、继续读，在实践中就会发现适合的、喜欢的。

★ 读绘本要用孩子的眼光来看，不光是看字，更重要的是读图。

★ 刚开始亲子阅读，先让孩子喜欢书。不是照本宣科地念，而是跟着孩子的兴趣走。她喜欢看哪儿，就讲哪儿；她指什么，就讲什么；她问什么，就回答什么。

★ 到孩子愿意听你读书的时候，就可以照着书读给他们听了。这是我很长一段时间的读书方法，忠实地读，大声地读，一字不差地读。

★ 两个孩子都没有刻意地教过识字，他们都是在故事中、生活中悄悄地认识字的。

★ 在时间和体力允许的情况下，还是父母自己读，这样更亲密、更享受。

★ 以前只想着读给他们听，现在学习退后一步，让孩子先看，引导孩子读，观察他们如何看书、看到了什么、发现了什么、感受到了什么、喜欢什么，观察孩子对书的感觉。

★ 在孩子的成长中，父母也和他们一同成长。先丰富和滋养了自己，才有能力去引导和滋养他们。

儿子 9 岁，女儿 4 岁，和他们的共读之旅，也是我的成长之旅，发现之旅。让我有机会发现绘本之美,绘本之趣;也和他们一起在阅读中成长,享受成长的喜悦。既有亲子阅读能力的提升,也有心态的成长。不经意间,已经有了很大的变化,从一个教条、纠结的妈妈变成有经验、放松的妈妈。

渐渐学会选书

❀ 小心翼翼、人云亦云的第一阶段

一开始和很多新手妈妈一样,不知道该怎么选书,基本上是"小心翼翼怕买错,人云亦云听推荐"。看网上推荐和身边的朋友推荐,很多人都说好,就在网上下单买回来。如噼里啪啦系列的翻翻书、小玻系列、斯凯瑞系列等等。儿子2岁时,听说了彭懿的《图画书阅读与经典》,买回来学习,那是我了解绘本的启蒙书。然后按图索骥开始买一些经典绘本,有些不错,如《逃家小兔》《晚安月亮》《猜猜我有多爱你》,比较有情节、画风又温馨明快。而有些很有名的、得奖的绘本,因为书的名气而买,却很失望,觉得并不很有趣,也没讲什么多好的内容,孩子也不太感兴趣,不少书看过一遍就搁置了。所以在孩子还小的时候,绘本只是浅尝辄止。

❀ 大胆买、反复读的第二阶段

一个孩子的陪读还不够改造我,再生一个,才让我真正补上了这一课。到陪读女儿的时候,才慢慢读出了绘本的味道。女儿看的第一套书叫《亲亲小

推荐书目:
《图画书阅读与经典》
《逃家小兔》
《晚安月亮》
《猜猜我有多爱你》

推荐书目：
《亲亲小桃子》
《可爱的鼠小弟》

桃子》，一套 10 本，这也是我第一次买成套的书。儿子小的时候，怕买错，总是先买个一两本看看。到女儿的时候，终于没那么小心翼翼了，更放手一点来买。没想到，这套书在以后的半年里成为她最爱的书。每天都是一本接一本地让我们读给她听，而且要读若干遍。一开始都是我读，后来我读得累了，换爸爸上阵，结果爸爸某天悄悄对我说："我读得都快吐了！"偶尔哥哥也会上阵，读给妹妹听，很难得也很温馨的情形。

《亲亲小桃子》之后，是《可爱的鼠小弟》系列。和《亲亲小桃子》一样，这套书我们也应她要求读了无数遍。当时哥哥 6 岁，妹妹 2 岁半。妹妹听我们读，哥哥自己读，妹妹觉得好玩，但里面的桥段她其实不能真正明白，而哥哥完全能懂里面的"包袱"和小幽默，一边读一边偷着乐。对妹妹来说，虽然不能懂得透彻，但鼠小弟和鼠小妹可爱的形象已经让她很开心，再加上荡秋千、送礼物、换背心，都是她能理解和喜欢的场景。那一段时间画画，无论画个圈，点个点，都是鼠小弟，或者鼠小妹。

陪着女儿的阅读过程，让我发现，绘本绝对不只是把情节看完、把字读完那么简单。孩子喜欢熟悉的故事，喜欢重复，一本书、一个故事要听好多遍，正是这种反复阅读的过程，才能真正品味出其中的味道。如果只是看文字、看情节，就像很多人说："一本书 3 分钟就看完了，都没几句话，还卖这么贵！"多些时间，多些耐心，才能发现书里的宝藏。另外，我也

孩子喜欢熟悉的故事，喜欢重复，一本书、一个故事要听好多遍，正是这种反复阅读的过程，才能真正品味出其中的味道。

陪孩子爱阅读

发现了买成套书的好处。相同的角色，不同的故事，连续性很强。孩子喜欢熟悉的东西，成套系列正适合他们，从一本过渡到另一本。

🌸 进一步的熟悉、了解的第三阶段

有了这两套书打底，女儿爱上了看书，有了专心听读和看书的习惯。我们开始买更多的绘本。最初是艾瑞·卡尔的《好饿的毛毛虫》《棕色的熊、棕色的熊，你在看什么？》，女儿都很爱看。曾经看到一些评论，说"一页纸就一句话，不值"，但其实这恰恰适合低龄的小朋友，而且图本身是非常丰富的。因为女儿反复地看，反复地听，我也慢慢发现作者的独特风格，艾瑞·卡尔的系列，画风明快，色彩鲜亮；李欧·李奥尼的系列，画风特别，寓意深刻，不同年龄看有不同的感受。

这时候，我才发现读绘本要用孩子的眼光来看，不光是看字，更重要的是读图。现在才知道，儿子小时候，给他提供的绘本太少。资源少了，喜欢的就有限。就像买衣服、买别的东西一样，书买回来，有不喜欢的很正常。但不要因此就停止了对绘本的发现，继续买、继续读，在实践中就会发现适合的，喜欢的。培养选书的能力，也是要交学费的。每个人的喜好都不同，每个孩子的喜好也不同，需要慢慢地去发现。给孩子的书要有一定的量做基础，才能发现孩子喜欢的。但在尊重孩子兴趣的基础上，也要适当引导。比如男孩的特点是喜欢看知识类的书，但故事性的书也

推荐书目：
《好饿的毛毛虫》
《棕色的熊、棕色的熊，你在看什么》

读绘本要用孩子的眼光来看，不光是看字，更重要的是读图。

每个孩子的喜好也不同，需要慢慢地去发现。给孩子的书要有一定的量做基础，才能发现孩子喜欢的。

非常重要，对孩子在情感和社会适应面的发展很重要，所以可以想办法引导。比如喜欢汽车，就选写车的故事书；喜欢动物，选择与动物相关的故事书。

这个过程也是自己心态变化的过程，从怕买错到放手买，错了也没关系。在中国，书还不算贵，这个学费值得花。如果要节约，也可以充分利用图书馆、绘本馆。

❀ 爱上绘本、如数家珍的第四阶段

后来参加"故事妈妈"的培训和随着孩子入园，参加"小种子悦读坊"的交流分享，让我对绘本有了越来越深刻的认识，也有了越来越多的感情。最近一次去书店，看着一排排的绘本，很多都是认识的，感觉很好，有一种看到了自家人的感觉。

学会观察、懂得欣赏

我从小看书就几乎只看字，不看画，就连看连环画都是如此。对文字很敏感，对图画很忽略。而和孩子一起读绘本，慢慢重启我的观察之眼。除了自己摸索、实践之外，"故事妈妈"和"小种子悦读坊"的经历也让我受益很多。

❀ 在"故事妈妈"的学习过程中学会欣赏绘本

2013 年，我参加了"故事妈妈"工作室的"生命教育"培训，并且加入了一所民工小学的"故事妈妈"

团队。两周一次,给孩子们讲绘本故事,用故事来带动孩子们思考和讨论。去讲之前,要备课,要熟悉故事内容,要仔细观察画面,还要设计讨论问题。这样读绘本,就成了精读中的精读了。

在这样的精读之后,我慢慢学会了欣赏绘本。有些著名作者的作品,以前看不出个所以然。比如安东尼·布朗,很有名,但我完全没觉得有什么好。改变发生在《公园里的声音》,借来的时候以为是一本讲自然的书。没想到这个"声音"有我完全没想到的含义,第一遍几乎没读懂。读第二遍才明白,很有意思的结构和阐述。到第三遍、第四遍,发现图画里还藏了很多的小秘密,看出来的有玛丽阿姨、蒙娜丽莎、金刚,还有很多不知道的内容。有一页很特别,小男孩在妈妈大大的阴影下,云、树和路灯也都变成妈妈帽子的形状,第三遍我才看出来,这是隐喻重重的压力。看完这本绘本,我小小反省了下自己,有多少次,像这本绘本里的妈妈一样,面无表情,对周围的一切缺少感动?后来发现安东尼的每本书,图画中都藏着很多的小秘密。静心读图,才能越看越喜欢。

"故事妈妈"的经历丰富了我自己。让我接触到更多的绘本,渐渐学会欣赏,能用放松的心态引导孩子们。

🌸 **在"小种子"悦读坊中被妈妈们的"用心"惊到了**

2014 年,女儿上幼儿园了,幼儿园的特色是绘本阅读。因为有"故事妈妈"的经历,园长让我一起

推荐书目:
《公园里的声音》

"故事妈妈"的经历丰富了我自己。让我接触到更多的绘本,渐渐学会欣赏,能用放松的心态引导孩子们。

121

来组织"小种子"悦读坊家长读书会。一开始还觉得自己经过"故事妈妈"的锻炼，算是有经验的家长。总是想着如何服务家长，把自己的一些经验分享给大家。结果两次读书会之后，我就被园长和家长们惊到了。园长在阅读方面的素养、经验以及口才让我真心佩服，而家长们的"用心"更让我感叹，妈妈们的认真，以及想象力和创造力的丰富，"小种子"悦读坊里真是卧虎藏龙。绘本阅读读出各种精彩，每次分享都有意外的惊喜。在这个过程中，我收获到的比付出的要多得多。

"小种子"悦读坊第一次共读的书是《一寸虫》。书拿回去给女儿看了几遍我就忘记了。而 G 妈妈读了整整四周，写了 4 页阅读记录，从测量到角色扮演到亲子游戏，充分演绎了整个故事；X 妈妈和女儿一开始不喜欢这本书，但不是像大多数人一样不喜欢就放弃，而是想创造一本自己满意的书，就和女儿一起用废旧材料重新创作，却在再创作中被感动，体会到原作之美。

"小种子"悦读坊第二次共读的书是《海底的秘密》，这是一本无字书。要不是有读书会，我想我这辈子对无字书都不会产生兴趣，最有可能的情形是一遍看完就扔在一边，更不用说带孩子们看了。但因为是任务，而且只有一个月的时间，我只好自己先仔细地看了，一遍、两遍、三遍。毫不夸张地说，看到第三遍，才真正完全看懂。很多桥段第一、二遍的时候根本没注意到。当自己发现了这些秘密、发现

推荐书目：
《一寸虫》
《海底的秘密》

陪孩子爱阅读

了趣味之后，才有放松的心情去带孩子们看。

哥哥对绘本不太有兴趣，更不用说无字书，我卖了个关子说："看看你能不能发现这本书的秘密？"哥哥马上被吸引，认真来找秘密。哥哥看，妹妹也跟着看。哥哥看情节，妹妹看表情："这个人为什么生气？那个人好像不高兴。"和他们一起再读的过程，我也发现了更多细节。相对《一寸虫》，我觉得自己已经认真多了，自己看，给妹妹看，给哥哥看。可是听到妈妈们的分享，我再一次发现，什么叫做真正的"用心"。

C妈妈对孩子每一天的阅读过程做了仔细的观察和详细的记录，有时甚至忍着困意爬起来把睡前的读书情况记录下来；X妈妈因为女儿的一个问题，追根溯源，查到与绘本相关的网站，给作者写邮件，最后竟然联系到身在美国的作者，收到作者亲自回复的邮件。我再一次叹为观止，读一本绘本可以读到这种程度！

❀ 阅读经验积累，体会无字书之乐

因为《海底的秘密》，认识了作者大卫·威斯纳，之后又读了他的《疯狂星期二》、Mr. Waffle，也都很有趣，要仔细看好几遍才能全明白。我把 Mr. Waffle 拿给爸爸看，他竟然不明就里，也没有兴趣去发现。若是以前，我也完全是这样的状态，而现在，已经不一样了，于是对自己的长进暗暗高兴。之后又看到著名的无字书《小红书》《雪人》，也是爱不

推荐书目：
《疯狂星期二》
Mr. Waffle
《小红书》
《雪人》

释手。

读过无字书之后，对绘本的观察力顿时长进了很多。再看有字的绘本时，会先看看图，而不是很着急地去读文字。也开始对不同作者的画风有感觉了。有一次在幼儿园的绘本屋看到一本《爷爷的墙》，看画面马上就想到《最重要的事》，果然，作者都是伊夫·邦廷。又一次爸爸买回来一本《红、红、红》，我随手翻看，里面动物的形象怎么很像《会飞的抱抱》，仔细一查果然也是同一作者。

亲子共读技巧的提升

❀ 第一阶段：读

我的阅读特点是看字，所以最初带孩子们读书，很简单，就是读。当孩子还没有爱上书的时候，要读给他听。孩子 2、3 岁的时候，对故事情节和文字还没有明确的概念，往往是被画面所吸引。我的经验是：指哪儿打哪儿，先让孩子喜欢书。一开始不是照本宣科地念，而是跟着孩子的兴趣走。她喜欢看哪儿，就讲哪儿，她指什么，就讲什么；她问什么，就回答什么。这个时候大人如果墨守成规，只想按着书本内容讲下去，孩子常常会失去兴趣。

我们家就发生过这样一件事，爸爸买回来一本《晚安宝贝》，是洞洞书，印刷也很精美，照上面的文字读给女儿听，她基本没有兴趣。爸爸觉得孩子不喜欢，书就闲置在那里。我就来想办法，拿起这本书

一开始不是照本宣科地念，而是跟着孩子的兴趣走。她喜欢看哪儿，就讲哪儿，她指什么，就讲什么；她问什么，就回答什么。

开始读。我一读，女儿被吸引过来，但她感兴趣的是上面的图案——月亮、帽子、围巾、树，她指什么，我就讲什么，而且还夸张地模仿一下书里的内容。她对有些页面开始很感兴趣，比如有气球、蝴蝶的部分，但对她来说难以理解的部分，她就不要看，很快地翻过去，我也由着她。她指哪儿，我就讲哪儿，没有特别要求的时候，我就照着书读。慢慢地，她对这本书越来越熟悉，主动要求我读上面的文字。

推荐书目：
《小黑鱼》
《小兔子走丢了》
《玛丽和小老鼠的秘密》
《小种子》
《彩虹色的花》

到孩子愿意听你读书的时候，就可以照着书读给他们听了。这是我很长一段时间的读法，忠实地读，大声地读，一字不差地读。《小黑鱼》《小兔子走丢了》《玛丽和小老鼠的秘密》《小种子》《彩虹色的花》，都是女儿非常喜爱的书，听了一遍又一遍，当她听熟了之后，我们讲错一个字，或漏了一句话，都会被她指出来。而且好几本书，她都会自己悄悄地复述。

给孩子读书，是培养阅读习惯很重要的开始。当然这也是个体力活儿，有的妈妈体力不够，在网上找合适的音频给孩子听，也是一种可替代的选择。但是，在时间和体力允许的情况下，还是爸爸妈妈自己读，这样更加亲密，更加享受。读给孩子听，几乎是让孩子爱上书的不二法门。既适合小孩子，也适合大孩子。像我家儿子大了，喜欢科普类的书，儿童大百科全书、宇宙、星球之类的书，他可以手不释卷，读得津津有味。但故事类的书，特别是标题没那么吸引人的，他常常瞥一眼，就说："我不要看这本书。"

到孩子愿意听你读书的时候，就可以照着书读给他们听了。这是我很长一段时间的读法，忠实地读，大声地读，一字不差地读。

第二辑 怎么读？

读给孩子听，几乎是让孩子爱上书的不二法门。既适合小孩子，也适合大孩子。

我的方法是,把想推荐给他的书,自顾自读起来。一般来说,一开始读,他的注意力就会被吸引,读上半页,就会凑到我身边,读上几页,等我喊累暂停,他就会央求我读下去。而之后,他就会自己把书看完。《神奇收费亭》《夏洛的网》《糖溪帮探险记》《粉灵豆》《纳尼亚传奇》几乎都是这样读完的。特别是《纳尼亚》,有一天儿子说:"看《纳尼亚》是我今年最愉快的一件事,比打游戏更好玩!"

两个孩子都没有刻意地学过识字,他们俩都是在故事中、生活中悄悄认识字的。儿子小时候看书少一点,一般是通过看路牌,看天气预报来认字。女儿就更早了。最初是 2 岁多时看《彩虹色的花》,她会指着书上相应的地方告诉我们哪里写的是"彩虹色的花",还有《小种子》,也是这样。女儿 3 岁时去和平公园的动物岛,她指着十二生肖全念出来了,让我很诧异。我们以为她是看图,到了一块没有图画的指示牌前,再问她,竟然也都认得出。只不过,鼠是"小老鼠",兔是"小兔子"。4 岁,在餐厅点菜,她指着菜单念:胡萝卜、玉米、黄瓜。我并不主张太早认字,因为文字太强大,认字之后很容易忽略别的风景,就像我自己。但如果孩子有兴趣,也没必要刻意回避。在阅读过程中,在生活场景中,自然而然地就学到了,不需要一本正经地拿识字卡片去刻意地教。

❀ 第二阶段:不只是读

但后来发现,绘本不光是"读"这么简单。读,很好，但还可以有更丰富的方式。以前只想着读给他们听，现在学习退后一步，让孩子们先看，引导孩子们读，观察他们如何看书，看到了什么，发现了什么，感受到了什么，喜欢什么。观察孩子们对书的感觉。"故事妈妈"让我学习到很多提问和讨论的技巧。不是自己都说出来，而是引导孩子们自己去感悟，自己去发现。

绘本还可以演。和儿子一起看的绘本不多，但有一本印象深刻——《留下一点冬天》。当时儿子很喜欢这本书，要我反复地读，读熟了之后，常常和我来演，我演兔子，他演刺猬。演到刺猬说："它咬我！"的时候，儿子总是哈哈大笑，觉得特别好玩。睡觉的时候，还常常和我在被子里演。给女儿读《玛丽和小老鼠的秘密》，读到最后一页，我会模仿书里的玛丽，把手做成话筒，悄悄又大声地说："晚安！"女儿也会一样，模仿我的动作，变成我们睡前的开心小游戏。*Brown bear , brown bear , what do you see*，我们编成歌来唱，也模仿各种动物的形象边唱边跳。像《一寸虫》，我模仿一寸虫爬的动作，女儿就很兴奋地跟着学。

有一本《打瞌睡的房子》，在儿子小时候买的，当时完全没读出感觉，到女儿能读的时候，我想再尝试一下。一开始女儿的反应也很平淡，老实说，我自己也是如此，觉得除了找找老鼠和跳蚤，也没太大意思。当我灵机一动，开始模仿书里老太太的各种睡姿时，转机出现了。女儿觉得非常好玩，也跟着我模

127

仿各种睡姿，仰着、趴着、侧着、倒着，不亦乐乎。而我，突然也发现作者画图非常用心，每一页的所有人物都是不同的姿势，不同的表情。我突然注意到那些细微的差别、绘本里那些用心的地方，整本书顿时生动了起来。

绘本教我的那些事儿

 **读绘本，重新认识自己**

认识自己，是一生的功课。读绘本，也让我有机会更好地认识自己。我发现自己在观察力上的缺失。看重文字，忽略图画，强项是感悟，弱项是观察。我的眼睛都用来看书、看文字、看电脑、看虚拟的世界，而很少看生活中的点点滴滴。知道的理论很多，但运用到实践中，常常有巨大的鸿沟。包括对孩子，规范太多，观察太少。很少真正去发现他们的特点、发现他们的喜好。观察、发现孩子的特点和兴趣，很重要。如男孩喜欢汽车，可以多看与汽车相关的故事书。我曾经的误区，就是没有把重心放在孩子身上，而是放在"标准"身上。自己判断什么是好的，而不注意观察孩子的兴趣点。当对绘本的观察增强之后，对生活中的观察也在增强。观察和思考也变得更立体，而不是局限在某一方面。

读绘本，重新调整心态

读到一些与人际关系相关的绘本，让我感触很深。里面蕴含的很多道理，都是在我 30 岁之后才慢慢地领会到的。

推荐书目：
《小羊和蝴蝶》
《女巫温妮》
《用爱心说实话》
《一根羽毛都不能动》
《敌人派》

比如《小羊和蝴蝶》，小羊一心想让蝴蝶回自己的家，让我想到儿子小时候，他喜欢的，认为别人也一定喜欢。而发现别人和自己的不同，理解和尊重这种不同，对成年人也非易事。很多时候，冲突只是因为差异，但我们常以为是自己对而别人错。

《女巫温妮》，女巫家的房子和所有东西全是黑色的，于是常被黑猫绊倒，女巫就把猫变成绿色，在草地上又被它绊倒，又把它变成彩色，小猫知道自己模样很奇怪，又被人嘲笑，爬上树顶不肯下来。最后女巫把小猫变回黑色，把自己的房子变成五颜六色。我就想到自己，面对孩子的时候，不就常常是温妮吗？想他们成为我希望的样子，归咎他们任性，常忘了自己去想更灵活的方法。

《用爱心说实话》，记得有一句话说："我们常常说实话，但我们常常不凭爱心。"说实话不容易，用爱心更不容易，不是只顾自己真实，或者说得痛快，而是说真正对人有益处、造就人的话。

《一根羽毛都不能动》，鸭子和鹅为了当木头人比赛的冠军，狐狸来了都不动，看似愚蠢，但其实人为了财富、为了事业，不也常不顾健康、不顾家庭吗？

《敌人派》，让敌人"消失"的最好方法其实是：把敌人变成朋友。其实敌人常常是我们的想象。这本书让我想到的却是夫妻关系，最爱的人常常也是最气的人。如何去爱不可爱的人，或者不可爱的时

第二辑 怎么读？

候？只有先去爱他。

再如一本英文绘本 *Are you ready to play outside?*，剧情很可爱，文字很简单。一头憨憨的大象 Gerald 和一只可爱的小猪 Piggy。他们准备一起出去玩，结果下雨了。小猪从失望到生气，再到为自己悲伤。直到发现两只小虫，下雨天也在开心地蹦跶，小猪和大象也尝试在雨里开心地玩起来。正当小猪喜欢上雨天时，雨又停了，它又不快乐了。突然又下雨了，原来是好心的 Gerald 帮它喷水，人工降雨，小猪非常惊喜，大象也很开心。故事到此结束。如果是以前，我只会觉得这是一个很有趣也很有爱的小故事，但现在却会想到更多，我会关注到 Piggy 的各种小情绪，联想到很多我们成人遇到挫折时的状态，活脱脱一本情绪管理的教材。

在这些过程中，我才真正发现，很多绘本不仅很有趣，而且很有深意，不仅适合孩子读，更适合大人读。绘本并不是孩子们的"专利"。好的绘本不说教，不评判，但很多真正的道理都蕴含其中。

回顾这几年和孩子们的亲子共读之旅，真心觉得，这是一趟成长之旅。在孩子的成长中，和他们一同成长。先丰富和滋养了自己，才有能力去引导和滋养他们。父母的热情会潜在地影响到孩子，反过来也是一样——比如你觉得绘本没啥可看的，孩子也如此。要想孩子喜欢上书，需要自己先发现其中的乐趣。如果父母自己觉得是任务，在引导孩子的过程中就容易绷紧，太刻意。当你喜欢阅读，觉得阅

绘本并不是孩子们的"专利"。好的绘本不说教，不评判，但很多真正的道理都蕴含其中。

读根本就不是个累事儿,孩子自然就会爱上书。这也是一趟发现之旅,发现绘本之美,发现绘本之趣,发现孩子,更发现自己。

读完大然的阅读故事,我一下子想到柳田邦男的一段话:

在读给孩子听之前,大人自身能以怎样的深度进入绘本之中? 对绘本能理解到什么程度? 自己是不是真的对绘本感兴趣,从中获得感动,对其中的各种问题感同身受? 这些问题没有很好地解决,再怎么对孩子讲,也不能进行真正的传达。

在怎样给孩子们读绘本的路上,大然妈妈确实在努力地解决这种种问题,深度地把自身生命带入绘本。于是,"不经意间,已经有了很大的变化,从一个教条、纠结的妈妈变成有经验、放松的妈妈",甚至,一名身体力行活跃在社区的阅读推广人。

她首先突破的是选书问题。分析大然妈妈自己所写的四个阶段,真的不由得敬佩这个执着的妈妈。她始终持续地把实践和反思相结合,并以孩子的兴趣和特点为视角,不断总结属于自己的选书秘诀。"发现了买成套书的好处"、"读绘本要用孩子的眼光来看,不光是看字,更重要的是读图"、"每个人的喜好都不同,每个孩子的喜好也不同,需要慢慢地去发现。给孩子的书要有一定的量做基础,才能发现孩子喜欢的。但在尊重孩子兴趣的基础上,也要适当引导"。这些经验,似乎都不足为奇,可是,由自身行动而得的直接经验的力量远非教科书可比。大然妈抱着"培育选书的能力是要交学费"的心态,坚定地"继续买,继续读",直到

131

"去书店,看着一排排的绘本,很多都是认识的"。真是博览群书才知书,量变终究产生了质变。

　　会选合适的书,还得会有效地读。大然妈妈"最初带孩子们读书,很简单,就是读"。可是,简单的读,在她这儿,也有些小诀窍,比如,在孩子还没有爱上书的时候,"不是照本宣科地念,而是跟着孩子的兴趣走",等孩子们愿意听读的时候,"忠实地读,大声地读,一字不差地读",想推荐给孩子的书,自顾自先读;即使读书是个体力活,还是坚持父母"人声"读而不用音频替代。在不断的学习摸索中,大然妈妈觉得,"读,很好,但还可以有更丰富的方式",她开始学习后退一步,让孩子逐渐成为阅读的主体,"引导孩子们读,观察他们如何看书,看到了什么,发现了什么,感受到了什么,喜欢什么"。这一点,对于已经很好掌握故事朗读技巧的大然妈妈来说尤为可贵。她适时的从台前走向幕后,而没有一味陶醉于技巧之中,于是,亲子阅读变得更加开放、多元,阅读过程变得更加主动,使孩子的积极参与、表达和发现成为可能。

　　说实话,最让我心动的并非以上问题中大然妈妈方法的提升和积累,而是她最后所说的那些收获,是的,就是那些——在绘本的阅读中发现自己,在绘本阅读中调整心态。在那里,已经远不是为了孩子而读绘本的妈妈,而是作为成人的"我"因绘本所得到的生命滋养。我们发现,大然妈妈更加柔软了,她被一本本美好的绘本触动心灵,她看待世界和孩子的眼光也更加的立体多元。绘本成为她珍贵的精神食粮,触及灵魂,发现自己。

　　这真是亲子阅读路上一幅广阔的图景。拥有一个深深爱上绘本,自觉修行的妈妈,是孩子一生最宝贵的财富。

张　燕

创造适宜的家庭阅读环境，有目的地培养阅读习惯

自述者　董旭健(5 岁东东的妈妈)

家庭档案

　　这个家庭的爸爸妈妈在大学毕业后直到 30 岁前一直在不断进修、提高自己，关注自己的事业发展。30 多岁有了宝宝，双方老人因为身体原因只能提供有限的帮助，孩子是夫妻两人自己带为主。爸爸的工作时间比较弹性，所以下午幼儿园放学，接孩子的基本是爸爸，回家后还要带着孩子在小区玩耍到妈妈下班，妈妈到家后接手再带孩子玩，爸爸开始工作，看书也是妈妈带孩子玩的主要活动项目之一。爸爸妈妈尽量减少下班后的应酬和外出时间，在业余时间尽量陪伴孩子。

亲子阅读 Tips

★　专门的区域、方便的拿取是随时阅读的良好条件。

★　大人做到不看电视，在孩子面前多读书，成为榜样。

★　复杂问题，不给孩子太早的定论。

★　为了培养孩子的阅读兴趣和习惯，从孩子开始有意识关注图书开始(大约半岁左右)，每天和他一起度过大约 10－20 分钟的"翻大书"时间。

★ 为孩子提供适宜的家庭阅读环境：设置专门的区域、方便的拿取是随时阅读的良好契机。

★ 尽量排除书柜前的干扰，让玩具让位；大人做到不看电视，在孩子面前多读书；遇到书中的复杂问题，不过早下定论。

★ 轮流读绘本，逐渐过渡到孩子来讲，大人来听，自然地融入识字的动力。

这是一个平凡的冬夜。8点多了，喧嚣的马路开始安静下来，楼上楼下此起彼伏的钢琴声终于停下来了。上大班的儿子开心度过了愉快的一天，洗漱完毕，爬上床，坐在床头，拥着被子，在暖暖的床头灯光下，拿起一本绘本《我要找到朗朗》，津津有味地看起来。

过了一会，我轻轻走过去，在儿子身边坐下。儿子毛茸茸、热乎乎的小脑袋凑过来贴在我身上。我也拿起一本与自己工作有关的书看了起来。期间，儿子会指着书上一个字问道："这是什么字？"在得到答案以后，他又回到自己的书中。一会儿，孩子爸爸也拿了本书走了进来，坐到了儿子另一边。书很快读完了，儿子打了一个哈欠，书放在床头柜上，然后

回到自己睡觉的位置躺下，我就放下自己的书开始
和他讨论他刚刚看书的内容。"这个兔子朗朗真笨
啊，什么都记不住。""哈哈，你会不会和兔子朗朗一
样啊？""我才不会呢！"儿子说完，翻一个身，美滋滋
地睡着了。

　　望着熟睡的儿子，我突然意识到，不知不觉中书
籍已成为儿子生活中一个不可或缺的重要伙伴，阅
读已经成为儿子的良好习惯，为此，我的内心不由得
感到欣慰。

不知不觉中书籍已成为
儿子生活中一个不可或
缺的重要伙伴，阅读已
经成为儿子的良好
习惯。

看书学做父母

　　孩子爸和我都是 20 世纪 70 年代出生的人，我
们属于传统教育下认真学习的好学生类型。大学毕
业后先后在深圳、上海等城市的外企从事管理工作。
阅读对于我们来说，是伴随我们一路成长，无论在校
广览群书，还是工作后不断进修，大多数社会和生活
的知识信息，最初基本都是从书中获得，然后再去结
合实际情况加以实践。我很喜欢买书，家里也有大
量的社会、人文、管理等各类图书。我们深深体会到
知识对一个人发展成长的重要性，而阅读是获取知
识的重要手段。

　　虽然生育得有点晚，但是儿子的到来给我们的
生活添加了无尽的欢乐。他的牙牙学语，蹒跚学步，
第一天上托儿所、幼儿园等等，恍如就在眼前。我们
感受到为人父母的责任——把孩子培养成一个品质

优秀、快乐健康、有丰富内心的人。

第一次成为人之父母，对于过去主要将精力投入在工作中的我们来说，这是一种全新体验，我们沿袭对待"新事物"的一贯做法，从图书中寻找如何做好为人父母的"攻略"。基本来说，我们就是边看书边"应对"孩子成长中的各种状况，有时也会未雨绸缪，赶在他还没表现出状况前，就学习起来。

我们家是都市里典型的三口之家。我们夫妻一直在外企工作，有了孩子后，我们基本都会自觉推掉不必要的应酬，或者将应酬安排在中午。每天下班回家先陪他读书玩乐，直到他睡着后，再安排时间工作。

从小培养孩子的阅读兴趣

毫无疑问，任何一个终身受益的习惯形成都要从小开始培养，阅读也不例外。同时，我相信在孩子主观能动性不强的时候，兴趣是让他喜欢某类事物的基础。

在期待孩子出生的时候，我就买了一两本简单的识图书。孩子出生后不久，我这个有买书嗜好的妈妈，就开始积极为他买各种图书了，布书、立体书、塑料的洗澡书等。当然，几个月大的儿子对"书"这个玩具比较好奇，睁大眼睛看着上面花花绿绿的信息，有时好奇地用小嘴啃两下，还会把书当玩具甩来甩去……第一个半年，我就一直坚持每天安排时间和他"看看书"。

半岁以后，他逐渐有一些想法了，也有点力气了，我就开始给他买布书，有些布书不仅关注孩子的视觉神经的锻炼，还会锻炼孩子其他感觉器官的功能，如触觉、听觉等，他每次在自己的游乐床上都会选择一本书看，而且看起来还蛮起劲的，一个人在那翻来翻去，很认真的样子。

给小孩子洗澡对于每位第一次当妈妈的人来说都是挑战，后来我在网上溜达的时候看到了洗澡书。自从有了这个法宝，他洗澡的时候就专注在洗澡书上，没有那么调皮，我就可以较为轻松地给他洗澡。可谓一举两得。

产假结束后，我按时返回工作岗位，但是每天基本会准时下班。洗好澡吃好饭，我就会和他一起度过大约10-20分钟的"翻大书"时间。还没做妈妈之前，就听一位台湾朋友讲，不要低估孩子的语言能力，所以我就一直尽量用整句和他讲书中的故事，较少用叠词和他交流（儿子大约在8-9个月的时候就可以说出两三个字的名词，如大巴士等）。虽然那时他还只是看个热闹，但是我感觉到了他对书的兴趣，让我这个妈妈还是很喜悦的。

我现在还记得那时发生的两件有趣的事情：其中一件就是儿子6-7个月的时候，我和他躺在床上，他抱着自己的小胖脚丫子和我一起看书的样子，当时我们拍了一张照片，很受当教师的爷爷奶奶欢喜，都觉得这个宝贝小孙子有好好读书的潜质，虽然

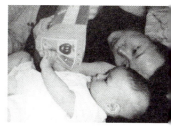

儿子6-7个月的时候，我和他躺在床上，他抱着自己的小胖脚丫子和我一起看书。

这只是我们的期待，但是他不排斥图书却是真的。另外记得还有一次，大约1岁左右，我和他照常进行每天睡前讲故事的每日一读，讲完一段故事，他美滋滋地安静听完后，转过身去，我以为他只是回味一下，或者自娱自乐玩去了，结果过了半分钟没转过来，我起身一看，他已经睡着了。带着心满意足的笑容进入梦乡的小脸如此恬静可爱，让人难以忘怀。

1岁以后，我们开始更加关注他的阅读乐趣，每天睡前都会让他自己去书架中选一本书，然后读给他听，布书、立体书、颜色书、数字书等，都是那时他很喜欢的图书，我一直以来给他购买的图书都会中外结合，不会有特别的倾向。

为孩子创建适宜的家庭阅读环境

❋ 专门的区域、方便的拿取是随时阅读的良好条件

家里专门辟出一块地方，买了儿子专用的书柜，放置儿子自己的图书。

自从家里有了儿子，再多的地方都不够。开始的时候他的图书不是很多，放在客厅茶几下或者电视柜下方的架子里，方便他在客厅玩的时候，想看书随时拿来翻看。

后来图书绘本越来越多，家里专门辟出一块地方，买了儿子专用的书柜，放置儿子自己的图书。

只要有时间，我都会定期根据他的年龄段、喜好等，从种类、数量以及摆放等方面去更新他的书柜，将一些我们期望他看的书（当然我们不会硬性干预

他的喜好，只是默默地放在那里）以及他喜欢的书"优先排队"。儿子在家喜欢在地板上席地而坐，玩玩具或者看书。根据他这个喜好，在他个子小的时候，我就会把这些适合他看，以及他喜欢看的书放在他身高以下，或者最下层，方便他伸手可以拿到，同时不会因为爬书柜拿书带来任何危险。

同时，我注意排除书柜前的干扰，会把书柜前的其他"障碍"清除，虽然大批的玩具时常"入侵"书架前的空地，但是我还是抽时间帮他"清障"，尽量将图书前的"障碍"清理掉，方便儿子可以便捷地接触到图书，培养他专注阅读的习惯。

✿ 大人做到不看电视，在孩子面前多读书，成为榜样

榜样的力量是无穷的。我们夫妻平时比较忙，在家基本不看电视，只是偶尔带孩子一起看看自然和体育节目，儿子对电视节目也不上瘾。

平时在儿子面前我们也是多看书，陪他阅读之余，我们自己也会看一些管理、文学等方面的书。他有兴趣的时候，我们也会和他交流他所看的书中的内容，和他一起讨论阅读中的困惑等。

✿ 复杂问题，不给孩子太早的定论

有些复杂的原理或历史方面的问题，我们故意不给他太多的解释，鼓励他自己识字去图书中了解这些现象的背后原因和观点。孩子的兴趣和求知欲

是非常难得的,这也决定他靠自己能走多远。所以我们希望通过有效的方法,激励他的求知欲和探求精神。

不同年龄段,提供孩子适宜的选书引导

儿子过了 2 岁,就开始阅读比较多的绘本,这个过程,不仅是他享受绘本的过程,其实对于我们这些父母而言,也是再次感受童年、体味那些细致情感的过程,绘本真的是个无穷的世界。很多时候我和儿子一起看,虽然我们思考深度不同,但是我们同样都乐在其中。下面我想介绍几本我们和儿子读绘本的快乐体验。

 **婴幼阶段最温馨的亲子阅读书**

《小熊和最好的爸爸》系列、《金色童书名家精选》《斯凯瑞金色童年》系列等是儿子喜欢的书。《小熊和最好的爸爸》系列是比较适合睡前讲的故事,非常温馨,包括《看世界》《聚会》《做游戏》《我长大了》《搬家》《当厨师》。

可能那时儿子小,从认知参与性来看,儿子特别喜欢其中的《当厨师》这本书,一度是儿子每天睡前必听的故事。书中主要讲小熊和熊爸爸每次计划吃什么,而且还会提及一些比较接近实际的操作方法,儿子每次听得都是很投入,他常常边看边要假装吃,参与感很强。

推荐书目:
《小熊和最好的爸爸》
《金色童书名家精选》
《斯凯瑞金色童年》

2岁半的夏天，还坐在餐椅上吃饭的儿子说他要做椰树小岛。我们就给他一个盘子，然后他就把小碗里的饭扣在盘子中，形成了他的小岛；把三棵芦笋插在饭上面，做成了他的椰树；然后把鸡汤倒在饭的周围，形成了他的海。另外还放几片香蕉片在汤里，并且说香蕉片不会游泳，他要去营救他们。这就是其中一个香蕉汤的故事，它深深烙在了儿子的脑海里，成为童年记忆的一个部分。在愉快的设计中，儿子也完成了他的快乐晚餐。

后来很长一段时间儿子都很喜欢和我一起做点心、烤面包，时不时都会冒出熊爸爸做饭的一些内容，毫无疑问，绘本可以让宝宝更加热爱生活。

《金色童书名家精选》这套绘本里面介绍很多温暖快乐的故事，情节简单，充满了正能量，很适合低幼儿童阅读，包括《世界上最慢的小狗》《晚安，小熊》《小红母鸡》《长大了当什么》《怎么都吃不饱的狮子》《小象苏奇》《羞答答的小猫》《快活的翻斗车司机》《消防员》《动物乐队》等，其中《消防员》和《动物乐队》这两本，儿子特别喜欢，那时每次出去旅游，他都会将这两本书塞进自己的行李箱，反复翻阅，最后书皮都不见了，自然是其中的幽默和乐趣深深吸引了他，百看不厌，百听不烦。

《斯凯瑞金色童年》系列包括《轱辘轱辘转》《忙忙碌碌的镇》等，信息相对前两个系列要复杂一些，个人感觉3岁以后看比较合适。

毫无疑问，绘本可以让宝宝更加热爱生活。

❀ **培养良好的习惯和情商：维尼故事系列**

我和很多父母一样因为从小看迪士尼动画片，对迪士尼动画片中的人物情有独钟，而且我一直期望儿子成为一名有良好教养的绅士。所以我给儿子买了一些维尼系列的书，我们送给他 2 岁生日的礼物之一就是一本《培养宝贝好性格的 80 个维尼故事》《给宝贝一个阳光的笑脸》。纯真可爱、有点笨拙却非常善良的维尼，关心朋友、乐于助人、热心、积极向上、不沉溺于自责等，让宝宝可以在一个简单的世界享受一种纯净的快乐。可能是因为读了比较多的这类书，儿子一直是与人为善，正义体贴，无论在幼儿园还是旅行新结识的小伙伴，都很喜欢和他玩。

❀ **培养韧性：《绿野仙踪》**

儿子从小就是个善良的孩子，看不得别人受伤害或者被欺负，但是他也会遇到一些为难的事情，出现退缩的状况。我们也会读一些励志的书给他听，让他知道每个人都会遇到困难，但是退缩不是解决办法，如《绿野仙踪》这本充满想象力的经典图书，非常吸引儿子，虽然阅读过程中，儿子在 2 - 3 岁的时候，甚至害怕得不敢看下去，担心桃乐丝又会遇到什么艰险，但是在我们的鼓励下，他"勇敢"地听到了最后，后来慢慢喜欢上，并且要求时常反复阅读。

❀ 温馨的绘本是童年的快乐源泉：《不一样的卡梅拉》

妹妹的女儿比我家儿子大 2 岁，儿子一直很喜欢和小姐姐玩，一次去妹妹家玩，他们介绍了《不一样卡梅拉》这套书给我，儿子在他小姐姐那里看得很投入，所以回家后我就给他买了第一套，没想到一发不可收拾，我们最终买齐了全套，可见阅读的机缘有时还是来自身边朋友的推荐。

差不多半年多的时间，每晚儿子至少要读一本，有时还要求读两遍，最后常常一本书读到漏了一个字或者一个助词，儿子都能发现，搞得我和孩子爸很是惭愧。另外，我觉得这本书基本比较适合爸爸讲，每次爸爸和他讲，都是要发挥一下。比如说喜欢放臭气的白鼬朗朗，孩子爸和儿子每次讲到白鼬朗朗的臭气，都是很入情节，笑得前仰后合，看着他那么快乐的样子，深深感觉绘本阅读是一项温馨的亲子活动。

儿子还接触了大量的信谊图书绘本以及其他一些绘本，如《爷爷一定有办法》《小蓝和小黄》《猜猜我有多爱你》《真正的朋友》《母鸡萝丝去散步》《小动物找大朋友》《太阳公公》《蚯蚓日记》《海底世界》等。

看看家里的书架，基本就能想起和儿子一起阅读这些绘本的那些温馨和快乐的时光，也能再次感受到儿子的一路成长。儿子在这个过程中，从只看简单的图片，逐渐开始看一些比较复杂意义的图片，

推荐书目：
《不一样的卡梅拉》

第二辑 怎么读？

143

理解更多的信息，有时还能看到我们没想到的潜台词。

孩子在不同的年龄阶段对绘本的理解也会有不同。

孩子在不同的年龄阶段对绘本的理解也会有不同。现在大班的儿子前两天再次翻出书架里的《爷爷一定有办法》，看着主人公和小老鼠一家的变化，我感觉到他的表情充满了更多的感情因素，当他说"小老鼠好可爱，小老鼠一家真温馨"的时候，我意识到，一个小男生对于这些绘本中的人物的暖暖的爱意，这是他过去单纯地被我们灌输故事时没有的感受，在绘本中他长大了，情感也丰富了。所以绘本是让宝宝成长，感情丰富的一纸良方，也是父母与孩子一起成长的温馨的记忆。

❀ **迟来的绘本带来不同的体会：《可爱的鼠小弟》**

推荐书目：
《可爱的鼠小弟》

以前我觉得这本书不是特别有价值，每页只有简单几幅图，后来一个机会儿子看后爱不释手，买回家的时候差不多是在儿子中班下学期。我基本是让儿子自己讲，他每次讲的也是头头是道，他看到了很多图画之外的故事，和我们成人的眼光是不同的，在这个过程中你会惊讶于原来他小脑袋里已经有这么多想法了。儿子最喜欢在家蹲马桶的时候带着这套绘本进去，也就是说鼠小弟系列成了他的马桶"伴侣"，坐在马桶上仔细研读每幅画的内容。他可以安静地坐在那里看图，想着他的故事，有时候洗手间也会传出他的哈哈笑声。所以这本书最大的意义就是用优美的绘画，扩大孩子的想象空间。

陪孩子爱阅读

❀ 科技类绘本成新宠

我和孩子爸都是偏向理性的人，而且儿子从 2 岁上托儿所开始基本是我和老公接送的，儿子总是喜欢一路走，一路问爸爸一些问题，如叶子为什么会黄啊，轮子为什么会转啊，为什么有的车跑得快啊……学理科的老公也喜欢给儿子解答这些问题，所以儿子从 2 岁的某个时候开始就变成了十万个为什么，我们甚至和他开玩笑说，你可以叫"汪 why why"了，直到现在他还是很喜欢问"为什么""为什么"。当时为了解决他的十万个为什么，我们买了这套科技类绘本，每天晚上，他都会自己去选一本来读。我记得他最喜欢的两篇文章是关于花生酱的制作和面包的制作。他甚至会把每个细节都问得很清楚，如花生是怎么剥出来的，花生壳为何会被吹走等等。

孩子的求知欲也随着年龄不断增强，对日常生活中发现的一些新奇事物有无穷的好奇心。一次偶然的机会，儿子在浦东图书馆自己选了一本《我修好了飞机》，后来为了满足他的心愿，我们就买了《小小机械工程师》系列全套书籍。儿子爱不释手，通过阅读，他明白了很多机械原理和运作的知识。

儿子 4 岁的时候开始喜欢上《蒲公英科学绘本》系列，专注于《水是从哪儿来的》《影子是我的好朋友》等，这套据说风靡韩国的科学绘本，让儿子在一段时间内对自然和人文的现象有了很深的兴趣。

孩子的求知欲也随着年龄不断增强，对日常生活中发现的一些新奇事物有无穷的好奇心。

推荐书目：
《小小机械工程师》系列
《蒲公英科学绘本》系列

过了 5 岁，到现在，对于科学的探究，更多是那套《神奇校车》，这套书对于科技知识的介绍更加深入，而且知识的介绍结合卷毛老师的搞怪，还有宝宝们比较夸张的用词，都让儿子在阅读中体会到了快乐，并学会了简单易懂的自然知识。我记得有次和儿子一起看《环境大挑战》，儿子和我探讨了为何地球变暖，以及我们可以怎么更加环保，我们还一起考虑了是不是出门少开车，多坐地铁，儿子开心地说，那样就可以少排尾气，我就可以少吸废气，少咳嗽了。儿子已经在这些绘本中懂得如何做一个更加有社会责任感的人，这也是我们所希望的。

孩子的健康不只是身体的，还有心智的，如何培养一个身心健全的孩子，对于我们家长的挑战不言而喻，我们不仅要完善自己，还要适时地给孩子相应的知识，那么，孩子小的时候，绘本就是最佳的选择。爸爸妈妈要关注孩子，关注绘本，将绘本融入孩子的教育，我们的孩子就会在他们能够理解的知识中不断健康快乐成长。

阅读中出现的两个典型问题

❋ 放慢阅读的速度

儿子大班的时候，偶然的机会，我参加了幼儿园的"小种子"悦读坊。我是北方人，性格爽朗，讲话语速也比较快，参加悦读坊后，听到园长解析如何给孩

爸爸妈妈要关注孩子，关注绘本，将绘本融入孩子的教育，我们的孩子就会在他们能够理解的知识中不断健康快乐成长。

子读绘本以及听到其他爸爸妈妈介绍自己的经验的时候，我才发现我们平时给孩子读书语速过快，没有多给孩子一些启发和思考的时间，匆匆完成。所以儿子根本没有时间将发音和字形一一关联，包括发音的清晰和标准也没有给出一个很好的榜样，更不用说一些生动的角色扮演的语气，幸好儿子对绘本一直有旺盛的兴趣。

平时给孩子读书语速过快，没有多给孩子一些启发和思考的时间，匆匆完成。

后来又参加了一次家长会，一位老师模仿小朋友讲故事，老师在复述小朋友的故事时的生动的语气和神态，使我更加意识到我们之前没有注意情境，所以儿子虽然讲话比大多数孩子都早，但是现在在语言表达方面看不到优势，语感和演讲力也没有表现出来。

🌸 孩子识字不着急

如我前面所述，我和孩子爸从他很小的时候就坚持每天给他读书，但是我们基本没有指读，而是比较快速地读了文字，给他一些时间看看每页的图画。

儿子在小班的时候参加一个绘本阅读班，当时他是班上最小的，基本不认字。每次上课老师让大家讲故事，他都能凭着听故事的记忆一字不落地背下来。因为小，我们也没有要求他一定认字，觉得自然成长就好，相信有一天他会开始喜欢认字的。

可是直到儿子到了中班，我们发现他还是比较拒绝认字。对于我这个注重效率的妈妈来说，我开始考虑这个似乎不能再回避的问题，于是我开始着手制订一些学习计划，买来《四五快读》全套，每晚让儿子在固定时间学认字。其中少不了因为他注意力不集中，我一急说话声不自觉大起来，儿子看到我生气的样子留下了委屈的眼泪。看着平时伶俐的儿子那么委屈的样子，我当时心里非常难过，甚至自己都要落泪了。

于是我停止了这种学习方法，继续每天阅读，每晚读故事，英文的、中文的，中国的、外国的。我不再坚持让他认字，而是视情况，在他兴致比较高的时候，和他一起读读绘本中的字。

儿子临近大班了，一个偶然的机会，我从大学同学那里了解到一个在线学习汉字的软件，于是回家马上在 iPad 上下载来推荐给儿子尝试。这个软件，充分利用了孩子以乐趣为基础的学习心理，采用了类似"饥渴营销"的策略，每天儿子早上起来都会第一时间主动学习汉字。虽然这个软件的汉字学习只有几百字，但是起码儿子开始对学习汉字有兴趣了。

现在儿子就要上小学了，儿子认识的字越来越多，我们开始轮流读绘本，并且逐渐过渡到他来讲，我来听。他也很享受给我讲故事的过程。偶尔看他读累了，我也会和他说，我来给你读一篇吧，这时我会很注意我读书的语气和节奏的掌握，注意重音、断句等，听起来也更加有故事感。当然我还是会留出时间给他看图片，回答他"十万个为什么"的

我不再坚持让他认字，而是视情况，在他兴致比较高的时候，和他一起读读绘本中的字。

陪孩子爱阅读

故事。

　　除了经常购买绘本，我还给儿子订了一些杂志，小的时候有《维尼熊故事》《小小工程师》等，大班后开始订《幽默故事》和《麦昆朋友》等。虽然儿子还认不全漫画里的字，但是他每次在没人帮助阅读的时候依然看得很开心，一边看一边笑得前仰后合。

　　随着语言能力的发展，他会将他理解的图书中的幽默故事讲给小朋友和家里人听，讲得绘声绘色，从中我发现他其实看的时候不是傻笑，而是真正理解了其中的乐趣，并将快乐传递给周围的人，其实这也是我们一直期望的。

　　虽然"书中自有黄金屋，书中自有颜如玉"有点老朽，但是书中有我们人类的智慧。孩子获取知识不仅在课程上、学校里，更多的是靠他自己主动去翻阅图书，在图书中了解世界，了解自然，了解人文。了解了这些知识后，结合实际去运用，感受人间的冷暖和爱憎。

　　我一直以来都认为孩子的教育是家庭和社会共同进行的。孩子养成了阅读的习惯，激励他一直阅读下去，培养他快速阅读、精读等不同的阅读技巧，将是我们下个阶段关注的培养方向。

　　阅读绘本也不只是幼儿园小朋友的专利，我相信孩子在今后还可以反复阅读这些绘本，每天晚上临睡前，从床前的书架里选择一本想看的绘本，平静地看着，感觉睡意浓浓的时候，放好书，关灯睡觉，进入梦乡，结束快乐的一天。那时他也会和我们一样，

孩子获取知识不仅在课程上、学校里，更多的是靠他自己主动去翻阅图书，在图书中了解世界，了解自然，了解人文。

在温故知新中,不断体会绘本里的精彩人生,体会阅读带来的暖暖温情。

让阅读的快乐与我们生生相伴吧。

现代城市生活,带来便捷也带来压力。高强度快节奏的生活让人们步履匆匆,30－40岁的青壮年更是职场的中坚力量,他们中大多数人无暇陪伴孩子的成长,而把抚育孩子的责任转交给祖辈或保姆。针对这种现象,有人惊呼,当下,我们的孩子到底是谁的孩子? 爷爷奶奶的孩子? 保姆的孩子? 大家都意识到这已是一个不容忽视的社会问题。

确实,年幼的孩子健康成长需要父母的陪伴。有句话为人津津乐道,"陪伴是最好的爱"。年轻的父母说我们也想陪伴,但我们实在太忙,没有时间。

那么就这个意义上,作为"这类"人群的一员,东东的阅读故事对大家而言,也许是有启发的。

东东的父母都是外企职工,身居管理岗位。工作压力不可谓不大,工作的应酬也肯定不少。并且,家中也没有老人帮忙打理家务。这样的家庭能坚持亲子阅读吗? 当然能!

东东妈妈说:"有了孩子后,我们基本都会自觉推掉不必要的应酬,或者将应酬安排在中午。每天下班回家先陪他读书玩乐,直到他睡觉后,再安排时间工作。"这句朴实而平和的话,至少包含了一个观念一种方法。即,把时间放在孩子身上优先于工作,所以会"自觉推掉",会"先陪他读书玩乐"。方法上,善于取舍和统筹:舍去不必要的应酬,合理统筹陪伴孩子的时间和工作的时间。因为,工作永远做不完,但孩子的成长不可逆。

处理好工作与时间的关系，东东父母还着力打造孩子的阅读环境。

随时阅读的物质环境。具备"随时"功能的环境，在东东父母看来，是对书的放置场所和高度的细心关注。书不多时放茶几下，书多了开辟专用书柜，总之，孩子伸手能够到，随时可取阅。具备"随时"功能，还需要对书架进行定期的管理，让书架始终对孩子保持吸引力。所以，东东妈说，"只要有时间，我都会定期根据他的年龄段、喜好等，从种类、数量以及摆放等方面去更新他的书柜，将一些我们期望他看的书（当然我们不会硬性干预他的喜好，只是默默地放在那里）以及他喜欢的书'优先排队'"。定期整理的书架是"活"的书架，它满足孩子需求，激发孩子兴趣。这里面，我特别喜欢东东妈妈说的"不会硬性干预""默默地放在那里""他喜欢的书优先"，是的，无论心里有多期待，都慢慢让孩子自己去遇到他的书吧，因为阅读是自由自在快乐的事。当然，随着孩子长大，我也相信，定期整理书架的工作也可以由他自己来承担，对大人而言是工作的事情；对孩子来说，是有魔法的游戏呢。——也许，小小的书架整理会培育孩子大大的学问。

随时阅读的榜样环境。"大人做到不看电视，在孩子面前多读书"。简简单单一句话，却真是不容易做到。随着电子产品的大量开发，自媒体时代的到来，手不离手机，眼不离电脑，似乎已经是现代人的常态。静下心来，父母成为孩子阅读无声的榜样，变得难能可贵。但在东东家里，那却是随时可见的场景。就如故事开头，东东妈妈描述的那样，宁静的夜晚，就着温暖的灯光阅读的东东，轻轻坐在东东旁边阅读工作书籍的妈妈，以及"一会儿，也拿了本书走了进来，坐到了宝宝另一边"的爸爸，构成了家庭最美的影像。

可以想见，东东的童年是多么幸福，因为有书香，更有坐在他这一边的妈妈和那一边的爸爸，用时间铸就的爱的滋养。

其实，忙碌的你，也可以让孩子拥有这样美妙的时光。很简单，不是吗？

张　燕

"朗读"心经：从《朗读手册》的阅读中得来的经验

自述者　张　巍(5岁闻天的妈妈)

家庭档案

　　一个普通的知识家庭,爸爸是个爱读书的药物研发工程师,妈妈是个爱育儿的大学教师。他们并不相信大部分的孩子天生爱阅读,可他们相信培养一个爱阅读的孩子需要爱和陪伴。所以他们在求知中探索,在一次次的付出中,越来越能感受到：朗读的力量!

亲子阅读 Tips

★　父母没有什么整套的绘本理论作引导,但是有明确的"朗读促进脑发育"的大方向意识、朦胧的对审美力的要求以及阅读习惯养成的个别方法,这构成了孩子上幼儿园之前的整体阅读基础。

★　最重要的并不是完美的教育方案,而是在正确的方向上坚持,每天坚持大声地朗读,即使是这样小量的积累,也可以影响孩子成年后的阅读习惯。

★　朗读六大心法：① 语调生动;② 大声朗读;③ 情景扮演;④ 鼓励联想;⑤ 从封面读到封底;⑥ 带着爱与信任来陪伴朗读。

★ 伴随朗读的八小技巧：① 倒读题目；② 错读文字；③ 画面连接；④ 问题引导；⑤ 数数方法；⑥ 制作手工；⑦ 创造游戏；⑧ 主题归类。

★ 朗读带来的好处实在太多了，积累的间接经验，学习了情景表演，朗朗上口许多成语，比较准确的运用象声词，或学着故事里的情节幽默一把！

父母共同的梦：培养一个爱阅读的孩子

00后的孩子不缺爱的照顾，不缺各种美食，大多也不缺精致的玩具或华美的衣裙。然而，照顾得太多会让孩子不够独立；美味太多会给孩子带来消化不良；玩具太多又会使得孩子懒于动脑。似乎就唯有书籍——我们大家都会认同"多多益善"！我们中国人很爱送礼，无论是刚刚出生的婴儿，还是咿呀学语的宝贝，又或是蹒跚学步的孩子，我们都可以送出一份饱含爱意的礼物——那就是图书！

"培养一个爱阅读的孩子"似乎已经成了新生代父母的共识了，我当然也不例外。怀孕之初，每每幻想到自己的孩子，坐在洒满阳光的窗前，呼吸着书的清香，啃着书的营养，嘴角露出开心的微笑，愉快地读啊读……呵呵，这画面当时想想都醉了！可是真的要培养个爱阅读的孩子，哪有想的那么轻松呢？听说犹太人的一份新生儿的礼物，就是在《圣经》上滴一滴香甜的蜂蜜，然后让孩子趴在书上慢慢地舔，这大概就叫初尝书本的甜蜜吧！也曾听过英国人的"起跑线"计划，其中就有给刚出生的婴儿送一个"阅读包"，包含几本精致的幼儿绘本和一个图书阅读证，这大概也算是一次特殊的洗礼吧！听着很美好，做起来可就没那么容易，养孩子可是每天的事情，岁岁年年，不能每一天都让他舔书本吧？不能每一天都送个阅读包吧？坚持每一天的阅读，才会成就一个爱阅读的孩子。

"让书籍陪伴孩子的成长，让孩子爱上阅读！"伴随着这种理念，我们有过许多的尝试与挑选，但我们相信坚持阅读是根本，边阅读边总结，慢慢地几年读下来，还真的总结出一点小小的"朗读"心得，在这里就分享给各位年轻的父母们，也许能够为我们亲子阅读大家庭增加些许同道中人呢。

在爱的陪伴中探索、积累了"朗读"的经验

其实在接触到《朗读手册》之前，我们还是经历了很长一段时间的摸索过程，庆幸的是：我们的探索一直是朝着朗读的方向，并且在各种类型的绘本阅读中，也积累了还算丰富的朗读经验，先说说我们这个探索的过程吧！

推荐书目：
《朗读手册》

155

❀ 不到 1 岁，接触古诗词

对于培养孩子爱阅读的习惯：在孩子不到 1 岁时，我们就已经有相当强烈的意识，但那时没什么大段的时间去好好研究，还是从手边可以得到的资料中先做起来再说，古诗词大概就是当今家庭教育起步时最容易想到的内容，中国人所谓的"诗词歌赋"嘛，诗词大概是最容易上手培养的。

我们刚开始没经验，在地摊上随手挑了一套古诗词硬卡（后来总结的挑卡经验：须圆边硬卡不易撕破，要文字超大易辨识，还须配精致画风的绘图，再有色彩搭配的唯美也要基本达标）。先是把宝贝抱在怀里认真地大声读卡玩，读累了就翻卡玩，扔卡玩，玩着、玩着又开始读卡玩……就这么翻着、扔着、读着，这地摊货居然让我们诗词入门了！

后来在孩子 2 岁多时到科技馆玩，看到"动物世界"里的小型"飞瀑"，孩子脱口而出："日照香炉生紫烟，遥看瀑布挂前川，飞流直下三千尺，疑是银河落九天。"虽然喜悦，而我的喜悦是绘图卡上的美景被孩子做了移景联想的那份感动，我联想到的不是"诗词"的记忆，而是孩子被调动的情景联想意识和审美的潜意识。

❀ 2 岁，反复朗读"厚"绘本

在孩子 2 岁左右的时候，基本的语言能力已经启蒙了，兴趣会决定他做最喜欢做的事情。爱阅读，

先是把宝贝抱在怀里认真地大声读卡玩，读累了就翻卡玩，扔卡玩，玩着、玩着又开始读卡玩……就这么翻着、扔着、读着，这地摊货居然让我们诗词入门了！

就是习惯和喜欢看中国字嘛，从习惯到喜爱是需要有阅读量的积累的，而且大声朗读，可以刺激孩子大脑的发育，在朗读中伴随着"指读"，不仅可以让孩子对方块的中国字有概念，而且可以培养孩子的专注度，既然在这一年多的时间里，孩子已经习惯于看方块字，那么到了2岁，该升级了吧？

这时孩子已经对文字有点兴趣，又因为是指读，为了不影响视力和提高对文字的辨识度，我权衡后选择了文字超大的幼儿故事，我也把这些书称为启蒙绘本，因为在这个时期的孩子，文字和图片大概都是不同样子的"图画"，他们不知道文字是什么，只知道很好玩，这已经足够了。因为已经养成朗读绘本的习惯，孩子在听我大声朗读时很是愉快，也表现出相当长时间的专注度，而且喜欢让我反复朗读几本有点厚度的绘本，乐此不疲，甚至孩子在有客人来时就拉着别人给朗读绘本，或者就是自己咿咿呀呀地"朗读绘本"给客人听，大家都很感叹2岁的孩子这么热衷于读书！我心中自然很清楚：这只是他养成良好阅读习惯的开始。兴趣是最好的老师！而这种重复的精读，倒是中了我的意。不用总是去挑选绘本，要知道，挑选是要花很多时间的，我认为省点时间，多陪伴阅读是更加重要的，也更体现亲子之爱，我个人也在陪伴中有了"重过童年"的感觉，十分享受。

到这个阶段，几乎都是我自说自话，没有什么整套的绘本理论做引导，但是庆幸的是我有明确的"朗读促进脑发育"的大方向意识、朦胧的对审美力的大

在朗读中伴随着"指读"，不仅可以让孩子对方块的中国字有概念，而且可以培养孩子的专注度。

157

致要求以及阅读习惯养成的个别方法，这构成了孩子上幼儿园之前的整体基础。虽然并不完美，但我是基本沿着正确的方向在做，我知道最重要的并不是完美的教育方案，而是在正确的方向上坚持，每天坚持大声地朗读，我相信即使是这样小量的积累，也可以影响孩子成年后的阅读习惯。在孩子不识字的时候，最重要的其实不是阅读的内容，而是在孩子的潜意识中种下"爱阅读"的种子，有了这颗种子，遇到稍好的土壤，这种子就能开出植根于快乐阅读的、漂亮的"悦读"之花。

在《朗读手册》中找到朗读的乐趣

刚开始陪伴阅读的时候，我们认为阅读是相对枯燥的，绘本也就是我们小时候的"小人书"嘛，随便读读都是好的。那些所谓的图画书之所以配图较多大概就是要打破这个枯燥吧。而在接触到真正的绘本后，我们开始对绘本重视起来，到后来越来越觉得这是一门学问，要用研究学问的方法认真地研究。自此关于绘本"研究"，我就"因地取材"引进了孩子爸爸的"科学研究的方法"，这次求助被证明是很有益的。在相关的理论搜索中，接触到了《朗读手册》，成就了我们"朗读理念"的另一个境界。

《朗读手册》由美国著名阅读研究专家吉姆·崔利斯编著，是指导低幼孩子阅读并培养孩子阅读兴趣的书，共3册，第一册主要讨论"为什么要朗读"，

我知道最重要的并不是完美的教育方案，而是在正确的方向上坚持，每天坚持大声地朗读，我相信即使是这样小量的积累，也可以影响孩子成年后的阅读习惯。

陪孩子爱阅读

第二册重点讨论低幼儿童"朗读什么",第三册则是给较高年级的孩子选的故事及读物,我们现在给孩子重点读的是第二册。

初初翻看时我想,对于习惯了看绘本的孩子来说,这本书的最大特点——基本无图,可能会是阅读的难点。读后却发现,有了绘本阅读的基础,再进行这本"枯燥无图"的厚书的阅读,简直是一种享受。因为这本书虽然基本无图,但并不枯燥,其中挑选的故事情节很适合低幼儿童的兴趣。比如,有经典的《小绿帽》,有"很笨"的《乔》,有"好吃的"《巧克力狂热》,还有生动的《乌娜娜娜和大象》和《彼得兔的故事》,有神话故事《巨人克布诺斯》,有"勇敢的"《鸡笼里的女孩》和《挡住海水的男孩》,以及家喻户晓的《花衣魔笛手》。

这样一本特色鲜明的无图书,怎么朗读? 朗读又能带来什么效果呢? 朗读这本书又能带来什么好处呢? 且听我慢慢道来。

❀ 朗读六大心法

首先是怎么读的问题:当然是大声地朗读。然而这大声中还是有些方法的,我们在陪伴阅读各类绘本和《朗读手册》的过程中,学到了许多关于朗读的心得,认真总结了一下,提炼出了朗读六大心法,供大家参考:

一是语调生动。绘声绘色、语音语调的变化,都可以吸引孩子喜欢上某些场景,并且在不断变化的

绘声绘色、语音语调的变化,都可以吸引孩子喜欢上某些场景,并且在不断变化的语境中体会人物的心理变化,通过音色的变化抓住孩子的兴趣与注意力。

语境中体会人物的心理变化,通过音色的变化抓住孩子的兴趣与注意力。比如,我们在读到《狼的故事》的时候,爸爸忽然学着小孩子的腔调大声说:"爸-爸-打—住!"从此,每读到这里,孩子都早早地做好准备,等着大声说"爸-爸-打—住"接着就是一长串非常愉快的笑声——有爸爸的,也有孩子的,读书也是如此的其乐融融。

还记得每每读到《"海之夜"布丁》时,妈妈温柔地说:"布丁在哪里?"我们就会学着孩子爸爸呼喊着:"孩-子-们-在-哪-里?"孩子就会用低低的声音学道:"我们感觉自己就像是暴风雨中的两片叶子……我怕!"然后就是会心地相视而笑!这种欢乐,俨然就是躲过了一场暴风骤雨!

二是大声朗读。我们都知道声音较图像而言,对人脑的想象力的激发更有作用,曾经很著名的一个实验就是关于看电视与听朗读后画出的白雪公主的样子。看电视后孩子们画出来的几乎都是一个样子的白雪公主,而听读故事后画出的白雪公主则是各有特点。这个例子很好地说明了声音这种留白式的表达方式,对于激发孩子的想象力有比较好的效果。所以虽然彩色的图片可以吸引孩子的眼球,然而如果用比较简单的语言方式就能吸引孩子的注意力,那么这种更为简单且留有更多想象空间的方式将会更好地锻炼孩子的专注力,而且用的是比较简单的弱刺激方式。这与打游戏的强刺激不同,如果孩子对游戏里的声光电的闪烁刺激感受相当习惯

声音较图像而言,对人脑的想象力的激发更有作用。

陪孩子
爱阅读

了，在进入小学后就很难在平淡的课堂讲授方式里及时萃取重要的内容，甚至会根本吸取不到什么重要的内容，长此以往，与专注力强的孩子的区别就会日益明显。所以，练习在弱刺激的环境下能够安静地听、专注地想，这将是一项极有价值的习惯锻炼。

三是情景扮演。在孩子有了阅读兴趣后，专注于《朗读手册》里的任何一个故事，都可能激发起他的场景扮演欲望。此时若孩子兴趣很浓地把某个场景按照自己的想象专心地描述或扮演，不要打断孩子，用欣赏的眼光认真地看着他，适时地点头表示认可，甚至配合他扮演其中的一个角色，哪怕这个场景有些跑题或者根本看不出有什么联系。没关系，你只需这样配合，不必刨根问底，这就是在很好地激发孩子的想象力了。

记得有一段时间，孩子对《朗读手册》中的一段《彼得兔的故事》相当感兴趣，每天反复地听，自己从头到尾地讲，一边少不了配合表演，"古里古里先生挥舞着一只大钉耙大叫'别跑，小偷！'……""几只好心的麻雀飞到彼得身边，唧唧喳喳地鼓励他再加把劲。"孩子就自己在我耳边小声地加油："别灰心，别灰心，小兔，你别哭，别哭，你一定能逃出去的，加油小兔，加油！"每次演完这一段，大家都好像舒了一口气，再回到书本边，继续朗读下面的片段。

关于情景扮演这一点，其实我还想再扩展一下，"角色扮演"实际上很锻炼一个孩子的表达能力，并且也很能影响孩子的性格与人格的养成，所以幼儿

若孩子兴趣很浓地把某个场景按照自己的想象专心地描述或扮演，不要打断孩子，用欣赏的眼光认真地看着他，适时地点头表示认可，甚至配合他扮演其中的一个角色，哪怕这个场景有些跑题或者根本看不出有什么联系。

园里的角色游戏也是一堂重头戏的课，扮演什么？怎么演？对孩子来说都是很好的社交体验和人格锻炼。在朗读故事的过程中，伴有角色扮演，是给孩子多角度的锻炼和体验，让他能够在多情景中自由表演，通过融入角色来体会各种人物的性格特征、内心活动，感受不同的情景，这是极好的体验。

四是鼓励联想。引导联想，并适时地鼓励联想。联想是可以激发一个人的创造力和学习、总结能力的，在读绘本的时候经常可以有意无意地融入联想。比如在读《懒龙的故事》时，如果我们自己用心陪伴朗读，是很容易联想到曾经读过的关于龙的一系列故事的。这时候就可以适时地引导一下，提示孩子："我们好像曾经读过一些关于龙的故事吧？我怎么不太记得是在哪里读的呢？"然后用类似的方法帮助孩子在一堆书中把这几本书找出来，孩子一般都会非常有兴趣地和你一起找，而且自此之后，慢慢地他自己就会形成联想的习惯。比如，每遇到"关于南瓜主题""勇敢主题"的故事，他都会数宝贝一样把相关话题的书，都争着数一遍，还不许你有任何提醒。看到孩子这么主动地动脑筋，是不是我们陪伴朗读也更有兴趣和信心了呢？

五是从封面读到封底。《朗读手册》的故事结构比较特殊，作者花了很大的篇幅来介绍作者的故事、故事背后的故事、故事延伸的故事，这样做的目的是为了让孩子明白：故事是一个有趣的作者写的。这一理解是给孩子一个了解作者或故事背景的机会，

在朗读故事的过程中，伴有角色扮演，是给孩子多角度的锻炼和体验。

联想是可以激发一个人的创造力和学习、总结能力的，在读绘本的时候经常可以有意无意地融入联想。

给孩子一个了解作者或故事背景的机会，孩子也许会因为喜欢作者的一些趣闻而更喜欢读他的作品。

162

孩子也许会因为喜欢作者的一些趣闻而更喜欢读他的作品，这些介绍其实并不是可有可无的，而是为孩子喜欢阅读提供了另外一种途径。这就如绘本的封面、封底，甚至是前后的环衬，都会被作者赋予许多可读的信息，比如故事内容、主要人物，甚至是故事开局后的疑问的答案，都可能在这些地方被发现。从封面开始阅读的习惯，既可以吸引孩子注意到这些细节，又可以培养孩子善于观察的习惯，比如封面为什么只有一只小动物啊，它的朋友们呢？环衬为什么是蓝色的？封底有什么新的图案？孩子在书的全局中把握故事内容，观察事物的视野将会更加开阔。从头读到尾，也是培养孩子的全局观念和宽广的视野。

六是带着爱与信任来陪伴朗读。总结了那么多的经验，其实都是小小的体会而已，最为重要、也必须贯穿始终的就是朗读的方法，或者说如果可以，朗读就是唯一的方法也不为过。一是因为之前说过朗读对于孩子大脑发育的刺激作用已是被科学检验、毋庸置疑的；二是因为在读《朗读手册》这样的"厚书"，最需要的方法还是朗读，并且需要带着爱去陪伴，这样才能有耐心去陪伴朗读，并在朗读的过程中传递出各种正能量，培养出家长自己陪伴阅读的耐心和兴趣；三是源于自己的信任才能相信孩子能够听懂。有的时候，我们是自己先把自己给吓住了，"这么厚的无图书，幼儿园的孩子，怎么会愿意听读啊？怎么能听得懂啊？"家长如果带着这个疑问去阅读，孩子会接收到这个信号的。这其实就是对孩子

最为重要、也必须贯穿始终的就是朗读的方法，或者说如果可以，朗读就是唯一的方法也不为过。

163

的担心和不信任，正如序言中作者说的："朗朗的读书声和朗朗的乾坤交相辉映，可能在你不经意间，阅读之花已悄然绽放！"

作为有阅读绘本基础的父母，其实一些阅读绘本的技巧都可以放在读这本书上，比如加入夸张的语气、生动的表情、肢体动作手舞足蹈，都行。由于这本书中几乎所有的故事都非常有趣幽默，一来增加了孩子的阅读兴趣，二来我个人感受是朗读多了，孩子的幽默感被培养出来了，积累下来的词语会相当丰富，当然这些词语不一定马上能用出来，但是朗读本身的精髓就在于"有兴趣的储备"。只要你能够克服胆怯，拿起书来认真有趣地大声朗读，孩子就一定能够被吸引，因为很多幽默，就靠故事幽默的语言已经可以吸引孩子，更不用说我们对读绘本的许多技巧已经轻车熟路了。只要你能够通过有心法的朗读吸引孩子的注意力，你就已经成功一半了。

 ### 朗读带来语言美的感受力

坚持朗读，你就会发现，阅读的乐趣不仅仅是通过好看的图画才能够获得。美的就是美的，孩子对语言美的感受力也是可以在这样轻松的语境下得到的。我曾经多次发现，长达几千字的故事在大声朗读了许多遍后，孩子就几乎能够一字不落地自己讲出来，还带上许多的表演。

比如在讲《海狸的信号》时，蜜蜂"嗡嗡嗡地叫着，从坏掉的洞口涌出来，嗡嗡声变成了狂风般的怒

只要你能够克服胆怯，拿起书来认真有趣地大声朗读，孩子就一定能够被吸引。

长达几千字的故事在大声朗读了许多遍后，孩子就几乎能够一字不落地自己讲出来，还带上许多的表演。

陪孩子爱阅读

吼……愤怒的蜜蜂一拥而上,布满了他赤裸的手和胳膊,还有头上和脸上",听着听着,孩子就不由得紧张,为主人公被成群的蜜蜂扎成这样而担心,还会模拟这个小男孩为了摆脱蜂群,大冬天一头扎进冰冷刺骨的池塘……这段描写太逼真了,孩子从此清楚地记得:蜂蜜好吃,蜜蜂不能惹啊!这也算是情景体验了一把。

讲《彼得兔的故事》时,儿子边讲故事边学着去翻花瓶底找小兔,还自己练习四处逃窜、学着故事里阿姨的腔调说"彼得这个淘气包"……再比如《鸡笼里的女孩》里,那个勇敢的小姑娘在海面"上下颠簸,左右摇晃"的画面感实在是强烈,以至我们经常在洗澡的时候就在木桶里如此翻腾,不仅复习了故事,而且也锻炼了身体,一举两得了。

《朗读手册》中的故事,选材的广泛性也是不得不提的。你现在饿了吗?请读《多纳圈》或《巧克力狂热》;你带孩子无聊了吗?请读《小绿帽》;你想养宠物吗?请读《库克船长》;你嫌小弟弟太吵了吗?请读《亚历山大》;你想告诉孩子要好好学乐器吗?请读《花衣魔笛手》……

朗读带来的好处实在太多了,积累了间接经验,学习了情景表演,朗朗上口许多成语,比较准确地运用象声词,或学着故事里的情节幽默一把。作者精心挑选的故事,实在是趣味横生,语言幽默,写作方法多样,绝没有干巴巴的说教;从很多的故事中你都可以分明地读出故事作者的情怀。使得我们只要开

朗读带来的好处实在太多了,积累了间接经验,学习了情景表演,朗朗上口许多成语,比较准确地运用象声词,或学着故事里的情节幽默一把。

始阅读,就几乎难以停下,只能这么总结:这是一本相当有特点而且非常适合朗读的书。

 另一套适合朗读的图画书

推荐书目:
《格鲁比朗读图画书》

在反复读完《朗读手册》后的一段时间里,我们都还在继续寻找类似的适合朗读的书,还真的又找到了一套《格鲁比朗读图画书》,看书名就知道适合朗读。朗读了那么多彩色绘本书的我们,有时换换口味,来读一下《朗读图画书》,大概也会像我一样,发现这单色的图画书,原来也是这么奇妙,这套书勾勒出来的世界,居然是这么的多彩!"一套可以朗读的图画书",黑白简笔配图,图也仅仅是人物和景致的大致形状的勾勒,右页配图的排版也是相当适合朗读的。可爱的格鲁比带着我们一起,在丰富的冒险旅途中,完成了想象力的一次次飞跃。孩子的思维,真是像插上了想象的翅膀,孩子经常会引用些故事里的情景来做现实比喻,比如:"我都还没到过南极和北极呢","我也想潜水","格鲁比跑得有这么快吗?"想象,几乎成了这套图画书的最大特点,可以飞上云霄,可以遨游海底,可以骑牛奔跑在草原,也可以被狮子偷走美美的午餐……插上想象的翅膀,原来我也可以。这就是在朗读这套图画书时,得到的最大收获了。

朗读赋予我们的力量,远比想象的巨大

在孩子上幼儿园之前我们读书基本靠"碰",碰

到哪本好书就开始读。在选书方面，一般是遇到问题解决问题，分阶段、有针对性地选取一些绘本来读，其实当时还不知道这些图画书有个名称叫"绘本"。知道阅读绘本的系统理论和丰富方法，还是在孩子进入幼儿园后，参加了幼儿园里的特色组织"悦读坊"，经过园长多次相关的讲座和培训之后，才茅塞顿开，所有的方法才被系统化，并学习到许许多多真正把几页绘本"读厚"、把"乏味"的书读得有趣的方法。

这类绘本中也有许多很好的小方法可供借鉴：比如游戏类的无字书《点 点 点》、数数类的无字书《九只小猫》，还有情感感知类的《抱抱》、长度测量类的《一寸虫》、书中有书的《小红书》、隐藏惊喜的《这是什么队列？》……好书多多，学会读无字书也是我坚持陪伴朗读以来极大的收获，开阔了眼界，也加深了对朗读技法的理解。朗读的力量，原来远比我想象的大得多。再加上绘本阅读的方法，我就像进入了一个超大型的游乐场，一下子对于朗读有了超高的兴趣。在陪伴朗读的时候，也有了更多有趣的方法，终于明白，朗读，不管是一本无字书，还是一本只有字的书，都可以陪孩子读上许久许久。

那么，让我再总结下"伴随朗读的八小技巧"，以此来给朗读的方法增加些许小惊喜吧。

❀ **倒读题目**

上幼儿园的孩子，已经可以玩这个游戏：大人

推荐书目：
《点 点 点》
《九只小猫》
《抱抱》
《一寸虫》
《小红书》
《这是什么队列？》

第二辑 怎么读？

在陪伴朗读的时候，也有了更多有趣的方法，终于明白，朗读，不管是一本无字书，还是一本只有字的书，都可以陪孩子读上许久许久。

167

读一遍书名,孩子就把书名反过来读一遍。这个游戏孩子很喜欢,而且我们能看到孩子的发展,从开始的两个字都很难倒过来读,到后来 7 - 8 个字也可以倒着连读了,既读了书又锻炼了思维,可谓是一举两得,孩子往往也非常的配合,每次读好书名,他就已经准备要开始玩这个游戏了,认真又开心的样子让我也感觉这个游戏好有趣,当阅读成为一种乐趣时,还有什么比这更美的画面吗?

 错读文字

每当故事比较长、阅读的时间也相对久一些的时候,故意读错文字,让孩子主动来纠错,是我常常拿出来用一下的小技巧。文字偏长,孩子有时候相对较长的时间只是在听而没有任何发言时,这个办法不仅可以测试一下孩子是否在认真地听,而且可以拉回孩子的注意力,他一下子"找到茬"之后的兴奋心情又可以激发孩子认真地继续听朗读的兴趣,相当有效。这个小技巧一般会被用在精读过许多遍的绘本上。

画面连接

这个技法,在绘本朗读中运用得最多。绘本的一个特点就是在封面或环衬上,会出现局部的内页画面,而有些画面是从哪一页里提取出来的,其实并不太容易辨认,这就在熟读绘本的同时,可以和孩子一起研究一下这个细节,陪同观察,孩子总是乐此不

陪孩子爱阅读

疲地一定要找出这个答案来。

 问题引导

　　读一本新书或者一个新故事，正读到关键时刻可以鼓励孩子想象，"这个结果会怎么样呢？""这下糟了，你觉得小马会想出什么办法呢？"……诸如此类的问题，只要我们插入得恰当，孩子会非常愿意继续认真地思考，然后给出他想象的答案的。这时候，答案是不是对其实根本不重要，重要的是这个主动思考的过程，所以我从不轻易否定孩子的想法。

 数数方法

　　许多绘本里的配图，都会涉及数的概念，比如有几棵树，刚才有几个人在说话，这里有几个房间，房间里有几双鞋子等等，这些图画都可以用来让孩子学习简单的数数，甚至是加减法，在简单的数的增与减中，让孩子了解具体的数的概念并能够有方位、远近、大小、多少等等这些常识。

　　在《朗读手册》的阅读中，我们常做的游戏就是在一个故事里找"的"，因为没有特意教孩子认字，所以"的"是他第一个认识的字，孩子自己很喜欢玩这个游戏，在故事里数出 N 多个"的"字来，是件多么有成就感的事情啊，孩子每每脸上出现的都是满满的"自豪"：我不仅认识这个字，我还会数这么多数字，甚至有时还好玩地用英文数，对方块字的喜爱也正是我想看到的画面。

我们常做的游戏就是在一个故事里找"的"，因为没有特意教孩子认字，所以"的"是他第一个认识的字，孩子自己很喜欢玩这个游戏。

❀ 制作手工

这个其实我们不是很拿手,不过也会试着去做一些。如果你正好特别擅长手工的话,那可就有了施展特长的机会了。比如,读到关于大树生长的书,可以找树叶来制作一幅画,读到关于孩子长大的书,可以用指纹来画画等等。我们比较喜欢折纸,经常读到一个故事里有什么小动物或者家具摆设,我们就会找来折纸书,看看是不是有相关的折纸教程,如果恰巧有兔子,小花或者是小柜子之类的折纸,那么我们就会应景的折上一个,孩子很认真地折,折得像不像又有什么关系呢? 培养习惯和锻炼手指已经是额外的收获了。

❀ 创造游戏

一些绘本的内容本身就是一次愉快的游戏,有些游戏的描述刚刚开始故事就已经结尾,那么怎么办? 我们可以继续编绘本中的游戏,或者和孩子自编一些与绘本中游戏类似的游戏项目,也是很好的选择,不仅玩这些游戏,若能够创造出类似的游戏,孩子对这本绘本的兴趣会一下子提高许多。记得我们在读法布尔《昆虫记》的时候,孩子非常喜欢把螽斯被猎取的整个过程完整地演一遍,每天要求我配合扮演很多遍,演完后的那种喜悦,还伴随着自己的继续创造:"然后,螽斯变没有了,突然,出现了一个人……"

我们可以继续编绘本中的游戏,或者和孩子自编一些与绘本中游戏类似的游戏项目,也是很好的选择。

陪孩子爱阅读

🌸 主题归类

遇到节日,围绕这个主题,找来相关的许多绘本,集中阅读,这个效果也是相当好的。现在绘本中常会涉及圣诞节、万圣节这些很有意思的节日,找来读过的同一主题、不同系列的许多个绘本,一起集中阅读,这种效果往往是相当好的。

找来读过的同一主题、不同系列的许多个绘本,一起集中阅读,这种效果往往是相当好的。

孩子在成长,父母也在伴随成长!只要有爱心,有耐心,陪伴成长会变得多么开心。每每看到孩子的一点点进步,那种喜悦,都是无以言表。每个人都不会有完美的童年,我和我的孩子都是在慢慢的摸索中、探寻中一点点地成长。孩子越来越大,我们也越来越老,但我相信:年龄可以和心态成反比,我们能够陪伴孩子共同成长,已然是一幅超有爱的画面,温馨的、幸福的……

崔卫平女士说,要多少好东西才能造就一个人,今天读了闻天妈妈的手记,我想问她,要有多少的热情、专注与耐心,还有坚持,才能归纳出这么丰富、灵动的心法和技巧。

毫无疑问,她的朗读,是最棒的!

对闻天妈妈归纳出来的这些心法,我举双手赞同,这都是她经过实战考验的独家秘方,虽然独家,却很有代表性,读者尽可根据自家情况,适当学习并选用——甚至,她的不少心法或技巧,已经超越了亲子共读的范畴,完全可以在教室、社区里使用。那么,就这篇手记,如果不谈"心法"，我最深的感触在哪里？我想，那就是《朗读手册》这本书，在闻天妈妈与小闻天的共读历程，有这么一本书给了他们源源不断的力量。这一点，我想多说两句。

以前写过一篇小文章，就是介绍绘本阅读的"参考书"，为什么我要介绍这些书呢？虽然，在绘本阅读这件事上，的确没有"专家"，捧起一本书，在家就能读，了解自己，了解孩子，就可以读得很好，但是，如果缺少了一些理论指引，或者前人实践的帮助，绘本阅读常常会经验性、套路式、肤浅化。一册绘本，当然没有一个绝对的"怎么读"，但至少，它的"怎么读"总有一个大的框架与结构，而非自以为是，读所欲读——如果说大一点，这其实是要形成家长自己的绘本阅读理念，如此一来，绘本阅读的进行方有理可据，有序可循，有法可为，这一些内容，从闻天妈妈的手记里，可以清晰地看见，而在很多时候，大人们往往"拣在篮里便是菜"，未必那么靠谱。由此可见，有一本书在背后引领，有一些理论在深处支撑，这是多么重要。

以前，在与朋友们交流如何进行亲子共读时，我常常会讲，重要的不是技巧，首先是要读起来。现在，我愿意更进一步，慢慢读起来以后，尽量形成自己的绘本阅读理念，这肯定还是相当需要的，我愿意引用一段美国教育学者乔治·奈勒的话，他说的是教师，我想，对读绘本的大人，同样适用：

那些不用哲学去思考问题的教育工作者必然是肤浅的。一个肤浅的教育工作者，可能是好的工作者，也可能是坏的工作者——但是好也好得有限，坏则每况愈下。

这段话，就出自他的著作《教育哲学》。

冷玉斌

绘本是个大玩具，亲子游戏乐无穷

自述者　李嘉慧(4岁品越的妈妈)

家庭档案

　　一个三口之家,爸爸妈妈都是设计师,因此一些职业中形成的观念和方法被自然而然地带到了家庭生活中,就连与宝贝亲子活动的时候都或多或少会渗透着设计的痕迹。当陪伴孩子越多,就越发地觉得亲子时间除了需要热情和耐心之外,同样需要进行设计,哪怕是加入一点点很简单的创意,都会让玩乐变得大不相同,变得多姿多彩。这样的理念就在与孩子的互动中,慢慢地传递给了孩子,并且在他的思维习惯和玩乐方式中也初见端倪,时常可以隐约地察觉到在他的身上蕴藏着许多创造性的种子,说不定什么时候就突然开出一朵朵绚丽的小花来呢!

亲子阅读 Tips

★　自从在阅读和游戏之间架设了这座桥梁后,不仅儿子觉得有趣好玩了,连妈妈也觉得阅读的意义更加深远了,同时妈妈仿佛跟着他一起又回到了童年。这种由绘本延伸开去的主题游戏,成了妈妈在儿子3岁之后带他经常开展的有趣活动。

★ 绘本是可以拿来好好玩一玩的大玩具，在它的身上可以找
  到种种好玩的可能——它既可以听、看，也可以做着游戏
  玩，甚至还能有多种体验……

说到陪伴儿子进行亲子阅读，我们最初的愿望
是希望能为他推开一扇阅读之窗，让他从小就能欣
赏到"阅读"这一片美好的景致，并将这一行为内化
为一种理所当然且贯穿一生的生活内容。美国诗人
惠特曼的一首诗更是让我们的阅读信念笃定得结结
实实：

有一个孩子每天向前走去，他看见最初的东西，
他就变成那东西，那东西就变成了他的一部分……
如果是早开的紫丁香，那么，它就变成这孩子的一部
分，如果是杂乱的野草，那么，它也会变成这个孩子
的一部分。

不过对于小孩子来说，这世界上最重要的工作，
就是玩耍。因此我们还希望书籍不仅仅是儿子触摸
世界的途径，更是他成长过程中的快乐源泉。可如
何才能遵循孩子的天性、因势利导，带他走上一条可

以生动玩乐的阅读之路呢？这是我们一边陪伴儿子阅读，一边还在不断思考着的重要课题。

计划外的首次接触

"宝贝，妈妈帮你把布书放在玩具箱里了！想玩的时候我们就来翻翻吧！"

"哇——哇——哇——"，又是一阵让我甘拜下风的啼哭声。喝奶不要！玩具不要！童谣不要！就连抱着满屋子转悠也都不要！3个月大的品越宝贝脾气见长，到底如何安抚真叫人捉摸不透。万般无奈之下，我只好把预先囤着的几本撕不坏又暗藏机关的彩色布书全给倒腾出来试试。这本是不抱希望的尝试，竟然不可思议地奏效了。他出奇地安静与投入的眼神回馈给我的是他对看图听故事的兴趣。

这次看书行为的展示纯粹是一计划外事件，之前虽也明确过要培养孩子养成爱阅读的习惯，可真的没有想过要在他还在练习俯卧抬头、竖直脖子本领的这个阶段就早早地呈现了。不过既然喜爱，那就没有不继续的理由。于是这事儿就顺理成章地成了他玩乐的新宠，布书就成了他玩具箱里的一分子了。这么一来，不仅儿子多了一种玩具，也让我额外呼吸到了单调的带娃生活之外的一股新鲜气息，最最欣慰的是这正好应和了我们希望品越能够潜移默化地习惯这种翻书阅读的方式。

绘本时代开启

在布书之后，五彩缤纷的绘本图书开始走进我们的阅读世界，一直到现在它依然还是我们阅读的重心。在两年半的时间里，我们的亲子阅读进入了一个泛读期，目的是希望给品越一个阅读量的积累，因此各种类型的读物都会有所涉猎，认知科普类、情感交往类、冒险奇幻类、情绪行为管理类、幽默风趣类……在当时看来无论给他什么类型的图书他都会感到新鲜好奇，只要我肯不停地给他讲，他大多都能喜爱。

我们并没有安排固定的时间读书，也并非每天坚持，而是想到了就即兴进行。直到品越逐渐有了让我兴奋的表现，比如，他时常会模仿一些绘本里的动作或者表情；偶尔冒出一些书中的话语；甚至还会把书里的细节跟我们的生活做出很有道理的联系，等等，这才促使我终于把这一活动的时间固定在了临睡之前。正是因为规律了，儿子便对睡前读绘本变得非常期待，并认为这跟吃饭睡觉一样是绝对理所当然的事儿。如果哪天没给他读，他的快乐就像被剥夺了一样，他会感到十分地伤心和失落呢。

在陪儿子阅读的同时，我常常会思考，难道绘本就仅仅只限于读和看吗？它还可以做些什么？它到底还有多少功用没被挖掘出来呢？

正是因为规律了，儿子便对睡前读绘本变得非常期待，并认为这跟吃饭睡觉一样是绝对理所当然的事儿。

陪孩子爱阅读

绘本竟然可以玩

　　品越快满 3 岁的时候,我们来到幼儿园参加了一次别开生面的早教活动。这次活动让我大受启发,让我萌发了一个念头:我要带着儿子玩绘本。在此之前,我是把读绘本和玩游戏分开考虑的,压根没想过这两类事情是可以结合进行的。要不是这次活动的点拨,还真不知我们的亲子阅读的内容可以更加丰富。

❀《小蓝和小黄》带来的惊艳

　　早教过程中,最大的亮点就是由绘本《小蓝和小黄》而展开的一系列主题活动,各个环节精心设计且紧密相连:颜色的启发式提问、风趣生动的绘本讲述、变色魔法的小实验示范,以及孩子们亲自变出神奇的小绿……老师的这一连串环环相扣的主题活动,不仅孩子们被吸引得十分专注,就连我这个旁听家长也入了迷。

　　恰好,那次品越得到的爱心贴纸就是绿色的,我看到他的小手忍不住老去抚摸那颗绿色爱心,即使是活动结束后也舍不得拿下来。回家之后,他还追着我不断地重复讲述这个故事,午睡前讲、晚睡前讲、起来后还要讲……儿子对小蓝和小黄的喜爱超乎我的想象。既然如此,那就趁热打铁,索性来个亲子DIY! 于是我们边讲故事边做了一本迷你版的《小蓝

推荐书目:
《小蓝和小黄》

《和小黄》自制绘本，在这过程中我们还玩起了水彩调色游戏，这回他对颜色的理解变得更加深刻了，并且还升级到组合变化的层面，比如三原色通过搭配还有可能变成小紫、变成小橙、变成其他的等等等等。

🌸 色彩游戏 DIY

看到儿子对色彩的兴致还意犹未尽，这更激发了我再给他延伸设计几款来自生活中的色彩游戏的动力，希望给他体会到同一类型的科学现象其实是存在于生活的方方面面。于是，变色陀螺、魔幻像素、彩色眼镜等主题活动新鲜出炉了。

变色陀螺：在陀螺表面粘贴蓝、黄两种色块，当陀螺高速旋转之后，奇妙的绿色就出现了。

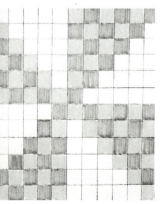

魔幻像素：模拟计算机屏幕上的成像原理，将三原色组合成多彩的图案。首先自制一张像素网，然后在格子单元里用蓝、黄两色画出一风车图案，最后把画好的作品拿到比较远的地方再观察，喔，风车仿佛变成绿色了。

"没想到吧，看了绘本之后，还有好多系列游戏可以玩呢！"这是我为自己的新点子在儿子面前进行的自我夸耀。可让我没想到的是，一次儿子在跟他的小朋友玩耍时，突然跑来跟我说了一句："我是小蓝，他是小黄，我们在一起玩就变成小绿啦，抱得紧一点，小绿好开心呀。"我不禁感慨起那次主题活动持久的魔力。确实，蓝色就像自己独自时的快乐感受，黄色则是另一个人的，而当两个小朋友在一起时除了分享自己的快乐外，同时还能获得另外一份不一样的快乐，这绿色其实就是快乐的交集呢。

由此看来，由绘本发散开去的主题联想、举一反三的游戏方法，还真是要比刻板的说教更有效，并且更能激发他们举一反三的思维活力，也更能让他们留心生活。

把绘本玩出花样来

自从在阅读和游戏之间架设了这座桥梁后，不仅儿子觉得更加有趣好玩了，就连我也觉得阅读的意义更加深远了，同时我仿佛跟着他一起又回到了童年。就这样，这种由绘本延伸开去的主题游戏，成了我在品越 3 岁之后带他经常开展的活动。

❋ 到影子里去做做梦

看到地上的影子了吗？他们都在想些什么呢？在《影子》绘本里，这些秘密好像都被爱幻想的小男孩斯温给看破了——灯塔想变成游乐场、骑自行车的小女孩想开上大飞机、小渔船想捕捉到一条大海鱼、动物园的动物们都不再想做自己了……这些都是真的吗？还是斯温自己的小心思？

儿子对这个怪异的故事还挺感兴趣，尤其是斯温最喜欢去的灯塔那一段，估计游乐场对于孩子的吸引力都是那么的不可抗拒。边看他还边模仿斯温，摸一摸墙壁，向墙壁问声"你好"，之后也装作很

自从在阅读和游戏之间架设了这座桥梁后，不仅儿子觉得更加有趣好玩了，就连我也觉得阅读的意义更加深远了。

推荐书目：
《影子》

179

惊讶的样子看看地上根本不存在的影子。想想也是,孩子不都这样嘛,喜欢幻想,喜欢做梦。挺好的,那就让他在影子里好好地做做梦吧。于是我们就有了可以玩的新元素了——影子。对影子的探索,将是一轮视觉体验哦。

环境:漆黑的房间,可以屏蔽干扰,让体验进行得更加专注,梦显得更加真实。

光源:手电筒。

梦1 一片幻想天地

材料:家中的菜篮子、丝瓜瓤

繁星点点的夜空让孩子无限遐想,品越也不例外,从小就喜欢抬头看月亮和星星,只是城市中的夜空没以前那么美妙了,好多让人憧憬的星空都是在绘本中看到的。不过今天的土方法——把菜篮子扣在电筒上,竟然给他造出了一片幻想天地,我们假装躺在柔软的草地上,假装在星的海洋里找到了北斗七星,假装看到了总是陪伴在月亮身旁那颗最亮的星。

接着我们还把家里的丝瓜瓤给照射了一回,继续幻想着:这是小狗球球家门口的那片长满荆棘的草丛,不知道里面是不是也藏着小刺球、小蚂蚱呢?

梦2 流光溢彩的世界

材料:半透明的彩虹杯子、小碗

我们用电筒把各种颜色的杯子依次照亮。通过照射,这些小杯子们立刻变得活泼起来,就像一盏盏

星空

草丛

漂亮的小夜灯,把单调的墙壁涂上了色彩斑斓的颜色。如果杯子更加透明一些,那整个房间都会变得流光溢彩。光这个简单的色彩切换,都让品越玩得欲罢不能,更不要说叠加组合了。

　　"我们再来个季节变变变的游戏吧!"他思考片刻之后,便挑出了四种颜色的小碗:绿、黄、橙、蓝,来对应各个季节的色彩,边照亮小碗边给我解释:"……秋天到了,这是冬天……"我笑了,看来色彩对于他来说是有意义的了。

梦3　颠倒行事的奇幻国

材料：任何人或物

我问儿子："你已经听说有的地方的人是摇头YES点头NO的，那你有没有见过会把上下左右全给弄得恰恰相反的人呢？"他很奇怪，跟我摇摇头表示不知道。"好，你坐着别动！"我在他的身后点亮了电筒，他的影子落到了墙上，我便开始命令道："影子影子，跟着我的电筒向上跳……哎呀，你怎么趴下去了？ 再来，影子影子，跟着我的电筒往左边跑……哎呀，你怎么又跑错方向了，那边是右边啦！ ……""呵呵，太怪了吧，影子怎么老是跑反呀！ 我来我来！"他抢过我的电筒，自己开始指挥起他的奇幻国来。"有意思吧，光和影子在做游戏呢！ 除此之外，你还可以通过改变电筒或者物体与墙之间的距离，来看看还有没有别的趣事发生。"只见墙上的影子一会儿变大、一会儿缩小，我们仿佛忽而来到了巨人国、忽而又掉进了小人国里一般，乐得他直呼好玩。

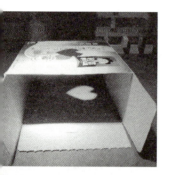

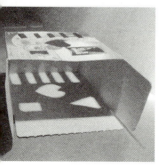

梦4　捕捉光的神秘盒子

材料：废旧纸盒、剪刀

"伸手试试看，你能把光给抓住吗？"他还真的在认真尝试呢，结果可想而知。"它是不是跟水一样，会从你的指间溜走？""对。""但你想想我们平时是怎么装水的呢？""用杯子、盆子。""是的，可以借助容器。要不我们也做个捕捉光的神秘容器吧！"

儿子好奇地看着我找来了家里的废旧盒子，用剪刀咔嚓咔嚓地剪出一个洞来，"是爱心！""是的，你拿电筒从上面照照看。……哇，我们竟然可以用盒子把光给抓住了，而且这光还是有形状的呢！"他高兴得还想抓住更多的形状，于是剪刀又咔嚓咔嚓起来，正方形、三角形、长方形……我们仿佛变成了形状捕手，把好些形状都给捕捉进了盒子，收获不错，心情也很不错。

做着梦的快乐小孩，一切都像往常一样，但又完全不同……之后的某一天，儿子突然提着他自己用海绵纸、扭扭棒和筷子一起捣鼓出来的"皮影"道具来找我，说是要上演一场"巨龙吞大海"的好戏，想请我来看大戏，就连戏票都给我准备好了。不得不说，这是儿子给我的意外惊喜了。

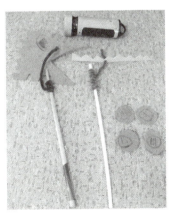

🌸 吹气国王鼓起了腮帮子

这个吹气国王真厉害，他可以让可可别太烫、让洗澡水降温、让蜡烛熄灭、让脸蛋儿不再红……这次，我们读到的是一本把"吹"这一行为描述得非常多样有趣、能让孩子了解风的作用的绘本——《吹气国王》。

在读的时候,为了形象地让儿子感受到风的力量,我拿起他的小手,在他手心上小心地吹了一口气,小声跟他说:"这是风宝宝,它只能把烟给吹散了。"接下来再用中等力气,吹出了"能带动叶子跳舞的风妈妈",最后这一口最用力,"能把小猪的房子都给吹跑!"他马上乐呵呵地说道:"是风爸爸呀!哈哈哈哈,真好玩!再来再来!"

看到他高兴的样子,我的设计热情顿时又开始涌动了。何不利用家里的物品来拓展几种吹的游戏,并且让他们比比赛呢。

专场1　泡泡

材料:矿泉水瓶、洗洁精、水、吸管、皮筋

我指导着品越,让他自己操作完成。方法很简单,却非常容易讨好他,他还乐此不疲地摆弄了好久。

比大小——先把洗洁精和水做成泡泡水备用,再把家里喝完的矿泉水瓶拦腰剪掉一半,用上半截,工具就大功告成了!"沾点泡泡水,吹吹看吧!而且头尾对调后,比比看哪边吹出的泡泡更大?"

比多少——同样的半截矿泉水瓶再准备一个,把吸管剪短后用皮筋扎成捆,塞入瓶口,沾水后就可以与之前那个比试,看看哪一个一次性吹出来的泡泡更多!

专场 2　球球

材料：电风扇、乒乓球、海洋球、圆气球、塑料袋

我家的电扇比较独特，脑袋可以抬起来直接吹向天花板，于是我们就利用它吹出来的风做个跑道，让家里的一些小球到上面跑一跑，比比谁厉害。

比高低——"乒乓球、圆气球齐上阵，塑料袋竟然也来赶场。结果乒乓球怎么滑行都升不了空，塑料袋也因赶得太匆忙，没保持好平衡飞跑了，只有圆气球最稳当，不偏不倚悬在空中刚刚好！"

比快慢——"两个乒乓球和一个海洋球上场了，谁知今天海洋球心情不大好，直接跑偏不干了，就剩下两个乒乓球狠命地围着圆形跑道你追我赶，遗憾的是这是一场没有终点的比赛，它们俩终于意识到被我们忽悠了。"

听着我的解说，品越貌似明白了些什么。几天之后，他竟然自创了一幅很有意思的画作给我欣赏——"被吹到云层里的苹果群"。看来吹气国王还没回家，一直都住在他的小脑袋里。

感动于绘本里的生与死

推荐书目：
《霸王龙》

宫西达也的《霸王龙》绘本作品，是品越 3 岁半时最喜欢的绘本系列，但在我初次呈现的时候，光是看到封面深暗的背景及凶恶的霸王龙形象时，这本书就直接被他给拒绝了。可冲着高评价的份上，我还是劝说他就坐得远远地与我一同鉴赏一回。就这一次，不可思议的变化来临了："这故事太好听了，我好喜欢小翼龙！"甚至在当天睡觉的时候都舍不得放下这本书，一定要用他的小手抚摸着。

接下来我们陆续把这一系列的其他绘本也都借了回来，虽然结局都稍显凄美，可是里面传达的一种温情让孩子产生了共鸣。正因为这套书，让儿子对"分离""去世"开始有了概念，他时常担心地问我："妈妈，人都会去世吗？"……"那你也会去世吗？"……"我不想要你去世！"……"那要不我们一块儿吧,这样我们一家人就不会分开了!"……儿子对我、对家人浓浓的爱在他的疑虑中表露得一览无遗。他成长了,对分离、死亡、爱有了更进一步的概念。

一部绘本,这么读着读着就感动了。可对于恐龙这个遥远的形象,我还是希望能将它与我们的生活找出些联系来,让它更加饱满、更加立体地呈现给儿子。于是几项好玩的恐龙主题体验类节目随之开始了。

可对于恐龙这个遥远的形象,我还是希望能将它与我们的生活找出些联系来,于是几项好玩的恐龙主题体验类节目随之开始了。

现实中的恐龙:春节旅游过年,我们到了恐龙之乡——四川自贡,去恐龙遗址博物馆里看了一场大型的恐龙化石群展览。被众多恐龙包围着的儿子仰头看着,嘴里说着:"以前真的有恐龙呢……好些恐龙都是大块头,小翼龙跟他们比起来真是太小了……妈妈,世界上的恐龙真的都死了吗……"亲眼目睹后的品越已经无比相信霸王龙故事的真实性了,同时也感觉得出他更希望从我这儿得到恐龙没死,只是在某一个我们不知道的地方生活着的美好答案。

戏剧里的恐龙:非常巧合,在返程之后,我们又有机会去看了一场霸王龙绘本人偶剧《你看起来好像很好吃》。这不正是他日思夜想的嘛。不出所料,鲜活生动、充满着爱的恐龙们再次把品越给摄服了,整场下来他是全情投入、目不转睛。最后是在回家路上他才开始提出最关心的问题:"后来,小甲龙为什么要一直不停地跑向另外一座山呀? 那霸王龙呢? 他为什么不去?"戏剧里浓浓的爱、深深的情再次挑动起儿子的心弦,同时也让他努力地理解着别离。

手底下的恐龙：一回到家他就拿起笔画起来，一边画还一边念叨着："把看到的画下来，把想记住的画下来……"就这样儿子首幅"神似"的胖子恐龙画像面世了。

我也现学现卖，把刚看到的恐龙道具给他"山寨"了一个，而他这个小助手呢，当然闲不住，兴致高昂地"我来！我来"，小剪刀一番咔嚓咔嚓之后，恐龙的脑袋、身子、爪子都配套齐全了，"我们把小甲龙带回家咯！"儿子的爱不释手就是对我们手艺的赞赏有加，连着好几天从幼儿园一回家就寻找出来戴上，还趁着人偶剧的余温跟爸爸热热闹闹地演起了对手戏。哪怕到现在，道具已经被玩得破破烂烂了，可他依旧舍不得扔掉。

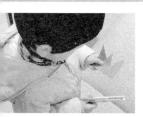

在绘本的世界里继续玩下去

"妈妈，我们今天讲5个故事，好吗？""再讲一个吧，我还想听！""故事时间咯，我先自己看一遍，妈妈你再讲！"……翻动书页，成了儿子每天都很期待的活动、成了一种很自然的习惯。

"我正在设计一栋100层的房子，旁边还要种上一棵苹果树呢。""我也做了个像贝贝熊那样的大红风筝，待会儿就拿出去放放吧。""我知道大海为什么是蓝色的了，因为海底有一台超大的蓝色投影仪。"……爱上阅读之后，儿子的生活多了许多的乐趣，也多了许多的想象。

回顾这几年与儿子共度的阅读时光，真是无限的美好，绘本在我们的生活里从无到有、从困惑到明朗、从阅读到延伸……这一系列的变化，在向我证实着绘本是可以拿来好好玩一玩的大玩具，在它的身上我们可以找到种种好玩的理由、种种好玩的可能——它既可以听、看，也可以做游戏玩，甚至还能有多种体验……这一路玩过来，还真是越玩越宽阔、越玩越生动、越玩越好玩了！

绘本是可以拿来好好玩一玩的大玩具，在它的身上我们可以找到种种好玩的理由、种种好玩的可能。

创办"悦读坊"的初衷，本是想凭借自己对绘本的兴趣，带领家长们一起培育"喂故事书长大的孩子"，从没料到，走着走着，自己也成为被带领的受益者。来自不同行业、不同性别、不同家庭的家长们,进入绘本世界后,不仅在每一次的赏析讨论中拓展了我对亲子阅读的理解,更常常创造出独具匠心的阅读天地给予我诧异和欢喜。品越妈妈就是其中最棒的成员之一。

作为设计师的她,在一次早教活动的阅读分享中,敏锐捕捉到绘本阅读与游戏有机结合的可能性后,和品越开始了持续不断的游戏开发,读来叹为观止。

这些游戏的设计源于绘本,或模仿,或迁移,或创造,每一个游戏都如此好玩、可操作、很梦幻。

游戏是好玩的。一本《小蓝和小黄》之后,对色彩的探究淋漓尽致,模仿自制迷你本,大玩水彩调色,转起变色陀螺,高科技制作魔幻像素的彩色风车,看着都是眼花缭乱。可贵的是,这样的游戏丝毫没有减弱绘本内涵的力量,你听品越在说:"我是小蓝,他是小黄,我们在一起玩就变成小绿啦,抱得紧一点,小绿好开心呀。"

游戏是可操作的。翻检品越妈妈的游戏材料筐,全是唾手可得的日常用品、废旧物。丝瓜瓤、手电筒、洗洁精、小碗……真是没有想不到,只有用不到。所有这些,如果你愿意,都可以找到。

游戏是梦幻的。在品越妈妈的游戏里,似乎在衍生一个个新的故事,充溢着童话的色彩。你看,他们母子在造出的一片"幻想天地"里,"假装"躺在柔软的草地上,在星的海洋里,找到北斗七星,看到明月边上那最亮的星。即使是比快慢的科学小游戏,她的旁白也是——"两个乒乓球和一个海洋球上场了,谁知今天海洋球心情不大好,直接跑偏不干了,就剩下两个乒乓球狠命地围着圆形跑道你追我赶,可遗憾的是这是一场没有终点的比赛,他们俩终于意识到被我们忽悠了,哈哈哈哈!"

不瞒你说,当读到品越提着他自己用海绵纸、扭扭棒和筷子一起捣鼓出来的"皮影"道具要上演一场"巨龙吞大海"的好戏时,我由衷地赞叹了：正如品越父母自己的期许，书籍当真成了"孩子触摸世界的途径"、"成长过程中的快乐源泉"。

而究其根源，我们需要看见绘本在使用过程中，园所、老师和家长创造性的表现。绘本阅读已不再是一个独立的静态表现，而成为一个探索的契机与游戏过程的一部分。品越妈妈，带着品越在绘本阅读的基础上，游走于科学、艺术、戏剧和想象之中，在游戏中感受，在乐趣里收获。

事实上，即使绘本阅读和游戏是并行的两个领域，但因为品越妈妈的创造实践，它们在品越的童年生活中，已经具有了最本质的共同属性——有趣好玩、快乐自主、自由开放、富有想象、充满创想。因为它们，我们不仅见证品越当下的幸福，甚至能想象品越未来的模样——一个有趣的丰富的爱书人。

阅读这件事，其实，真的，可以"一千个人，有一千个哈姆雷特"。

张　燕

从对文字的敏感导向对图画的观察和想象

自述者 孙 莉(8岁家家的妈妈)

家庭档案

　　家家是个聪明顽皮的小男孩,爸爸和妈妈都是热爱阅读的新上海人,也很重视孩子的教育。家家对文字敏感,走在马路上喜欢认路牌上的字,3岁上幼儿园前识字量就超过200字。正是因为对文字的敏感,家家不喜欢阅读只有少量文字的绘本,只喜欢玩贴纸、迷宫、找茬之类的游戏书。即使阅读绘本,他的关注点也全部在文字,不爱看图片,甚至要求父母讲绘本的时候要逐字逐句地读,不能发挥。

亲子阅读 Tips

★　家家上幼儿园后,妈妈坚持参加幼儿园的悦读坊活动,并按照园长指导的方法引导孩子的绘本阅读。

★　在幼儿园和家庭的共同引导下,家家渐渐地不再排斥绘本,再通过无字绘本的阅读,不再局限文字带来的乐趣,开始在图画的世界里徜徉。

★　如今家家已经是一个小学3年级的学生,绘本的阅读不仅让他爱上阅读,也让他的观察力和想象力更能适应学科教育的要求。

绘本不再"讨厌"了

2010 年 9 月,家家上幼儿园了。重视亲子绘本阅读的幼儿园,给我和家家打开了亲子阅读的大门。我在听了园长的讲座后,一直努力引导家家阅读绘本,可家家并不领情,他很喜欢听妈妈讲故事。但如果自己看书,还是最喜欢看游戏类书籍,什么贴纸的、数学题、找不同、小侦探之类的,带他去书店挑书,他千挑万选选中一本奥特曼的书。幸运的是,2011 年 9 月,"悦读坊"成立了,园长带领一群热衷亲子阅读的家长们开启了新的征程……

第一次参加悦读坊,我仿佛进入了绘本的海洋,也猛然发觉原来讲故事也是有学问的,不同的年龄段、不同性格的孩子需要不同的方法去引导。回家后,我就立即付诸实践,尝试用新的方法给家家讲故事。

我先告诉家家,妈妈去学习怎么给家家讲故事了,你要不要听。家家一听很有兴趣,可等家家发现我找出来讲故事的书是绘本书,他就没兴趣了,他说这本书看过了。于是我要求家家讲给我听,刚讲了两页家家就没兴趣了。家家说字太少了,没意思,我换一本吧。然后自己去找了一本字很多的故事书,先读了一个故事给我听,然后挑了两个故事让我读给他听。看来,要让家家愿意看绘本、喜欢看绘本,需要下点功夫,按照园长的指导挑选合适的绘本。

原来讲故事也是有学问的,不同的年龄段,不同性格的孩子需要不同的方法去引导。

第二辑 怎么读?

193

在陆续选购了一些符合家家年龄段的经典绘本后，2011年10月，"悦读坊"的活动继续开展，我又学到了讲绘本故事的一些基本技巧。以前在给家家讲绘本之前，并没有认真地做过文本分析，有时候随手抽一本，有时候家家自己选一本，实话说我自己都没有看过。试问在完全不了解一本书的情况下，如何能讲得引人入胜，我可算知道为什么家家越来越不爱听故事书的原因了。不过我工作忙，没时间做太多"功课"，先挑的都是悦读坊园长老师分析过的那几本绘本给家家讲。

首先选的是安东尼·布朗的《我爸爸》《我妈妈》。这两本书的主角是孩子最亲密的爸爸妈妈，文字不多，但色彩丰富，图画内容有很多有趣的关联和对比，如果好好引导，可以让孩子感受到父母的伟大和无私奉献，学会感恩。

亲自阅读时，我先拿来了《我妈妈》。家家一看，就说这本书看过的，"我要看《我爸爸》，《我爸爸》里面那个爸爸是这样做鬼脸的"，说着家家就把食指放到嘴里比画起来。我一听虽然不太开心，但是也认为家家很有眼光，因为《我妈妈》是《我爸爸》的续集，专家评论不如《我爸爸》那么成功，但是我有点小小的私心，想先给家家说《我妈妈》。后来我们商量好两本都讲。

我先给家家读《我妈妈》。我先把书放在膝盖上，两只手学着封面妈妈的样子做了个鬼脸，问家家像不像。把家家一下逗乐了，说"像的"。然后我翻

推荐书目：
《我爸爸》
《我妈妈》

开了封面,问家家:"家家你看蝴蝶页上有什么?"家家就说有小花、小草……我问家家:"那你觉得这是书里的什么东西呢?"家家说不知道。我说那我们就来找找看。然后翻到了书名页,书名页上有一颗大大的爱心。我问家家为什么有一颗爱心呢? 家家嗫嚅着说:"爱心是不是代表妈妈?"我抱着家家亲了一口,说:"爱心代表我永远爱你。"家家也把头轻轻靠在我胸前,说家家也爱妈妈。

然后我们翻到第一页,家家一下子就发现了蝴蝶页的秘密,说"我找到了",蝴蝶页的花是妈妈衣服上的。他迫不及待地翻到蝴蝶页,确认了他的发现,然后又翻到封面看了看。第二页开始,家家说"我读给你听吧"。第二页妈妈是个大厨师。每次我做了家家爱吃的东西时,家家也会大声说:"哇,你比饭店的大厨师做得还好吃呢!"我听了总是笑得眼都没了。后面每一页家家都会一边读,一边拿书里的妈妈来比较一下,不过只是在心里默默的比。看到一张大沙发的时候,我问家家:"沙发怎么会长脚呢,沙发怎么会是妈妈呢?"家家有点迷糊。我把书合起来放到一边,把家家抱在我腿上坐着,然后问他:"现在知道妈妈为什么会是沙发了吗?"家家笑着说"知道了"。然后我就让家家坐在我腿上继续读书。说到倒数第二页的时候,家家没有翻最后一页,而是大声地说:"妈妈也爱我!"然后我很配合的抱着家家轻声说:"永远爱你。"

接下来读《我爸爸》,先是发现两本书的作者都是一个人，叫安东尼·布朗。翻到蝴蝶页的时候，家家不等我问，就说这是爸爸衣服上的图案。只是不太明白为什么书名页上爸爸的图案印在了一片面包上。我说"因为爸爸挣钱，你才有面包吃呀"。爸爸一会儿变成马头，一会儿变成一条鱼。我问家家这条鱼是谁，"是爸爸呀，这还用问吗？"我问家家："你怎么知道是爸爸呢？"家家说："因为它穿着爸爸的衣服呀。"呵呵，这可难不倒家家。看到爸爸跳舞的那一页时，家家问我说："为什么家家爸爸不会跳舞呢？"我说："爸爸会的，只是没机会跳。"最后家家和上一本书一样，大声地说："我爱他，而且你知道吗，他也爱我！"我还是亲了亲家家，替爸爸说"永远爱你"！

亲子共读的成功要归功于事前对绘本的详细分析和领悟，再加上对孩子的了解。

这两本绘本的阅读比较成功，这要归功于事前通过悦读坊对这两本书进行了详细的分析，对于里面的图画及故事的深意都有了全面的领悟，再加上对孩子的了解，找出孩子可能感兴趣的点。要做一个好的"故事妈妈"，可不能是懒妈妈！

绘本也能做游戏

2011年11月，经过一个多月的坚持，家家已经慢慢接受了绘本，可还不是他的首选。每次我给家家买书，家家都很开心，最喜欢问："什么书什么书？游戏书还是故事书？"每次我回答游戏书的时候，家家的眼睛一亮立即笑成月牙了，如果说是故事书，家家会有点小失望，不过还是开心的，故事书也有意思的，就是太短了，一会就看完了。

还好我在悦读坊学会了怎么用绘本玩游戏。

🌸 丈量游戏《一寸虫》

星期六晚上睡觉前我说早上去幼儿园了，跟园长老师学了一个方法，能让故事书变成游戏书。"啊？还有这么好玩的方法吗？"听我说书要明天才能送来，家家都有些迫不及待了。

推荐书目：
《一寸虫》

星期天吃完晚饭，我说家家我们来做一条小青虫吧，家家说好呀。然后我拿来一把尺子，家家奇怪地问："为什么做小青虫还要拿尺子呢？"我说我们要做一条一寸虫，只有一英寸长，所以要量好，还说一英寸是2.54厘米。什么厘米呀、英寸呀，家家都不明白是什么意思，他一脸疑惑地看着我又是画又是剪的。硬纸板小青虫做好了，我说："家家我们来开始小青虫的旅行吧。"然后就变魔术一样拿出来一本书（快递叔叔送来的时候，家家正好没看到，发现一本没看见过的书他非常好奇）。"啊，原来这本书叫《一寸虫》呀！"家家一下子就看到那条小虫在哪里了，我还问家家有没有找到小虫，家家说早就发现了。然后我就拿着我们自己做的一寸虫开始读书了。

每一页家家都用最快的速度找到一寸虫，原来一寸虫可以量东西，它量了知更鸟的尾巴，火烈鸟的颈子，苍鹭的脚，雉鸡的尾巴……，家家也用做好的一寸虫一个一个地量起来，家家发现知更鸟的尾巴只有 4 寸，不像书里写的那样有 5 寸。家家发现火烈鸟的颈子是最长的。家家发现苍鹭的脚和巨嘴鸟的喙是一样长。我发现原来家家还完全不会首尾相接的测量，虽然在天才宝贝学过用脚测量墙壁到桌子的距离，不过用一寸虫来量东西还是不太会，我借了一个手指给家家，帮家家确定好上一次量的点，家家就可以量了。

不过到书的最后，一寸虫怎么量夜莺的歌，量着量着就不见了踪影，家家有点不太明白，其实我第一次看这本书的时候就觉得小孩子不一定能明白，后来我又给家家读了夜莺那一页，说一寸虫想的一个好主意，不是量歌的主意，而是逃命的主意。这个一寸虫还真挺聪明的。

书讲完了，我问家家有什么想法，家家问我："你为什么不用彩泥来做小青虫呢？"我说："对呀，彩泥做出来的小青虫软软的，更像小青虫了。那我们就用彩泥再来做一条吧。"家家说："可是我只有深绿色彩泥，没有青绿色。"我说不要紧，就用深绿色做好了。家家开始做一寸虫，可是我只给家家一点点彩泥，这怎么够呢。我说你先试试看，并且拿硬纸板小青虫给家家比样子，没想到一寸虫这么小一丁点，一点点彩泥就够做一寸虫了。

《一寸虫》这本书的阅读，从做手工入手，一边阅读一边玩测量游戏，孩子有很强的参与感，还学习了首尾相接的测量，对数和量的概念有了感性的认识，故事的结尾也出人意料，让孩子回味无穷。有了一

阅读《一寸虫》，从做手工入手，一边阅读一边玩测量游戏，孩子有很强的参与感。

寸虫的经验,我刻意找了一些有趣的可以玩游戏的
书给家家看。

❀ 寻找游戏《约瑟夫有件旧外套》

《约瑟夫有件旧外套》也是一本有趣的书。当我
说这本书也和《一寸虫》一样,可以做游戏时,家家一下
子就特别有兴趣。听下来也确实很有意思,约瑟夫的
外套一次次的变化,都很有意思,每次变化的时候家家
都忍不住把有洞洞的那页翻过来翻过去好几次,手也
要在洞洞里面抠几下,觉得这个洞洞真的很神奇的,怎
么一下子就变了呢,有意思。书的最后有一首歌,我不
识五音只能当儿歌念给家家听。念完以后,我问家家:
"你记得住这件外套是怎么变化的吗?"家家说:"当然
记得住。"我说:"那儿歌里面少了一种变化,你发现了
吗?"家家立即回答:"我知道,是少了手帕。"我一下子
愣住了,本来以为很难发现的,准备回顾一下书的内
容,前后对比一下,没想到家家一下子就回答上来了。
我愣完了,抱着家家亲了一口,夸家家很厉害呢。

后来我们还陆续读了一些有趣的绘本,例如读
《好饿的毛毛虫》时,我在淘宝搜到一条手掌大小、和
书中一模一样的毛绒玩具,陪伴我们一起阅读,孩子
不知不觉中爱上了绘本阅读。

图画比文字更丰富,看图读懂故事

家家虽然逐渐接受了绘本的阅读,但仍然非常

推荐书目:
《约瑟夫有件旧外套》

专注于其中的文字，我读错一个字或者演绎发挥一下，家家都会及时的"纠正"，图片反而不喜欢仔细看。通过《大猩猩》这本书的阅读，家家才真正开始接受图画所蕴藏的丰富世界。

为了不断提高亲子阅读的水平，给家家读《大猩猩》前，我在悦读坊学习的基础上，自己好好读了一遍大猩猩，并且全程录音，下面的文字就是根据录音整理的详细记录，真实再现阅读的全过程，也帮助我更好引导家家的阅读。

家家自己先翻看了一遍《大猩猩》，然后我陪家家看。开始之前，我说我们要玩一个游戏，数数每一页有多少只大猩猩。爱游戏的家家一听就很有兴趣。

我指着封面上的书名，一字一顿地说"大、猩、猩"，家家也跟着我念，然后作者名，都是家家跟着我念，念到翻译的时候家家抢到我前面，先念了"翻译"，呵呵。然后我问家家："封面有几只大猩猩呀？"家家一只一只地数给我看，除了那个最大的大猩猩，还有后面的后影里有两个小小的大猩猩的影子。我说："这里还有一只大猩猩。"家家愣了一下，仔细一看，然后大叫起来："妈妈，那是安娜！"我说："啊，是安娜呀？妈妈还以为是大猩猩呢。"

翻到蝴蝶页，我说，蝴蝶页是家家最喜欢的蓝色呀。看到大猩猩和安娜亲吻的图片，我问家家："亲吻表示什么呀？"家家大声地说："爱！"我说："那么安娜和大猩猩亲吻表示什么？说明她很爱大猩猩对吗?"家家回答:"对!"我说你看安娜很开心地在画大猩猩。家家说:"哇,这里有 3 个,4 个大猩猩。"我说:"安娜喜欢大猩猩,她看有大猩猩的书,看有大猩猩的电视,还画了很多的大猩猩。"家家一看书上写的是"许多",就纠正我。我赶紧改成了"许多"大猩猩。然后我接着说:"但是她从来没有见过一只真正的大猩猩。为什么呢?"家家说:"她爸爸没有时间带她去动物园看大猩猩。"我接着说:"请他做什么他都没时间。那么爸爸在干嘛?"家家被画面的氛围感染了,语气有点低落的说"看报纸"。我紧接着问:"家家都要不开心了,家家觉得安娜也肯定不开心。因为没有妈妈陪她,爸爸也不和她说话,所以在家里不开心是吗?"家家说:"不开心,他爸爸就好像大猩猩。不过头发像妈妈。她爸爸真奇怪,头发黄晶晶的。"我问家家:"你喜欢这样的爸爸吗?"家家回答:"超超超超超超不喜欢。"

　　我继续读书。安娜得到一份大猩猩的生日礼物。家家指着一个地方说:"你看怪兽。"我说:"这是安娜画的大猩猩,你看连楼梯的扶手上都是大猩猩,台灯的灯罩上还有一圈大猩猩。"我指着变得像房子一样的大猩猩问家家:"你看大猩猩在看什么?"家家说:"安娜。"然后我继续指着醒过来的安娜问家家:"你看大猩猩多大,安娜多小呀! 你看安娜是不是吓着了?"家家没有回答,但是表示了抗议,指着旁边的文字质问我:"你根本就没讲,你看这里都没讲。"我只好先把文字读给家家听,读到大猩猩穿上爸爸的大衣大小正合适，我又开小差了。我指着台灯上的大猩猩问家家，是不是跟刚才台灯上看到的大猩猩姿势一样。家家回答不一样。我说台灯上的大猩猩也替安娜开心呢。然后我叫家家看看门有什么奇怪的地方，家家没有发现，但是家家发现了门边上的开关是一个开心的表情。在我的启发下，家家发现这个门居然两边都可以开。然后家家发现了门外面的树的影子也像大猩猩的脸，我表扬家家观察的仔细。

又翻过一页。我读到大猩猩把安娜抱起来，我也把家家也抱起来，说："你看大猩猩是怎么去动物园的，从树上荡过去的。你看旁边的小猫什么表情呀。"家家再次抗议，要求我不要天马行空，按照文字读给他听。我读完文字后，家家才肯跟我说画面上的小动物们。尤其是那些黑影，可以变化出好多的动物。我说："你看这黑色的影子变化真多呀，所以你看《逛了一圈》要用黑白来展现，变化是不是很多？"（当时看《逛了一圈》，家家表示不喜欢，因为是黑白的。）

然后我又开始发挥了，说的虽然和文字的故事差不多，但是并不是完全一样，家家及时提醒道："哎，妈妈，这里。"我只好再回到文字上。读完这段文字，我也表示抗议了："家家为什么要照着文字一字一句地读呢，只要看懂图片上的故事就可以了，下次我们还可以不看文字自己来编故事。"家家不太情愿地说"好吧"。然后我和家家做了一个测试，看看我和写书的人的想法一样不一样。我先用手挡着文

我和家家做了一个测试，看看我和写书的人的想法一样不一样。

字,问家家:"你觉得安娜是什么表情(安娜背对着家家)?"家家说:"开心。"我问:"那么这些笼子里的大猩猩是什么表情? 开心吗?"家家说不开心。我接着问:"那么安娜对着这些不开心的大猩猩会开心吗?"家家说不开心。我说:"来看看写书的人怎么说。书上的文字说安娜看呆了,没有说开心还是不开心。但是如果是你来写这本书的话,你就可以写安娜很开心。我们不一定要完全按照书上的文字去理解。"家家说:"那我不会写很开心三个字。"我说:"那你可以说出来,'很开心!'那这就是家家的书,家家看的时候就是开心。对吗?"

安娜又去看了动物园里其他的动物,我问家家:"觉得小动物们开心吗?"家家说不开心。我问家家为什么。家家说不知道。然后我叫家家看他们的嘴巴。问家家赵老师教他们画的开心的表情是什么样的。家家说开心的不开心的都画过的。然后家家对照了一下图画中的动物们,说好像他们都不快乐,我还模仿动物做了一个表情给家家看。我说看来写字的人和你看到的是一样的。

又翻过一页,家家又惊呼了一下。原来是大猩猩带着安娜去吃饭,好多好吃的哟。我说前面看过爸爸和安娜吃饭的,还记得吗? 家家回答是早餐在第一页,然后翻回到那一页。我问家家喜欢哪一页,家家指着大猩猩的这张说,家家喜欢这张。我问为什么,家家回答"因为这张有冰淇淋"。然后家家一样样把上面的食物说了一遍。我问家家看看除了吃的还有什么不一样的，家家说有樱桃墙。和爸爸一起吃饭是格子墙。我说樱桃墙让人觉得很温暖。那么格子墙呢。家家说"臭臭的"。

书讲完了，我问家家喜欢这本书吗？家家还沉浸在画面里，指着图片里一个一个地跟我说，这里有眼睛，这里有小船、垃圾筒……我问家家文字里写着吗？家家说没有。我问："那你怎么发现的？"家家说是从图片里。我说："哦，那看来图片里有比文字更多的东西。"

通过《大猩猩》这本书的阅读，让慢慢喜欢上绘本的家家又进了一步，不再对文字锱铢必较，发现了图画背后蕴藏的丰富世界。

没字的书也能读

推荐书目：《小老鼠》

2011年12月，家家在慢慢接受从图片里去发掘更多的信息后，为了提高家家这类孩子的读图能力，园长选了"无字书"作为悦读坊的主题，帮助家家实现了从只看字到不看字的飞跃进步。园长推荐的无字书中，我首先给家家读了《小老鼠》系列，不过可能家家读的时候年龄大了一点，虽然图画很有趣，但是比较简单，他很快就读完了，没有留下很深刻的印象。后来我推荐给低龄的孩子们，还是比较受欢迎的。

我总喜欢给家家买很多很多的书，所以很少带家家去幼儿园的绘本屋借书。后来我发现好书实在

陪孩子爱阅读

太多,家里已经快塞不下了,而且我希望家家通过借书能够更加珍惜书,所以开始坚持每周带家家去借书。第一次是我带家家去的,因为平时都是爸爸开车送家家,所以那个星期五家家很开心,一路上遇到徐老师、于老师,家家都让她们猜她今天要去干什么,没想到老师们都很聪明,一下子都猜出来家家要去借书了。

来到绘本屋,我随手拿起很多书,问家家"喜欢吗?"家家都没回答,我就让家家自己去挑选。可能我们来得比较晚,书不太多。家家挑了一会,突然看到一本红色的书,上面写着《海底的秘密》,一下子吸引了家家,家家很想知道海里面到底有什么好玩的东西,也没打开看,就借回家了。晚上回到家,一打开看,才发现居然一个字也没有的,心里有点失望,草草地翻了几下,就丢开了。我拿过这本书,自己翻了一遍,觉得故事很有意思,可要把无字书说给家家听,我还是有点心里没谱。讲故事的时候,家家一开始说这本书是没有字的,不想听。我说没字的书也可以讲呀,我们一起来看看海底有什么秘密。

虽然书上没有字,可是我却发现了很多有趣的东西,还问了家家好多的问题,家家也发现了好多有趣的东西。家家还发现了书上的一个错误:书的第一页沙滩上插着三把铲子,一把小的是红色的,两把大的是蓝色的。大的应该是爸爸的,小的是小男孩的。可是后面一页小男孩却拿着一把小的蓝色的铲子。我说家家观察很仔细,不过小男孩也可以借用

推荐书目:
《海底的秘密》

虽然书上没有字,可是我却发现了很多有趣的东西,还问了家家好多的问题,家家也发现了好多有趣的东西。

爸爸的铲子，或者他还有一把小的蓝色的铲子。家家虽然有些不服气，不过很快被那些相片吸引了，怎么海底有那么多奇怪的外星人，还骑着鱼，比海马还小的外星人好奇怪，海龟的背上还有城堡，还有机械鱼……还有一些相片全部都是拿着相片的人。我叫家家仔细看，才发现原来相片里的人也拿着相片，相片里的人还是拿着相片，原来每个人都是拿着相机拍的，很有趣，我带着家家数了好几遍家家才数清楚相片里到底有多少个人，最后小男孩自己也拍了一张，相机又到了另一个非洲小朋友的手里……我说刚才的小男孩也可能成为相片里的人，那么相片又多了一张。

因为星期五要还书，星期四的晚上我又陪家家看了一遍《海底的秘密》，尽管家家不是很愿意读无字书，可是想着明天就要还了，就同意再读了一遍，这次不全是我讲，我讲一部分，家家讲一部分，无字书的图片也是可以看出故事来的。

就在我困惑无字书的讲解难题时，悦读坊正好安排了《小红书》的阅读辅导，对我如同一场及时雨。

有一天我告诉家家给他买了一本新书，家家问："什么书呀？"我说："我也不知道叫什么名字，你自己看看。"我下班的时候带回来一本红色的书，封面上确实没有名字。不过家家发现封面和《海底的秘密》一样有一个奖章，不过《海底的秘密》是金色的，这本红书封面的奖章是银色的。家家好奇地打开书一看，开心地发现封面虽然没有名字，书名页上却清楚

这次不全是我讲，我讲一部分，家家讲一部分，无字书的图片也是可以看出故事来的。

的写着《小红书》，家家得意地说："妈妈我知道了我知道了。"

晚上家家洗好澡，我把书给家家，叫家家自己先看看，我去洗澡。家家自己翻开看，原来和《海底的秘密》一样，也是没有字的。家家看得很快，我还没刷完牙，家家就翻完了。他发现那个小女孩居然飞到书里面的小男孩那里，两人真的见面了。家家有点激动地大声叫我："妈妈，妈妈，那个小女孩和书里面的小男孩见面了！"我说："真的呀，好神奇呀，待会你给我说说他们是怎么见面的哦。"家家回答"好的"，然后把这本书一幅一幅讲给我听，我也偷了一回懒。

现在不需要我帮忙，不需要文字帮忙，家家也能看懂图画里的秘密了。后来，他还陆续看了《7号梦工厂》《疯狂星期二》等好几本无字书，都非常喜欢，还反复看了好几遍。

无字书是最考验读者观察力、理解力和想象力的绘本，没有文字的帮助，读者可以天马行空，每一个读者都会读出自己独特的版本，不同年龄段也会有不同的理解，回味无穷，有一种参与绘本故事创作的参与感，对于培养孩子的创作能力也不失为一种好方法。

经过一个学期幼儿园和家庭的共同努力，家家从"识字大王"变成了"读图小子"，提升了他的想象力和观察力，也为今后的学科学习打下基础。家家现在是一个小学三年级的学生，有这个年纪男孩子

经过一个学期幼儿园和家庭的共同努力，家家从"识字大王"变成了"读图小子"，提升了他的想象力和观察力，也为今后的学科学习打下基础。

的顽皮，也有不属于这个年纪男孩子的细腻情感，最难能可贵的是对书的热爱，在他几百本藏书里，看不到一本是污损破烂的，因为每一本书里都藏着他的"幸福"……

家家的阅读故事，与其他家庭的故事颇有些不同。一来，故事来自家家妈妈博客的一篇篇博文，原文都是用家家的口吻写就。在这儿，为了保持全书叙述口吻的一致，改成了妈妈的视角，可是，读来读去，家家都在那儿。二来，你会发现，它的主体部分其实就是针对几本书阅读的过程实录。

这其实是悦读坊的一大特点。当初，悦读坊每年面向全国家长公开招募会员的条件，就有这么一条：每月能用影像、文字或两者结合的方式记录孩子的阅读过程。我们想，定期的阅读实录，既能记录孩子与每一本书相遇时的个性化反应，也能通过系列的记录，发现孩子的成长轨迹，还能在家长的许可下，就实录进行集体的分享和讨论，以相互启发和借鉴亲子阅读的方法和策略以及孩子心理和能力的发展。

无疑，家家妈妈是认真的悦读坊成员。她的记录类似"事件记录法"，针对家家特定的从"识字转向读图的行为"进行了忠实的全程记录。由她的记录，我们可以看到：

家家开始觉得绘本"字太少了，没意思""然后自己去找了一本字很多的故事书"。

亲子阅读《我爸爸》《我妈妈》这两本文字不多的绘本，这一次，总算家家没有排斥，阅读比较成功。

《一寸虫》《约瑟夫有件就外套》等的阅读游戏后，家家爱上了绘本阅读。

通过《大猩猩》这本书的阅读,"家家才真正开始接受图画所蕴藏的丰富世界。"

最后,阅读《小老鼠》和《海底的秘密》后,"不需要文字帮忙,家家也能看懂图画里的秘密了。后来,他还陆续看了好几本无字书,都非常喜欢,还反复看了好几遍"。一学期后,家家从"识字大王"变成了"读图小子"。

五个小故事,清晰地呈现了家家是如何从拒绝绘本到爱上绘本,从只愿识字到爱上读图的转变之路,每一个小故事,我们都能看到最真实的孩子的表现以及妈妈的应对策略,具有很强的可读性和借鉴意义。实录中,妈妈尝试了猜测法、比对法、提问法、细节观察法、游戏法、戏剧表演法等,没有强制,只有耐心引导,没有一蹴而就,而是循序渐进,静待花开。

绘本阅读中,孩子喜欢识字,不愿读图,不仅是家家妈妈的困惑,也常常有其他家长向我提问同样的问题。图画,是绘本宝贵的资源,它和文字交相辉映铸造经典(无字书更是绘本的全部)。孩子读图,能培育观察能力、理解能力、想象能力、故事编构能力、审美能力等。我们期待,有更多的孩子爱读图,会读图,我们也期待,更多的家长如家家妈妈一样,愿意为孩子持续记录下一个个亲子阅读的场景,假以时日,这些记录,将成为父母送给孩子宝贵的人生财富,见证生命发展轨迹,记录亲子之爱的动人瞬间,熠熠生辉。

张　燕

从幼儿园读到小学，从亲子阅读走向自主阅读

自述者　徐春红(8岁南南的妈妈)

家庭档案

南南,2008年8月生,2014年6月从锦绣博文幼儿园毕业,现乃堂堂正正小学生一枚,是一个既温柔又粗犷、既好动又专注的可爱男孩。

南妈,目前就职于某大型日资银行行政岗位。很努力工作、很认真生活的职场妈妈。追求平凡、宁静而有意义的人生路。

南爸,某财富管理公司就职。超级拼命工作的职场爸爸,工作之余两大乐事是读书和陪南南玩。

亲子阅读 Tips

★ 进入幼儿园之前,父母都只是凭感觉给南南读书,读什么样的书、怎么读,都没有特别讲究。只要读书过程是快乐愉悦的,"瞎"读也无妨。

★ 读书这样的事,最忌"强迫"了,不爱就不爱,也没什么要紧的,指不定今天不爱明天就爱了呢,阅读本是享受和乐趣,如果强迫,则本末倒置,得不偿失。

★ 进入小学，开始有了真正的作业，在孩子们基本适应了小学生活后，语文老师将"亲子阅读"列入作业清单中，这是多么深得人心而有意义的"作业"。

★ 小学里读的书，父母开始慢慢转型，大图字少的绘本慢慢向字越来越多、图越来越少的章节书发展，那些带着拼音和插画的经典故事，都成为刚开学时南南的首选，像之前那些中外经典图画书，把它们拿出来"老书重读"，别有一番滋味。

给孩子读书，我们的初衷再简单不过：帮助他养成读书习惯，送给他一个不会枯竭的快乐源泉，给他找一个永远忠实的朋友。想和他有精神上的交流，读书可以深入他的内心世界，和他一直保持共同的话题，不想将来被他甩太远。读书这条路，简单易行又丰富多彩，路在脚下，海阔天空。

婴幼儿期，自由"悦"读

和南南一起开始读的所谓"书"，都是那些色彩非常华丽的布书以及厚卡纸类印制的图画书，文字很少，上面画着非常可爱的动物、人物、交通工具、生活用品等等认知类的内容。每一次"读"书，南南都会坐在我怀里，听我指着图画告诉他这是"猫咪"、那是"狗"，这是"自行车"、那是"公共汽车"，好奇宝宝总是可以听得目不转睛。

1岁多那会儿，南南还不会真正说话，但是已经基本听得懂大人说话了。他最喜欢玩的游戏之一就是：我说哪个动物（东西、交通工具），他就乐呵呵地把它指出来，并乐此不疲。可能就从那时候起，"书"就进入南南的生活了吧。至少它是爸爸妈妈陪他玩的时候所用漂亮玩具之一。

推荐书目：
聪明豆绘本系列

南南正好满 18 个月的那一天学会了说整句话，接下来的他需要更多生动美好的语言的刺激了。和我们正式结缘的第一套图画书是以"爱"为主题的聪明豆绘本系列，这 9 本书，内容涉及友谊、爱、自我认知，甚至还有生命的逝去，每一本都用轻松幽默的文字和妙趣横生的故事以及充满想象的图画，将饱含哲理的话题娓娓道来，没有教条没有说理，却叫人爱不释手。南南也从此真正爱上了故事、爱上了书，爱得一发不可收拾。非常精彩的这 9 本书，在南南的要求下，由我或南爸念了无数遍，以至于各种桥段深入其心。

❀ **场景一**

我带着南南出去小区散步，走着走着迎面撞见一只"高傲"的猫咪，扬着尾巴一点都不怕人。我们母子俩停下脚步准备看个究竟，忽地只见南南张开自己的双臂，双手还做了勾爪状，脚下生风，并嘴里铮铮有词："你偷鸡蛋，吃谷子，追小鸡！我竖起耳边的羽毛，亮出锋利的爪子，展开毛乎乎的翅膀，像离弦的箭一样穿过鸡窝……"南南当时已化身为《猫头鹰喔喔呼》里的猫头鹰小侠，完全融入故事中了。

❀ 场景二

南南有一天半夜醒来再也睡不着。我只好抱着他靠在床上，闭着眼睛拍着他，想让他赶紧再次入睡，没成功，被要求讲故事。我闭着眼睛继续一边拍他一边嘴里念道："从前，有一只小猪，他晚上睡不着，觉得无聊极了，他就去找妈妈讲故事……"没有书，我已经能随口念出《小猪变形记》来，在反复念无数遍故事的过程中，我的编故事能力也随之突飞猛进。

❀ 场景三

有次我生病卧床不起，南南只能和爷爷奶奶待在房间外玩。南南想和我在一起，无奈几次都被奶奶拖拉出门。最后实在拗不过他，奶奶"警告"他："如果你吵到妈妈，就必须出来。"他则再三保证不会吵到妈妈，终于进了屋，爬到床上，见到我高兴至极，一边摸摸我的脸，一边温柔地关心："妈妈，你好点了么？你什么时候可以好啊？我来给你讲个故事吧？"我实在没多的力气理他，尽让他自顾自说去，只听得他学着平日里我跟他讲故事时抑扬顿挫的语气讲道："从前，有一只小猪的妈妈，她生病了。只能躺在床上，不能陪小猪玩。小猪觉得很难过……"不管那算不算是对于妈妈半夜抱他起来讲故事的"回报"，总之，我是被感动到了，以至于这样的桥段深刻在脑海里，即使隔了那么长时间才让此情此景跃然于纸上，却还是像刚发生过的那样清晰。

除了小猪的形象深入南南心中，那个阶段，他还会不经意地用喝完奶的吸管，一边假装咳嗽，一边说："我在学火龙爸爸抽烟呢！"他会拿着游戏用的"鸡蛋"，找来软布当"稻草"，把鸡蛋坐在屁股底下学小熊孵蛋。还会时不时学着小熊比利对着妈妈说"我爱你"。这些故事场景，均由南南即性发挥搬到生活中、游戏中，带给我们无穷的欢乐。

记得松居直老先生在《幸福的种子》这本书里写道：

念书给孩子们听，就好像和孩子们牵着手到故事国旅行，共同分享同一段充满温暖语言的快乐时光。通过念这些书，我已经在他们小时候，把一个做父亲想对孩子们说的话说完了。对一个人来说，什么是真正的幸福？活着的意义到底在哪里？一本又一本的故事书，用不同的方式已经把答案说得一清二楚了。

通过对于各种故事书的演绎，我和南爸深深感受到了：用我们温暖生动的讲故事的声音拥抱着南南成长，这是我们多大的幸福和财富啊！我常常在

用我们温暖生动的讲故事的声音拥抱着南南成长，这是我们多大的幸福和财富啊！

想,我们和孩子,到底是谁陪谁呢? 表面上,似乎是我们大人"牺牲"了所谓业余时间在陪孩子,可天知道如果没有孩子,生活将会有多无趣! 是他带给我们如此多的欢声笑语,是他陪我们消遣这无聊时光,是他让我们再次成长。

进入幼儿园,步入阅读正规军

和幼儿园的缘分起源于一次图书馆回家路上的偶遇,记得那是 2011 年 3 月下旬的某个周末临近晌午。那天幼儿园组织的对外开放活动刚刚结束,我和南爸带着南南误打误撞"闯"进宁静怡人的幼儿园。南南、南爸和我"兵"分三路"扫荡"幼儿园,一见到操场上还没有收起来的各种活动器具,南南早就一个人自"嗨"起来;我遇到的是当时的保教主任徐婷老师,当温柔年轻的徐老师介绍到幼儿园的"绘本特色",我的眼前一亮;南爸见到的是可亲可爱的张园长,聊的也是绘本阅读的话题。用"一见钟情"来形容当时我们三人对幼儿园的感觉一点都不夸张。

进入幼儿园之前,我们都只是凭感觉给南南读书,读什么样的书,怎么读,都没有特别讲究。只要读书过程是快乐愉悦的,"瞎"读也无妨。直到某天,南南还没正式入园,幸运的我第一次坐进了幼儿园的大教室里,聆听到来自张燕园长关于《阅读的力量》的讲座。这是我迄今听到过的最好的、也是最有影响力的讲座之一。在这个讲座里,我除了为之前

只要读书过程是快乐愉悦的,"瞎"读也无妨。

和南南的绘本互动找到了共鸣，似乎更进入到了绘本阅读的广阔天地：绘本阅读原来还会有这么多精彩，这么多妙不可言！从此，和南南的"悦"读之旅更加信心满满、游刃有余了。

❀ 读《小兔汤姆》，度过入园磨合期

推荐书目：
《小兔汤姆》

　　带着满满憧憬和祝福，南南正式步入幼儿园。免不了的磨合期，还好一路有好朋友"小兔汤姆"相伴。为了帮助南南顺利入园，我早早就把《小兔汤姆》系列绘本请回家里陪伴南南。记得 16 本小兔刚到家，就被南南要求一口气念完，最终结果是念完了 7－8 本，想起那时场景我内心还余悸未了：一个刚满 3 岁的小屁孩，津津有味地听我足足念了近 2 个小时。要不是我趁换书间歇"苦苦哀求"，不然真的会讲到没电。

　　入园第一周，南南还把《汤姆上幼儿园》装进小书包天天带到幼儿园。可能入园磨合期比较顺利，他很快就移情别恋了，以至于几次邀请他再读，都被他拒绝了。倒是对《汤姆无聊的时候》情有独钟。那是讲述下雨天不能出门玩、无所事事的汤姆抢了妹妹的玩具、挨了妈妈批评后独自以沙发等道具搭建了大船，并邀请全家一起"搭乘"的温馨故事。这本书南南倒是读了又读，最后索性在家开始自编自演：问奶奶要来大毯子，又偷偷取来了挂衣服的长杆子做成船的桅杆和帆，在船和岸连接的地方还设置了关卡，邀请我们上"船"的时候，不停地提醒我们要小

心。所以，"怎么读"这件事我们一直没有刻意为之，跟着孩子的步伐，他自会带着你"读"得好玩又有趣。

现在想来，南南天性中追求刺激、惊险和有趣的男孩子气质已经在那时候表现无遗。摸着他的气质继续慢慢"喂"他最好的故事书。真庆幸，在"绘本特色"的幼儿园里，到处都是最好的书，到处都是各路大师们的经典作品。这些书，不仅适合给孩子看，连我们大人都爱不释手，读了还想读。

🌸 读经典绘本，发现绘本的深度

成年人开始看到这套书的感觉，应该满是疑问和不屑：没搞错吧？这也算大师的作品？这么简单的画，那么难看的字，还这么贵！我始终搞不清奢侈品牌，可追随南南一路成长，却学会了如何鉴定好书和大师作品，而大卫·香农和他的作品肯定是！

人都是在别人的文字里读自己，这个"人"同样也包括孩子。南南在那个调皮捣蛋的大卫身上看到了自己的影子，大卫做的每一件事都令妈妈抓狂，以至于南南都看不下去了，读着读着他就会说："大卫，这样不可以！"可是就是这样调皮捣蛋的大卫，南南还是非常喜欢他，喜欢告诉大卫"那样不可以"，喜欢听大卫的妈妈说"大卫乖，妈妈爱你"。因为南南的妈妈也是这样对他的。

《一寸虫》是我们全家一起读过的最有趣、最有意思、印象最深刻的一本书，没有之一。作者乃闻名遐迩的李欧·李奥尼。这本书除了在家里进行了亲

第二辑 怎么读？

217

子共读之外，还是幼儿园"亲子阅读坊"的活动课题用书，是很多小朋友带着自己的爸爸妈妈和幼儿园的老师、张燕园长一起读的一本书。读书可以读得如此欢乐畅快、趣味横生，我们算是开了眼界。印象至深无以形容。以至于隔了很久之后带着南南去宜家买家具，临走正在找尺，他还追着问："我们做的一寸虫带了么？"而那只一寸虫也确实一直在我的包里，至今还在。

小班中班时的读书，留在记忆中最多的就是一种"嗨"的感觉。读书的特点基本还是一本绘本可以读好几遍。当然，随着南南的慢慢长大，越来越有自己的主意，就开始由着自己的喜好来听了，喜欢的还是可以不厌其烦地听，不喜欢的听过一遍再也不听。读书这样的事，最忌"强迫"了，不爱就不爱，也没什么要紧的，指不定今天不爱明天就爱了呢，阅读本是享受和乐趣，如果强迫，则本末倒置，得不偿失。

阅读本是享受和乐趣，如果强迫，则本末倒置，得不偿失。

进入大班，我"不要"读书

这个标题，不是博眼球，是真的！进入大班，南爸换了工作，变得超级忙，讲故事的活儿开始由我一人承担。根据我的经验和个人喜好，还是继续选择绘本阅读，我最喜欢的是李欧·李奥尼的那一整套书，画面精美至极，文字翻译也相当不错，上书架很久了，南南一直没有读过，可几次推荐给他，邀他一起共读，都被他毫不留情地拒绝了。选了其他的绘本邀他,还是遭拒。一时间摸不着南南的阅读兴趣。那一起去图书馆看看吧,那么多书,总有合适的吧。

两人来到浦东图书馆,正要带他往儿童图书区,又遭拒绝。

"我不借小孩看的书!"

"小朋友有小朋友专门的书,大人才看大人的书。"

"不行不行,我不要看! 我们还是去大人书那里吧!"

在如此强硬的态度面前,我招架不住,硬着头皮跟着南南去了三楼"大人图书区"。结果,那天南南挑了 5 本书,名字都很"响当当",反正我是被吓到了:《21 世纪日本海上力量》《世界武器库-轻武器》《世界军用飞机博览》《舰船》《王牌战机》。这几本书,图倒是也有,都是灰白黑主调的,字又小又密密麻麻! 作为女生,我表示对这类书举双手投降。内心一阵翻腾,二话没说,带着南南和书回家。

到家果然被要求讲故事,而且就讲刚才带回来的五本。我硬着头皮读,那滋味! 实在忍不住了:

"你觉得这些故事好看么?"

"好看呀!"

"可是妈妈讲不好,你自己看吧。"

"哎呀,妈妈你给我讲讲嘛!"

我最终还是拒绝了他,他没法,只好自己"看"。想象一下一个幼儿园的大班生,大字不识,竟然端坐在那儿"看"如此晦涩难懂的书! 这样的画面,是不是很好玩?

推荐书目：
《恐龙乐园》
《神奇校车》

后来我知道了，从小热爱飞机的南南，那时候他正痴迷于"乐高"，用乐高积木搭了一个又一个惟妙惟肖的飞机曾为我们赞不绝口。我有点恍然：他是在那些书里寻找各种飞机的样子么？

不爱"看书"日子里，时不时带回幼儿园的"作业"来，都是要求孩子把幼儿园听到的故事讲给妈妈听，并由妈妈记下来。承蒙这个作业，我听了好多南南讲的故事，都很有趣好玩。时不时翻翻那些记录，感动常在。尽管如此，南南在家还是不太爱阅读，仍然痴迷乐高和其他玩乐项目。这样的状态一直持续到《恐龙公园》以及《神奇校车》两套书的出现。南南又重返一本书要读好几遍的时光。好吧，阅读，快乐就好！

步入小学，"亲子阅读"变成了"作业"

走过忧伤的 6 月毕业季，南南告别幼儿园成了一名真正的小学生。进入小学前，没认过字、没学过写和计算，英语更是一窍不通，南南这样的"裸生"能适应小学生活吗？我曾有那么一点担心。可一想：听故事时专注时间那么长的孩子，一节课 35 分钟应该小菜一碟吧！新知识不懂？那就对了，南南这样的孩子，要全懂了还坐在教室里，不是给老师添麻烦么！开学第一个月经历磨合期，结果是我的适应能力没他好。

进入小学，开始有了真正的作业，在孩子们基本适应了小学生活后，语文老师将"亲子阅读"列入作

适应了小学生活后，语文老师将"亲子阅读"列入作业清单中，这是多么深得人心而有意义的"作业"！

陪孩子爱阅读

业清单中，这是多么深得人心而有意义的"作业"！于是，阅读真正地成为孩子每天必不可少的"正餐"，一顿也不能少。每天雷打不动地和南南坚持半小时以上的亲子阅读，真乃人生中一大幸事也！

❀ 自主阅读之惑

关于进入小学后的阅读方式，曾经一度困扰着我。在幼儿园大班的时候，周围已经有很多孩子开始自主阅读，进入小学后，老师更是把自主阅读的要求提上议程，但是南南还是很习惯听我念书给他听，根本不爱自己读。为此我又求救于张园长。张园长还特意找了她的专家朋友为我解惑，再一次打开了我的思路，让我不再为读书方式而纠结。

首先，不要因为步入小学后"自主阅读"的要求，而把继续读书给孩子听的美好变成一种不安或焦虑。松居直老先生为他的孩子们念书一直念到 10 岁左右，从不间断；汪培珽，那样一位致力于用故事书喂养孩子的资深专家，她的女儿直到小学二年级才真正开始主动阅读。孩子成长自有其内在时钟，自主阅读这件事不是赛跑，岂能以快慢论胜负。

其次，我们一般的思维都是用眼睛"看"着才算读书，其实不然，孩子一开始都是用耳朵来学习的，不能忽略了"听"的作用。所以，书为什么不能"听"着读呢！南南目前不擅长"看"书，可"听"书却是大爱啊。如此换位思考，马上豁然开朗，更加屁颠屁颠愿意为他继续念到口吐白沫。

孩子成长自有其内在时钟，自主阅读这件事不是赛跑，岂能以快慢论胜负。

最后，当然可以试一试帮助他自己读。

小学里读的书，我们开始慢慢转型，大图字少的绘本慢慢向字越来越多、图越来越少的章节书发展，那些带着拼音和插画的经典故事，都成为刚开学时我和南南的首选，像之前那些中外经典图画书，把它们拿出来"老书重读"，别有一番滋味。开学至今，和南南一起读了张乐平《三毛系列》的四大本彩图拼音版、挑战了《窗边的小豆豆》《没头脑与不高兴》《了不起的狐狸爸爸》等有意思的章节书。这些书，大多还是我念他听，慢慢地，南南也愿意和妈妈轮流念上一段了。他曾一度宣言："妈妈你要一直给我读书，读到我 100 岁！"他喜欢听，我喜欢读，何乐而不为呢。

自此，对于他什么时候开始自主阅读，我已经不再纠结。

在读书、爱书的路上和孩子共同成长

在有南南之前，我真的算不上一个爱书的人。30 多年间读过的经典，几乎屈指可数，说来令人汗颜。倒是南爸从小爱书，至少家里满满的书架上都是他读过的，平日里也爱读一些。即使这样，我也没被南爸熏陶到，他读的书，大多不是我的菜。

直到南南在我肚子里落脚，我开始关注自己身体出现的各种变化，急于了解这个小生命的生长动态，从此，大本大本的孕期指导书开始走入我们的生活，书也就开始和我真正结缘。

小学里读的书，我们开始慢慢转型，大图字少的绘本慢慢向字越来越多、图越来越少的章节书发展。

南南出生，我变成"问题妈妈"："为什么我的母乳不够吃？南南为什么睡觉这么少？夜奶为啥这么多？过了1岁母乳到底还有没有营养？……"我几乎是"恶狠狠"地啃完了小巫关于母乳养育的所有书，啃过德国实用育儿经典系列《每个孩子都能好好睡觉》、啃松田道雄的《育儿百科》……都是些令人豁然开朗的宝典，更是我的育儿好帮手。

接下来又出现"问题"南南：2岁多，他老是"打"别的小朋友，还总是"抢"人家的玩具；3岁多，睡觉时尿尿和夜尿控制不住……我又开始如饥似渴地啃上了孙瑞雪的《爱和自由》《捕捉孩子的敏感期》、李跃儿的《谁拿走了孩子的幸福》、胡萍的《善解童真》……

所谓"问题"，基本都在书里找到了答案。随着孩子慢慢长大，我又渐渐意识到：如果一味地只读育儿"术"，收获是有限的；和孩子一起成长的这一路，让我逐渐领悟：教养孩子，根本没有一成不变的方法和秘籍。潜心做个快乐幸福、内心丰富而强大的自己，就是对孩子最好的教育。于是，除了育儿书，我爱上更多更宽泛的书，我爱上了所有让自己成长、完善、快乐和感动的书，其中不乏和孩子一起念的图画书。慢慢体会到"三日不读书，便觉语言无味，面目可憎"这句话的真谛。

是的，因为孩子，我亦爱上读书，并再一次经历成长。哦，这种感觉真美好！给南南读书的时候，真想时间静止，那是我们静静地快乐相伴，心灵相通的

教养孩子，根本没有一成不变的方法和秘籍。潜心做个快乐幸福、内心丰富而强大的自己，就是对孩子最好的教育。

流金时光。当哪一天南南真的自已捧着书不再需要我念的时候,我会不会很失落呢? 我亦憧憬南南长大后的某一天,和他各自读完同一本书后,我们可以毫无保留地畅所欲言,交流碰撞各自的所思所想……希望那一天不要来得太快。

点评南南妈妈徐女士这篇手记是困难的,因为她流畅地、完整地讲述了与孩子到目前为止的阅读历程:从幼儿园读到小学,从亲子阅读走向自主阅读,全面而深刻,尤其以时间为序,点点滴滴,都是光阴的故事,清澈透明,选书的策略,书籍的内容,共读中的交流,幼小衔接的应对,等等,一目了然,完全不需要我的重复。

那,我该说什么呢? 读来读去,思前想后,觉得只能说上两点。我想,这两点,是我从这篇手记里看见的最宝贵的东西。

一是"适时适宜",在南南妈妈的文章里,她给出了南南自婴幼儿期开始的阅读路线图,这个"路线"很成功,每一单册或系列,都给了南南阅读的快乐与身心的成长,将南南带往阅读的彼岸。为什么会发生这么美好的事情,重要的原因当然是书的本身,印象很深的是南南学会说整句话之后,和他家结缘的第一套图画书——聪明豆绘本系列,其实,对这套书我也非常熟悉,因为其中几册,如《小海螺和大鲸鱼》《小房子变大房子》《女巫扫帚排排坐》等,同样是我女儿的心爱之书。的的确确,"这9本书,内容涉及友谊、爱、自我认知,甚至还有生命的逝去,每一本都用轻松幽默的文字和妙趣横生的故事以及充满想象的图画,将饱含哲理的话题娓娓道来,没有教条没有说理,却叫人爱不释手",在正需要爱与温暖的时候,这些讲述爱与温暖的书来到了南南手边,适时、适宜,既给了语言，也给了安全，还有更多的快乐。所以，爱上阅读的南南会一路顺当地读下来，直到写下手记的时间点：开学至今，和南南一起读了张乐平《三毛系列》的四大本彩图拼音版、挑战了《窗边的小豆豆》《没头脑与不高兴》《了不起的狐狸爸爸》等等有意思的章节书。

《学记》有言："当其可之谓时；不凌节而施之谓孙（逊）。"这是中国古代教育的"时序观"，从"聪明豆"到"章节书"，南南妈妈因材施导、循序而进，与此相承，可为更多人借鉴。

当然，说到底，除了书本身，更重要的还是那个"人"，是那个人适时地将适宜的书带给孩子，所以，我要说的第二点，就是"做学习的家长"，正是因为有不断学习的家长，才会有不断进步的孩子——"在读书、爱书的路上和孩子共成长"，这个方面南南妈妈用的笔墨不多，却是这篇手记关键之处，如果拿掉，并不影响对南南阅读经历的描述，但有了这一段，这个经历就更加饱满，这不是一个单向度的大人对孩子的灌输，而是孩子与在一起共同走过的有根有灵有魂的生活。有书自然好，但最好的，还是我们在一起，这一点，想来也不是我的无心之获，毕竟，从南南妈妈写南南入小学后的那些段落，分明可感觉妈妈对孩子的关注与帮助，在她的努力下，那时的"焦虑"也会成为生命中的滋养，从此再不纠结——而此事解决之道，就是始终在一起思考、尝试、实践。

说到这儿，我倒想起另一件事，就在最近，读到刘绪源先生（著名作家、儿童文学评论家，著有《文心雕虎》《美与幼童》等）一个观点，他说在幼儿期阅读了更多图画书的孩子，往往初入学时更难适应，但老师应能理解和鼓励这些孩子，因为他们未来有更大的发展空间。如此说来，像南南，如今应也二或三年级了，大可完全不必介意衔接时的起伏或迂回，他的未来，必定会有更大的发展空间，因为，他正是一个喂着图画书长大的孩子呀！

冷玉斌

225

从无感到沉迷，一位妈妈的绘本冒险历程

自述者　章　浩(3 岁安安的妈妈)

家庭档案

　　爸爸,来自人文氛围浓厚,耕读传家的关中,财经学院毕业的财务经理。

　　妈妈,来自书香门第、教师世家的岭南,工科院校毕业的企业经营者。

　　安安,家庭最小的成员,2011 年降生在这个星球上的小小外星人,热爱绘画、热爱舞蹈的单眼皮美女。

亲子阅读 Tips

★　爸爸认准了绘本,一条道走到黑。天天讲,周周讲,月月讲。绘本一套一套地买,很快买来的绘本无处安放,于是去图书馆借。慢慢的,爸爸摸索出安安的喜好和阅读规律,从大量的、泛泛的、一次性阅读变成一个月只精读 10 本的反复阅读。

★　看似简单的绘本里蕴含着作者深刻体验后表达的微言深义,至此妈妈才发现大大低估了绘本的力量。

★　通过复制,妈妈慢慢发现,大师的创作,越是简单,越见蕴含着功力的美。绘本各种不同的画风,天马行空的丰富

内容，像一个个大师，站在艺术殿堂的门口，领着充满了好奇心的孩子在每一本绘本里进行一次又一次的艺术之旅。

★ 一本又一本好绘本让妈妈慢下来、沉下心来，也终于喜爱上看绘本，感悟到了更多美好、更多有趣的事情，而不仅仅是为了孩子。

对绘本没有感觉的妈妈 VS 一心认准绘本的爸爸

我来自一个教育世家。书香似乎是血液的一部分，阅读则是生来就会的本能。还记得小时候，外公的书房里开架放了很多书，房间密不透光，每天只有下午 4 点后朝西的气窗会漏下一抹斜阳，静谧的空间里无数的尘埃在光柱里浮游。在那间书房，我从第一排书架缓缓游移到最后一排的阳光，看了一本又一本竖排繁体字的小说。从 4 点到日落的短暂时光，书籍禁锢了时间，引领我进入似水流年的长河，给我展开一个又一个单体生命难以企及的宽广丰富的崭新世界。

宝宝未出生，我就在思考：我能给予我的孩子什么？其实这个问题并不难回答，家庭的传承是如对阅读的喜爱，是我从自己的家庭中得到的，也是我想带给我的孩子的最好的礼物。

此鲜明，在我漫长人生的最初已如同烙印一样打在了身上——对阅读的喜爱，是我从自己的家庭中得到的，也是我想带给我的孩子的最好的礼物。

孩子出生前，我做了很多和阅读有关的准备，中国的、外国的、和育儿有关的、给孩子看的种种，我觉得我会成为一个让孩子喜欢上阅读的妈妈。然而众多的选择中，有看图识物，有认字，有国学开蒙，有做手工和画画，还有学数学，却唯独没有绘本的位置。因为当时的我并不理解绘本这样简单情节的图画书。

女儿安安来到世上，爸爸把绘本带到了家中。爸爸买了一套网上被众多家长推崇的绘本，然后开始给安安每晚讲故事。我翻看后觉得都是非常简单的小故事，的确适合孩子看。但讲讲小故事，孩子难道能比从学弟子规呀，学汉字呀，学唐诗呀，学数学的书里得到的更多？

一直以来，我的想法层出不穷，爸爸的想法则非常朴素。我想让安安学钢琴，爸爸给安安念绘本；我想让安安上逻辑思维训练课，爸爸给安安念绘本；我想让安安学舞蹈，爸爸给安安念绘本；我想让安安学国学，爸爸给安安念绘本……

慢慢的，爸爸摸索出安安的喜好和阅读规律，从大量的、泛泛的、一次性阅读变成一个月只精读 10 本的反复阅读。

爸爸认准了绘本，一条道走到黑。天天讲，周周讲，月月讲。绘本一套一套地买，很快买来的绘本无处安放，于是去图书馆借。慢慢的，爸爸摸索出安安的喜好和阅读规律，从大量的、泛泛的、一次性阅读变成一个月只精读 10 本的反复阅读。

安安成功地对阅读产生了喜爱。两岁多时的安安已经是吃饭时要听故事,睡觉时要听故事,缠着我们的时间里,首选就是讲故事。去图书馆犹如去游乐园一样积极,还学会了自己挑选图书。

渐渐地那些被我归类为简单的绘本赢得了爸爸的喜爱,常常会和我复述那些或者有趣或者温暖的小故事。他知道我不屑于看,但一直坚持,讲给他的女儿听,又在临睡前讲给我听。看他眉飞色舞的,好像挖到宝藏的孩子,我很想告诉他,我看过很多比绘本更美丽、更复杂的故事。但爸爸喜欢讲,我便支起一只耳朵听,然后,支起两只……

了解背后的故事,开始走进绘本的世界

我真正进入绘本的世界是幼儿园的悦读坊对一本李欧·利奥尼的《小蓝和小黄》的阅读。

这是一本讲一个来自黄色家庭的小黄和来自蓝色家庭的小蓝因为在一起玩,结果变成了绿色,回到各自家里都不被家庭所接受,后来两个小朋友哭啊哭,泪水解析成了蓝色和黄色,重新凝结,才各自回家,并被双方家庭接受和认可的故事。我一直以为这是个小蝌蚪找妈妈,找到妈妈就达到目的的故事。在园长妈妈的领读之下我从一个完全不同的角度看到了作者丰富的内心世界以及其备受磨砺的心路历程。

作者李欧·利奥尼是个移民家庭的孩子,在和

推荐书目:
《小蓝和小黄》

229

新居住地主流文化融合的过程中产生了很多的故事，最终被当地文化接纳，同时能保留自己原生的文化根源。看似简单的绘本里蕴含着作者深刻体验后欲达于世的微言深义。至此我才发现我大大低估了绘本的力量。再简单的故事，都是由出色的、成熟的艺术家在他们独特的人生阅历下、带着各自的文化特色、历史背景，浸透着独一无二的心境画就。每次阅读不仅仅是艺术的享受，更是和作者和孩子一起进行的文化及心灵的旅行。

复制绘本，感受绘本震撼人心之美

❋ 并不太喜欢的第一眼

如果说第一次读书会的《小蓝与小黄》让我对绘本另眼相看，那么第二次读书会真正让我触摸到了大师的灵魂，感受到震撼人心之美，并渐渐让我着迷。

第二次读书会的绘本是《一寸虫》。坦白说，第一眼我并不太喜欢：内容比《小蓝和小黄》更为简单不说——因为之前已经理解了作者在简单内容之下想倾诉的世界，所以我不再认为《小蓝和小黄》是本简单的书，但难道如此"简陋"之下的《一寸虫》也包含有什么微言大义吗？

这本书和我一样没有在第一眼激起安安的兴趣，她拿起书翻了不到一分钟就翻完了。为了吸引安安，我想遍了各种办法，比如让安安用小手模拟一寸虫测量各种东西，比如让安安用身体模仿一寸虫爬行测量各种东西。但是效果并不明显。

束手无策之时，唯有重新翻看绘本。这一次的细读，让我有了新的发现：那些看似简单的画面，仔细观察，原来都有着特殊的纹理，不是一般的绘画方法画就，而好似我们每个人用触手可及的事物就可以模仿和复制。这个发现让我萌发了一个想法：既然我和安安都没有体会到大师之作真正的美，那不如我们就邯郸学步，复制一遍画面吧，或许，在动手制作的过程中，我们能真正理解为什么这本书这么有名，能感受到让普通大众推崇的美，触摸到大师之作的灵魂，真正从内心找到通往这本书的路径。

❀ 复制绘本，重走作者之路

于是我们开始做准备，几本机场免费赠送的彩页杂志，在普吉岛旅游时候带回来的地图，以及儿童安全剪刀、双面胶点带和彩泥成了我们的创作材料和工具。准备停当，我们开始复制《一寸虫》第一页——一寸虫的草地森林。

因为觉得复制的过程很复杂，担心超出 3 岁孩子的能力。刚开始的时候，我只打算自己做，安安看。结果，我发现我错了。安安非常非常感兴趣，她帮我剪了很多小叶子，并且认为只有绿叶不够好看，还完全自主的给我弄了两朵花——一朵花是用餐巾纸沾了粉红印泥做的，第二朵花是用轻彩泥做的。当看到自己制作的粉红的花朵点缀于草叶间时，安

安的创作热情一发不可收拾,开始了她新作品的创作(当然也可能是因为她不耐烦贴那么多小叶子)。瞧,她用轻彩泥做成了一只蝴蝶立在瓶盖上并且非常自豪地展示给大家看。

接下来,我们开始复制第二页:一寸虫和知更鸟的相遇。这一次,我们逐渐变得驾轻就熟。很快,普吉岛的地图被剪成了深浅不一的树叶,一张狗的海报变成了树枝和知更鸟的身体。仔细看,会发现我们的树枝竟然也如此毛茸茸富有肌理,知更鸟的眼睛黑白分明、炯炯有神。每每想到,这些美好的画面竟然剪自一幅狗的海报,作为创作者的我,忍不住要窃笑。

通过复制,我才慢慢发现,大师的创作,越是简单,越蕴含着功力的美。

首先是草叶森林,如果任意地粘贴,我会发现粘贴得像片栅栏。只有像作品中高高低低,间插不同形状的叶片,才呈现出富于韵律的美感。再比如说非常简单的知更鸟片段的树枝,那么几根枯枝,若不是按照大师那样长长短短在整个空间构架,就不会用那么简单的形态绘制作出非常饱满的画面。我是学理科的,对美术完全不懂,却在两页纸的复制中,感悟了一点绘画的美妙。因为有了这一点体会,在制作火烈鸟的时候就非常希望加入自己的创作元素。于是我们采用了把杂志剪成丝条填充的办法,并且用了更热烈的红色。火烈鸟脖颈的丝条,很多是安安剪和贴的。

创作火烈鸟成了游戏的转折，我们从之前一味求像的复制开始慢慢追寻更有趣的表达方式。在进行蜂鸟的复制时，我们母女俩决定采用新的创作手法。我们俩脑洞大开，用绳子拓印树枝，用无纺布剪成叶子形状，拓印树叶。这时，《一寸虫》的创作已经真正演变成了一个好玩的艺术游戏。安安每天放学后，就会和我说："妈妈，我们玩一寸虫吧。"

此时的安安不再满足和我共同创作，她开始独立的艺术创作。下方的画作就是她的作品。而我，选了最钟爱的那只绿苹果海报，给安安剪了一只可以套在手指头上测量的一寸虫。

整个过程，进展很慢，越到后面，越是要自己开脑洞的话，越需要反复试验。手上的《一寸虫》是向幼儿园借的，我们已经借来快两个月了，也只做了三幅复制图，现在，第四幅刚开始。我在考虑是不是要去买一本《一寸虫》，将来和我与安安一起制作的《一寸虫》永久保存起来，留作纪念……

至此，我们母女俩都爱上了《一寸虫》，真心觉得绘本虽然这么简单，却充满着艺术和哲理，给我们带来了很多很多的乐趣。这一次的美工实验，让安安深深地爱上了绘画创作，每天从幼儿园回来，安安就在纸上画呀画，非常专注。

🌸 孩子对色彩的敏感发生了变化

在这次《一寸虫》的阅读过程中，和大师在心灵上的亲密接触后，让我发现安安一个深刻的变

233

化——那就是对色彩的理解。原本,安安对色彩没有特别的概念,她在涂鸦墙上涂鸦,只是为了自己高兴,而不在乎她画出来的作品是什么样的,色彩经常会被混成黑色、深棕色,画面也非常难看。

可是在这次复制《一寸虫》的美工实验后,安安对色彩有了明显的要求,她的撞色选择越来越鲜明和艳丽。在阅读越来越多的绘本后,安安的绘画对色彩的要求越来越高。

我从来没有受过绘画方面的专业训练,也没有让安安接受绘画训练。因为我觉得现阶段要培养的是孩子的想象力和对艺术的敏感与喜爱,而不是让孩子还没有获得足够的对美的体验之前,就进行乏味的学习和枯燥的重复绘画技巧的训练。绘画的技巧什么时候学习都不谓迟,但建立对美的热爱与敏感,最大可能的挖掘和发展孩子的想象力却是越早空间越大。而绘本各种不同的画风,天马行空的丰富内容,像一个个大师,站在艺术殿堂的门口,领着充满了好奇心的孩子在每一个绘本里进行一次又一次的艺术之旅。

现在安安看绘本,会经常性地用手抚摩着某一页,对我们赞叹,展示给我们看:"妈妈,你看,多美呀!"安安变得非常喜爱绘画,坐在桌子跟前,能安静专注地画很久。并且她开始临摹绘本里的觉得好看的插页。可以说是李欧·利奥尼给我和女儿打开了一扇艺术的大门,让我发现了一个新大陆,最终喜欢上和孩子一起徜徉于阅读的时光。

绘本各种不同的画风,天马行空的丰富内容,像一个个大师,站在艺术殿堂的门口,领着充满了好奇心的孩子在每一个绘本里进行一次又一次的艺术之旅。

沉迷绘本,寻访作者的足迹

后一次的悦读坊的主题是《海底的秘密》,如果说之前的绘本阅读让我享受到和孩子在一起亲子阅读的乐趣,那么这一次的绘本阅读更像是我个人的探险,充满了种种困难,却看到了沿途美妙的风景,带给我——一个成年人真正的绘本阅读的乐趣。

大卫·威斯纳的这本《海底的秘密》是无字书,这次的阅读以安安为主,我为辅。无字书的内容非常丰富,安安看得津津有味。我们读到第四次时安安掩卷,忽然说了一句:"这个人很寂寞。"

我拿过书来仔细看,安安指的是第一个拍照并且把照相机扔到海里去的青年。他看上去淡淡地不开心,若是细细体味,他的确是寂寞的,否则他不会拍了自己的照片然后把照相机扔到水里。其实他是希望引人注目吧。安安只有3岁半,能够如此细腻地把握人物的情感,并且用词准确地表达出来,让我很是吃惊。这就是绘本的力量。

安安去睡觉了,我看着这个寂寞的青年,不禁好奇,他到底是谁?为什么不开心?绘本里的人物常常会有原型,那么这个原型背后的故事是怎样的。一连好几天,我都在想着这个事情,于是,开始在网上寻找关于海底秘密的背景故事。

我发现这个故事英文名字叫做 *FLOTSAM*,就是漂流物、废弃物的意思。而且有意思的是,网上竟

推荐书目:
《海底的秘密》

这一次的绘本阅读更像是我个人的探险,充满了种种困难,却看到了沿途美妙的风景,带给我……一个成年人真正的绘本阅读的乐趣。

第二辑 怎么读?

然有作者为这本书做的网站。

作者为这本书专门做了一个漂流相机的活动，相机在全美发行这本书的书商手里漂流，网站首页的美国地图就是漂流相机的漂流路线。还设了奖项，由作者大卫·威斯纳选出的三张照片的拍摄者获得该奖项：

第一名：A book for all season 书店。获奖的照片是一本漂流在水面上的书。

荣誉奖：Hearthside Books 书店。获奖照片是一群从刚刚停靠上码头的船舶里出来的玩具小人。

荣誉奖：Kid's center 书店。获奖照片是一条树丛里蜿蜒流出的河流。

这是 2006 年做的漂流游戏，本书于 2007 年获得了凯迪克大奖。

我觉得这是很有创意的想法，如果我们的孩子自己来做这样的漂流游戏，照片会有趣得多，因为原本做这个游戏的群体是书商，是群做生意的大人。让小朋友来做这个游戏，一定会有更多的童趣，呈现出更多的创造力以及不同的观察这个世界的视角。

很遗憾的是，我并没有从中找到关于 FLOTSAM 里第一个拍照的青年的故事。于是只好继续我的探索之旅。

然后，很惊喜的，我查到了大卫·威斯纳的网站：

这下简直如入宝山，里面收藏了作者创作过程、作者的家、创作灵感的来源以及大卫的其他绘本。还找到了大卫关于 FLOTSAM 获得 2007 年凯迪克奖的发言：主要内容讲述了他童年的经历，和童年的朋友曾经在河道里挖到了一个漂流物，一直保留着作为纪念，却在成年后的某一次变迁中丢失。可他和他的朋友都惦记着这个代表童年的金属牛是否又漂流到了其他孩子那里。还有 14 岁的时候和家人去海边度假的经历。同时讲述了最初构思 *FLOTSAM* 的几个方案。原本的主人公差点写成个女孩子，然后是讲述了色彩的构成，艺术创作的过程……感谢了他的合作者和好友等等。

不过，网站上仍然没有提及这个几乎放在最后，却是开启整个故事的寂寞青年……真是可惜啊，我追寻了这么久，找到了很多有意思的宝藏，却没有找到最初牵动我心的问题的答案。

于是，我想既然网上没有关于这个问题的答案，我是否可以直接问问这位 1966 年出生的作者本人呢？我遍寻网上，也没有找到他的任何联系方式，看他的照片，他似乎是个很内敛、很纯粹的艺术家。我很不甘心，又去 Facebook 和 Twitter 去找……

结果网上除了非常官方的信息，并没有透露作者的个人资料。我浏览了很多关于他的访谈，发现他现居于宾夕法尼亚州的费城。根据网页我只找到了他的住址，没有他的电话或者是 E-mail。没办法，我只好退而求其次，给他的发行商和获奖的书店写邮件：Clarion books、A book or all seasons、Kids Center、Gibson's Bookstore、Hearthside Books。希望能收到答复，我当时想，如果实在收不到答复，就郑重其事地写实体信，寄到网页上面大卫以及发行商的地址。

为什么这么执拗呢？有时候自问，也许，原本在我看来只是儿童绘本的书，终有那么一点，直达于心。这本书让我想起了自己的童年，拥有着孤岛一样的生活却幻想丰富的自己。于是牵肠挂肚，希望知道，那个也许同样寂寞的少年，希望别人看到他的少年，到底是谁？这就是好绘本的魅力，它会深深地震撼人心，引起共鸣……而这样的探寻，让绘本不仅仅只是儿童的绘本，随着我对作者的渐渐了解，仿佛和作者成为好朋友，伴随着岁月流逝，跟着作者走进他内心世界，也走进了自己曾经的顽童时代。一本又一本好绘本让我慢下来、沉下心来。终于喜爱上看绘本，让我感悟到了更多美好，更多有趣的事情，不仅仅是为了孩子。

邮件发了很多封，在我准备写实体信时，其中一家书店回复了。书店把我的邮件转给了大卫·威斯纳，作者很热情地说了很多——虽然并不是提出的那个问题的答案，但我没想到作者会这么认真地回答一个中国读者的问题。

绘本不仅仅只是儿童的绘本，随着我对作者的渐渐了解，仿佛和作者成为好朋友，伴随着岁月流逝，跟着作者走进他内心世界，也走进了自己曾经的顽童时代。

Subject：reply from David Wiesner！
主题：大卫·威斯纳的答复

It took a while，but David finally caught up with your email．His reply：

这花了点时间，但大卫终于收到了你的邮件，并且答复了！

（以下是我写给大卫·威斯纳的信的部分节选）

* * * * * * * * * * *

She likes to know why the young man who first took photo looked not happy and so lonely.

I also wonder who he is，any story about him?

安安的问题：她希望知道第一个拍照的年轻人为什么看上去不开心，那么的寂寞。

我也希望知道他是谁，关于他的故事。

以下是大卫·威斯纳的答复

I don't think of the boy as unhappy. I think he is a serious kid and is deeply immersed in looking at things and collecting. When he takes the picture of himself at the end，you can see how excited he is.

我并不认为这个男孩不开心。我想他是一个严肃的孩子，而且深深地沉浸在他看到和接受到的事物中。当他拿到最终给自己拍照的时候，你可以看到他多么的兴奋。

He is there with his parents，but no other children. I don't think that means he is lonely. I work by myself all day. Some people might not like that，but I do.

他是跟着他的父母到海滩上的，虽然没有其他的孩子，但我不认为这意味着他很寂寞。我也经常一整天一整天地自己工作。有些人也许不喜欢这样，可是我非常的享受。

The boy I used as a model for the pictures is named Peter. He is the son a friend. His name is on the title page — the page with all the "stuff". Look at the upside-down bottle in the upper left. It says，"Peter

Downs", which is his name. (He now a student at MIT!).

这个男孩的原型名字叫做皮特。他是我朋友的孩子。他的名字在第一页,工作人员名单里。在一个上下倒置的瓶子的最左上角,那里写着,皮特·道恩斯,就是他的名字,他现在已经是一名麻省理工的学生了。

I'm delighted your daughter in intrigued by the story. I hope this answers her question.

我很高兴你女儿对这个故事感兴趣,我希望这个答案她能满意。

David Wiesner
大卫·威斯纳

I'm so happy that he wrote back to you through us!
我很高兴他通过我们书店给你写了回信!

Michael Herrmann
迈克尔·赫曼
Gibson's Bookstore
吉布森书店

作者认为书中的主人公并不寂寞,作者认为这是一个很认真的男孩子。书中主人公的原型是朋友的一个孩子,叫做皮特·道恩斯,今年已经上麻省理工学院了。在书尾他很兴奋地拍了照片。而且他认为男孩子虽然一个人玩耍,但是也不寂寞,因为作者自己也经常一整天一个人工作……在回信里,大卫也微微揭开了他自己的内心,他热爱着绘本的创作,即使寂寞的工作,也甘之如饴。

　　没想到竟然真的能得到这样一个数次获得凯迪克金奖的优秀儿童绘本作家的回复,真的没想到他会这样耐心地解释,并且真的像和小朋友聊天一样,悠悠地讲了这个事情又讲了那个事情,还讲了他自己。这样的交流让人觉得兴奋又愉悦,一种和绘本真正的神交,绘本之旅真是太有意思了。虽然作者并没有完全解答那个站在海滩上忧郁的青年男子的秘密,可是留下一个待研究的秘密,不正是海底的秘密的真谛吗?

　　希望能通过绘本,不断地和大师在他们的故事里相遇……

　　安安妈妈的亲子共读经历,我在"小种子"悦读坊亲耳听过,被她深深震撼到。第一次是《一寸虫》,震撼于她的认真、用心、创意,和女儿一起完成再创作,并深深体会大师之美。第二次是《海底的秘密》,震撼于她的深度探索、网络利用以及想到就做的行动力。这次再读她的阅读故事,仍然深深被打动。她们一家的亲子阅读历程,为我们展示了怎么读,怎么去发现,怎么去探索。

　　1. 爸爸的简单坚持

　　一开始,安安妈妈并不钟情绘本:"我想让安安学钢琴,爸爸给安安念绘本;我想让安安上逻辑思维训练课,爸爸给安安念绘本;我想让安安学舞蹈,爸爸给安安念绘本;我想让安安学国学,爸爸给安安念绘本……",这一段排比和对比,生动地描绘出妈妈的多种探索和爸爸的简单坚持。而爸爸的坚持也让妈妈从不感兴趣到"支起一只耳朵听,然后,支起两只……"。很多事情其实并没有想象中复杂,需要的就是一些简单的坚持,日复一日,年复一年。

2. 不喜欢?——不放弃,去发现

安安妈妈读《一寸虫》之初,遇到了几乎每个家长以及每个孩子都会遇到的问题:不喜欢,怎么办? 安安妈妈并没有轻易地放弃,而是尝试各种方法,不奏效时仍然没有放弃——"束手无策之时,唯有重新翻看绘本"。通过再观察,她发现看似简单的画面却有着特殊的纹理。决定照着绘本来创作一次,在动手制作的过程中,去寻找通向这本书的路径。这在亲子阅读中是很重要的一点,尝试多种方法去发现绘本。每个人都有自己的喜好,但有时我们如果固守在自己的喜好当中,也会错失一些美好,需要有去发现美的眼睛。

3. 脑洞大开,打开艺术之门

安安妈妈另辟蹊径再创作时,引入自己喜欢的元素,点燃了孩子和自己的热情。先是简单复制,到脑洞大开,想到更多有趣的方式,变成孩子每日最期待的艺术游戏。而在这个过程中,也与大师之美悄然相遇,为她和女儿打开了一扇艺术的大门。

4. 对绘本的深入探索

读《海底的秘密》,女儿的一句话,绘本中人物的一个表情,引发了安安妈妈的思考,也引发了她新一轮的探索。找到这本书的网站,发现"漂流游戏",找到作者的网站,看到这本书的各种创作背景,直到最后联系

到作者本人，收到他的回信。"这一次的绘本阅读更像是我个人的探险，充满了种种困难，却看到了沿途美妙的风景，带给我——一个成年人真正的绘本阅读的乐趣。"亲子阅读不单单是让孩子成长，对成年人也是一样，只要你愿意——打开心灵。

安安妈妈和绘本的神交，是偶然中的必然，因为她心灵深处对美的敏感与热爱。而这正是绘本大师们经由绘本，传递给一个又一个孩子的真意。就像那在海中漂流的相机，永远不再回到第一个人手中，但却在不断传递这份美好；而把相机扔进海里的人虽不能亲见后来的情形，却能从心里深深体会这种美好。

与孩子共读的过程，不同方法的探索，正是让我们学会打开心灵和眼睛，去体会到这些美好。

陈东华

第三辑

为什么读?

在绘本的滋养下,静待花开

自述者　王晓禹(6 岁语宸的妈妈)

家庭档案

　　四口之家里,有爸爸、妈妈、女儿语宸以及语宸的小弟。妈妈和爸爸是典型的理科生,之前的阅读多以工具书、经管类图书、传记类图书为主,实用性强,同工作生活密切相关。

亲子阅读 Tips

★ 自然而然发生的亲子阅读,犹如一座桥梁,带着孩子通向未知的缤纷世界。

★ 以绘本作为载体,在领略一个个精妙的故事的同时,孩子在语言表达、自然探索、数学逻辑、艺术空间、思维探索等诸多方面作了很多有趣的尝试,收获良多。

六年前，我们迎来了第一个孩子，语宸。而亲子阅读这件事，也就不知不觉地在我家发生了。在语宸刚开始牙牙学语的时候，抱着香香软软的她沐浴在阳光下，看着那短短肥肥的手指在书页上点来点去，奶声奶气的声音跟随着我们的语调一唱一和，是我们每天最甜蜜和快乐的时光。随着语宸弟弟的降临，绘本阅读更是成为我们日常生活中不可或缺的一部分。（本文部分取自语宸弟弟的经历，为便于阅读，统一在语宸的阅读故事中）

　　语宸所在的幼儿园，是一家以阅读为主题的幼儿园，有着浓厚的阅读氛围。幼儿园举办的历次以绘本阅读为主题的活动，拓宽了我们在这方面的视野，亲子阅读不仅给我们的生活带来诸多温情和美好，更让孩子们在书籍的滋养下健康成长，在不知不觉中收益良多。

语言表达

　　语宸对书籍的接触，始于 1 周岁前后。她最早接触的是各种认物小册子。也正是这种普通的小册子，让我感受到书籍即使对幼小的儿童，也是有感染力的。那时候她不满周岁，尚在学语阶段。我们带她去看了一场烟火表演。小小的人儿，对着烟火表演表现出了极端的兴奋，一直不停地拍着小手。过

陪孩子爱阅读

了几天，她在看家里的识物手册，每当翻到烟火那一页时，她就一直用小手指着画面，高兴地大声说："砰！砰！"刚开始我们不解，后来恍然大悟：她是在模仿放烟火的声音。这也就意味着，这个小家伙，已经能够把看到的景象、听到的声音同书上的画面产生联系，并用自己的语言表达出来。真是太奇妙了。而绘本阅读对她词汇的丰富、有效的沟通和描述事件以及表达思想所起到的作用是显而易见的。

绘本阅读对她词汇的丰富、有效的沟通和描述事件以及表达思想所起到的作用是显而易见的。

❀ 《小熊宝宝》绘本系列

　　佐佐木洋子的《小熊宝宝》系列是一套十分温暖的绘本，以宝宝的日常生活为主要内容，尿床了、问好、拉粑粑等等，小熊的形象毛茸茸的，十分可爱，而书中的情节和句子又在有趣的重复，读来朗朗上口。

推荐书目：
《小熊宝宝》绘本系列

　　其中，语宸最为喜爱的是《拉粑粑》。结束语是："小熊，你会拉粑粑吗？""当然会了！"一遍一遍的阅读之后，突然有一天，在我朗读出前半句"小熊，你会拉粑粑吗"时就听到她说："当然会啦！"这实在是给了我们一个大大的惊喜，要知道，当时她还只会说单音节的词语呢，一下子有四个不同的音，实在是个质的飞跃。而且每次读到这里，我们都会用升调来读这句话，以凸显熊宝宝对于自己自理能力的自豪。语宸在说这四个字的时候，语气和表情也分明透着得意的感觉。在这之后，随便变换着问题问她："语宸，你会吃饭吗？""语宸，你会洗澡吗？""语宸，你会吃脚丫丫吗？"都会听到她用那夸张的声调回答："当然会啦!"洋洋自得啊。

 永远的白雪公主

有段时间我买了一些故事 CD 放给语宸听,听说这是一种提高专注力的方法,其中就有著名的《白雪公主》。她对这个故事听得入了神,安静地坐在播放机前面,在听到王后用各种毒辣的计划来加害白雪公主的时候,她很紧张,听到白雪公主和七个小矮人在小木屋内的温馨生活以及坏脾气闹出的笑话的时候,她就很开心,听到白雪公主被王后的毒苹果害死了,她就很悲伤。到最后听到王后看到白雪公主还活着,气急败坏,变成了世界上最丑的人躲到森林里,再也不敢出来害人了的时候,她忍不住咯咯地笑出了声。CD 里的声音张弛有度,带着语宸的思绪在故事的世界里飞舞。看到这一切,我突然明白,迪士尼的故事里不仅仅只有"终于嫁给王子了"。

然而在随后的日子,语宸听故事的时候一定要把房门关上,一个人待在里面。按捺不住好奇心,我偷偷地推开一条门缝,屏息偷看,只看到顺着 CD 里播放的故事情节,语宸在表演。

"镜子镜子,谁是世界上最美丽的女人?"她身体站直,对着对面的衣柜,小手指指点点,好像对面真的有面镜子。

"哦,亲爱的猎人,请不要杀我,我将跑进森林,再也不会回来!"立刻作出害怕的表情及奔跑状。

"白雪公主吃了毒苹果就昏倒了。"顺势往床上

我偷偷地推开一条门缝,屏息偷看,只看到顺着 CD 里播放的故事情节,语宸在表演。

一倒,伸长身子躺在那里。

我忍住笑,静静地关上了房门,一个好故事,可以让孩童的心长出想像的翅膀,自由飞翔。后来语宸的这一秘密,也被细心的班主任何老师发现了。何老师和她一起阅读了这个经典故事,一起体验各个人物的心理活动和人物语言及表情,并且鼓励她报名参加了故事比赛,参赛的故事就是《白雪公主》。

自然探索

中班开始,语宸突然对人体的奇妙产生了极大的兴趣,开始不停地问各种为什么。也是从那时开始,她在图书馆的借阅就是以人体科学书籍为主,如《人体大探究》《眼睛的故事》《我们的头脑》等。配合着她的兴趣,我们也购入了一些这方面的书籍。

此类书籍的阅读,本应是由我们讲解为主,但是她太想快点知道里面的内容了,竟然就借着自己有限的识字量(大多来自以前的阅读),开始了"自主阅读"之路。坦率地说,以语宸当时的认字水平和理解能力,想把这类书籍读明白是不现实的。但我们想到她这种主动探究是一种更为宝贵的精神,所以并没有通过讲解的方式来进行知识性的普及和灌输。反而要求语宸每天给我们讲一些与人体知识相关的书籍上的内容。当然,当语宸拿着书来主动找我们讲解时,我们一定是有求必应。

而语宸的对于人体的探究不止于此,也是从那

我们并没有通过讲解的方式来进行知识性的普及和灌输。反而要求语宸每天给我们讲一些与人体知识相关的书籍上的内容。

时起，每逢去科技馆，她的首个目的地一定是三楼的"人与健康"。"食物的旅行"是她首先要参与的活动，当坐上草莓车，通过"大嘴"进入人体的"消化系统"，里面别具匠心的设计和风趣幽默的解说，也让她兴致盎然。之后，她会在每一个展厅前驻足观看，有时也会带上自己正在阅读的书籍，一一比对。看到她那专注的神情，真是有一点小小科学家的味道呢。

如此反复，在大半年时间过去后，语宸在人体方面的知识慢慢丰富起来了。开始，语宸拿着《十万个为什么》中关于人体的章节，对着图画跟我讲，基本上是依着自己的想象，文不对题。慢慢地，开始像模像样，有时还会问出很多我们一时也不能完全回答的问题，比如：人类是有内脏的，那么昆虫是否有呢？昆虫的内脏有哪些？还好，我们有万能的搜索引擎。不过也能明显地看出，她对人体很多的知识，虽然比以前丰富，但也只是部分点上面的了解，远没有形成系统，而且很多知识是互相打架的。

鉴于她的兴趣浓厚，也为了厘清语宸的"自学"成果，语宸爸爸特意购买了关于人体消化系统的简易挂图，悬挂在家里，邀请语宸做小老师，学生嘛，自然是爸爸和妈妈。语宸老师在认真备课之后，就有模有样地登上了讲台。她的课程，就是"食物的旅行"。听到她消化系统讲得有模有样，再看到她那认真投入的神情，我真的十分感动。不过，越往后讲，我们的小老师也有卡壳的地方，很多时候也回答不

语宸老师在认真备课之后，就有模有样地登上了讲台。

上来学生提出的刁钻问题。好在我们老师有强大的心理承受能力，果断宣布下课，且听下回分解。知道课后我们的语宸老师在做什么吗，在备课，备课资料的来源，是那书架上的一本本书籍，还有爸爸妈妈（学生身份当天已经结束）作为后援团。

良好的阅读习惯，使语宸的半自助科学探究成为可能，关于人体的知识，也许随着某一天她兴趣点的转移而被渐渐淡忘，但这种独立自主的学习探索精神，我相信，会让她终身受益。

数学逻辑

初次接触有关数学的绘本是始于幼儿园的家长沙龙，张燕园长导读了《公主殿下来的那天》这本绘本，我发现，原来，绘本可以通过有趣的故事把数理知识讲得如此通透，而书后面附带的各种小游戏又是如此的有趣，随即购入了该系列的全套数学绘本，其中语宸最为喜爱的，就是这本《小熊一家和吵吵闹闹的怪物们》。

 《小熊一家和吵吵闹闹的怪物们》

这是一本通过小熊和怪物的故事讲解复合分类概念的书。主要内容是讲小熊一家外出，误入怪物城堡，并误食了他们的晚餐，被 20 只怪物们发现后，要求他们必须猜出 20 个怪物中谁是这个城堡的主人，否则就会遭到惩罚。这个貌似不可能完成的任

绘本可以通过有趣的故事把数理知识讲得如此通透，而书后面附带的各种小游戏又是如此的有趣。

推荐书目：
《小熊一家和吵吵闹闹的怪物们》

务被熊弟弟用如下五个问题轻松化解：

	问　　　题	答　案	符合条件怪物数量	不符合条件怪物数量
1	城堡主人头上有角没角	有　角	13	7
2	城堡主人脸上有胡子吗	没　有	9	4
3	城堡主人身体是花花绿绿的,还是一种颜色	花花绿绿	5	4
4	城堡主人光着脚还是穿着鞋	穿着鞋	2	3
5	城堡主人有牙齿吗	没　有	1	1

　　语宸在第一次阅读的时候就觉得熊弟弟的方法非常神奇,每天都要讲。于是我们就按照书上的内容制作了 20 个怪物小卡片,在阅读图书之后开始了寻找城堡主人的游戏。最初是严格按照书上的问题顺序找到那个城堡主人,后来就演变成先由一个人在心中任意指定一个怪物卡片,然后另外一个人通过提问的方式来找到这张卡片。这个游戏在很长一段时间里都是她临睡之前的固定活动,我们一起度过了很多快乐的时光。通过这种方式,她也潜移默化地了解和掌握了分类以及复合分类的基本概念。即使现在到了大班,她也会时不时地把这套"怪物卡片玩具"翻出来再玩几个回合。

艺术空间

　　因为小时候略略学过几年绘画,虽然因为天资和毅力的原因没有坚持下来,但我一直很庆幸自己有过那么几年的"专业训练",可以使立体几何成为我高中时代的强项学科,而更为重要的是,成年之后,还能够保留美术欣赏的这一兴趣爱好。在欣赏展品之余,揣摩着大师们的笔触技法,体味着他们作画时的状态和心情,想象着那时天上的云,窗外的风,院子里的鸟语花香,实在是一种美妙的体验。所以在语宸很小的时候,我就执着地带着她去看各种美术展,不过对于这个 3 岁左右的孩童而言,更感兴趣的,其实是保护美术作品的围栏和美术馆里的长椅。如何对孩子进行美学的教育呢,这个问题众说纷纭,也让我莫衷一是。

而安东尼布朗的系列作品,无意中破解了这一难题。语宸是从《我爸爸》《我妈妈》这两本绘本走进安东尼布朗的世界的,而随后而来的《隧道》一书中,医学书籍插图画家出身的安东尼布朗,用细腻的笔触,描绘出了一个看似真实细腻,实则超越现实的世界。语宸对于书中的图画着了迷,妹妹房间里的大灰狼和小红帽,树林中的大灰狼及各种怪物,随着对图画的观察,一条条细节隐线慢慢开始呈现,她爱上了这个貌似简单实则复杂的绘本,爱上了一切需要运用想象力和观察力来阅读的书籍。

借着她对图形观察的兴趣,我们又一同读了作者的另一部作品《形状游戏》。这是安东尼布朗对自己从 2001 年 6 月到 2003 年 3 月之间,在伦敦的泰德艺廊带领伦敦市区小学的 1 000 位小朋友认识艺术作品的"视觉入径"活动的绘本总结,也具有自传

推荐书目:
《我爸爸》
《我妈妈》
《隧道》
《形状游戏》
《威利的画》

色彩。《形状游戏》讲的是一家四口的美术馆之旅，由于去美术馆是妈妈要求的生日活动，从一开始只有妈妈兴致盎然，到爸爸和两兄弟全情投入，甚至一起走进了画里。本书的最大特色就是名画与现实的对比，充满幽默的安排，每一处都能让语宸兴奋不已。

❀ 拿破仑肖像

拿破仑的肖像原作和爸爸变成的拿破仑两幅肖像想并列放置，下面写到"找出不同点"。语宸每次都是一口气说出："拿破仑变成了爸爸，帽子变成了猫，领子变成了鹦鹉，纽扣少了一颗，绳子变成了蛇，波浪变成了嘴唇……"一遍一遍，乐此不疲。

❀ 罗力的童年

首先绘本中爸爸的冷笑话已经让语宸忍俊不禁，再加上原画上的各种物品都变成了香肠、煎蛋，每一处的变化更让语宸笑个不停。

其余几幅画作《皮尔斯少校之死》《被狮子吞吃的马》《会面或哈克尼先生》《祝你今天愉快》都是把原本严肃正统的油画，转化为日常的生活场景并配以幽默的想象和变形，可以说，每次阅读这本绘本，语宸都是从头笑到尾，或者直接笑翻。名画和她的距离，一下子拉近了，变得有趣好玩。作为妈妈的我，把自己强行带她到美术馆认真严肃的赏画和眼前的场景做了一番比较，不由得心中暗暗赞叹绘本的力量。

后续我们又共同阅读了《威利的画》，威利，这只

作为妈妈的我，把自己强行带她到美术馆认真严肃的赏画和眼前的场景做了一番比较，不由得心中暗暗赞叹绘本的力量。

陪孩子爱阅读

安东尼布朗绘本里著名的猩猩,再次演绎了西方美术史上具有里程碑地位的 24 幅名画,包括向日葵、蒙娜丽莎、大碗岛的星期日下午等等。有了前面的阅读体验和兴趣,语宸对这些演绎前和演绎后的"名画"亦表现出了极大的兴趣,仔细琢磨,反复比对。谁说,这不是一条走近艺术的充满乐趣的通道呢?

思维探索

语宸在大班时迷恋上了无字书,有句话这样评价无字书阅读,读者需要运用想像力这根无形的"针",把一个个画面缝起来,不仅说出表面的故事,而且可以从更深的角度再次诠释。其中不得不提的就是我们关于《小红书》一个月的反复观察和阅读。如果说,绘本是孩子通向未知的世界,通向未知的自己的一座桥梁,那么这次阅读的体验,是我们在桥上看到的不一样的风景,特别珍贵。

芭芭拉·莱曼的《小红书》是一本形式新颖的无字书,获 2005 年凯迪克奖银奖。该书的故事不复杂:冬天下雪的日子,女孩在摩天大楼之间的街道上捡到了一本红色的书,翻开一看,书里有一个男孩,在热带小岛的沙滩上捡到了一本红色的书,而男孩翻开一看,一个女孩在雪天的街道上捡到了一本红色的书。后来,女孩抓着气球飞进了书里的世界,降落到了男孩的身边。这是一本小开本的无字书,作者运用娴熟的蒙太奇技巧,将一个个画面组合起

有句话这样评价无字书阅读,读者需要运用想像力这根无形的"针",把一个个画面缝起来,不仅说出表面的故事,而且可以从更深的角度再次诠释。

推荐书目:
《小红书》

来，组成了一个神奇而美妙的故事。

🌸 读前，分析绘本和孩子

这本著名的《小红书》我初识于幼儿园的小种子悦读坊，我把这本广得赞誉的绘本前前后后仔细阅读了几遍，的确名不虚传，相当有特色：

- 无字书：只有图画，没有文字，仅靠图画的魅力推动读者往后翻页。
- 线条洗练，色彩内敛：颜色淡雅，对人物表情的呈现极其含蓄，对环境的描绘十分严谨。
- 情节简单，意境隽永：至关重要的细节直接影响到读者对故事的理解和作者背后深意的体会。

面对这样一本特别的无字书，语宸能够读懂吗？我有点心虚，在脑海里迅速勾勒出这个 6 周岁孩童的特点和阅读喜好：

- 6 周岁，随着识字量的增加大有对文字关注大于图画之趋势。
- 色彩控，偏爱色彩艳丽，造型醒目的绘本。
- 情节控，偏爱情节夸张，幽默或充满悬念的故事。
- 陪读依赖症，所有的新绘本一定要妈妈陪讲。

突然，对于本次阅读所能达到的效果，我很不确定……

🌸 初读，不识庐山真面目

当天晚上，语宸首次阅读《小红书》。当被明确

陪孩子爱阅读

告知妈妈不讲也不解释后，她倒也乖，自己拿起书就念道："从前，有个小女孩，在路上发现一本书，看到一个小男孩……然后小女孩就飞起来了，和小男孩在一起了，小红书被另外一个人发现并带走了……故事讲完了。"念完就用两只眼睛看着我，我仿佛听到她的潜台词："妈妈，这本书也太简单了吧！"好吧，不求甚解在古代可是个褒义词啊。

❀ 细读，等闲识得东风面

　　当第二天的阅读效果也是同样之后，我忍不住了，决定在随后几天使用"coaching skills"，用提问的方式来引导她的阅读。

用提问的方式来引导她的阅读。

　　● 问题 1：这本书里有几个人？

　　几次阅读她给出的答案是不同的，"两个人""三个人""很多人"。于是我就引导她看封面和封底，"哦，两个人，这是讲小女孩和小男孩的故事的书"。

　　● 问题 2：有几本小红书？

　　她的回答倒给了我惊喜，"妈妈，有三本书，小女孩一本，能看到小男孩；小男孩一本，能看到小女孩；我的手里还有一本，能看到他们俩……"突然，她睁大了圆圆的小眼睛："妈妈，会不会有个人也拿着一本小红书看着我呀？"此情此景，让我想起了那首著名的《断章》：

　　"你站在桥上看风景，看风景的人在楼上看你。明月装饰了你的窗子，你装饰了别人的梦。"

　　她在还没有完全看懂这本书的时候，竟然看出了些许诗意,这时绘本阅读越来越有意思了。

● 问题 3:再看看有几本小红书?

仔细阅读,她高兴地说:"妈妈,我发现有好多小红书,书里面还有书呢!"借着她的这个发现,我们一同观察了护封后勒口上的插图,那是一幅层叠的作者自画像,一幅图套着一副图,我们一起看了很久。

● 问题 4:语宸终于提出了自己的问题。

随着观察的深入,语宸对其中一页提出了自己的问题:"这个小女孩原来在书的外面,怎么飞着飞着,就到书的里面了呢?"我心中窃喜,上轨道了! 在提醒她要在前面几页寻找线索之后,我一直期待她能够自己找到答案,但随后而来的是五花八门的猜想:"小女孩是被魔法变进去的""小女孩是被黑洞吸进去的"……我期待的点一直没有出现。

对于自己一直找不到答案,语宸也有些气馁,某天,她很懊恼地对我说:"妈妈,我太想弄明白了,我的小脑袋都要想破了,压力太大了!"答案就在我的嘴边,差点脱口而出,不过我忍住了。好吧,换书,暂别《小红书》一个星期。

🌸 **精读,蓦然回首,那人却在灯火阑珊处**

一周之后,《小红书》再次作为睡前读物,出现在她面前。语宸一页一页地静静往后翻,突然,在"问题页"她发出了一阵欢呼:"妈妈,我明白了,小女孩不是飞到书里面了,是飞到小男孩那里了,地上的这本书是小女孩的呀! (所以反映的是小男孩的世

在提醒她要在前面几页寻找线索之后,我一直期待她能够自己找到答案。

陪孩子爱阅读

界）"如同哥伦布发现了新大陆，她欣喜若狂，一下子把头埋到被子里，咯咯地笑个不停："妈妈，我真高兴啊，我终于看懂了！"

这样的阅读体验，正因为有百思不得其解的焦虑，才更显得后来茅塞顿开所带来的惊喜，难以言传。而由此引发出她对此类需要思考和观察的书籍的喜爱。埃米莉·格雷维特的《大野狼》……这些都是她目前的最爱。

绘本，在我的童年应该就是小人书。我很幸运，有一个喜欢为我买书的外公，当时我的"馆藏丰富"，达半个小的樟木箱。虽然这些书后来均已遗失，书中的故事早已忘却，但冬日依偎在外公的膝头看书，听着炭火噼啪作响，闻着小人书散发出的淡淡木香，是我童年最温暖，最柔软的记忆。现今语宸从一个牙牙学语的婴儿成长为一名准备步入小学的准小学生，也是绘本一直陪伴着她，滋养着她，我也深信，有绘本陪伴的童年，是一个有梦的、多彩的、温暖的童年。

语宸妈妈的亲子阅读经历很有特色，顺应孩子的兴趣，运用不同的方法，让孩子在阅读中得到多方面的滋养。

特色一：让孩子做小老师，主动探究

在孩子读科普书时，顺应孩子的兴趣，发现适合孩子的方法。不是我们常见的讲给孩子听,而是另辟蹊径,让孩子讲给爸爸妈妈听。爸爸还特意购买人体消化系统的挂图,给"小老师"做教具,爸爸妈妈换位成认真听课的好学生。这样,很好地激发了孩子主动探究的宝贵精神。"人体知识"的书籍与引导,是语宸兴趣的表现,更可能是孩子天赋的初显:书籍是一扇窗,指引我们"看见"孩子的可能。

特色二:把故事变成好玩的游戏

因为孩子特别爱读《小熊一家和吵吵闹闹的怪物们》,语宸妈妈很会动脑筋,按照书上的内容制作了 20 个怪物小卡片,在阅读图书之后开始了寻找城堡主人的游戏。成为孩子临睡之前的固定活动,度过了很多快乐的时光。而通过这种方式,孩子也潜移默化地了解和掌握了分类以及复合分类的基本概念。很多看似复杂的事情,如果用游戏的方法,就变得容易和有趣了。每个爸爸妈妈都要多点"游戏力"。书籍点亮孩子在现实与想象世界里的连接,就像故事里的"焰火",在绚烂里发出的噼啪声,就在刹那,我们看到,现实在一个孩子的脑海里抽象地呈现,想象的表现,模仿"白雪公主"片段更是想象世界在现实里的显现。

特色三:欣赏绘本中暗藏的美学

安东尼布朗的《隧道》,描绘出一个看似真实细腻,实则超越现实的世界,语宸对于书中的图画着了迷,随着对图画的观察,一条条细节隐线慢慢开始呈现,她爱上了这个貌似简单实则复杂的绘本,爱上了一切需要运用想象力和观察力来阅读的书籍。艺术教育,由此悄悄展开。

特色四:耐心领略无字书的魅力

在读《小红书》的过程中,妈妈很有耐心,第一,"沉得住气,等待她自己去发现和领略书的秘密";第二,反复观察和阅读了一个月;第三,用提问来引导孩子进一步仔细观察和思考;第四,适度把书放下,让孩子放松。正是有了妈妈的耐心,当孩子最后真正看懂书中深意,才会那样欣喜若狂,一下子把头埋到被子里,咯咯地笑个不停:"妈妈,我真高兴啊,我终于看懂了!"这就是书的魅力。

四个阶段语宸的表现,近乎淋漓尽致地表现了人类对未知世界好奇与探寻,彰显了智慧与思考的魅力:在尝试、理解、提问、自悟地深入探寻过程中,妙不可言地让我们看到一个孩子的成长。

说到这儿,为什么而读,在这则案例里,大概可以考虑用这样几个关键词来诠释吧:触发,发现,存在。

陈冬华

从 2 岁到 6 岁，一本绘本反复读出不同味

自述者　高海霞(6 岁芃芃的妈妈)

家庭档案

这是千千万万个普通家庭之一，和权贵无关，和金钱不靠，离高知还有段距离。爸爸是位普通中学老师，妈妈是公司里普通职员，构成了这个普通却充满魅力、幸福的家庭。

亲子阅读 Tips

★　2 岁时的安静聆听，4 岁时的寻找答案，6 岁时的独立讲述，每次阅读都会有不同收获。从芃芃身上，不难发现，好的绘本，不必按年龄区分阅读，因为每个年龄阶段她都会有不同的理解和收获。

★　这么多绘本的阅读，并没有让快 6 岁的芃芃认识很多汉字而可以去读大部头书，也没有如想象中的出口成章，更没有上知天文下知地理。但她时不时冒出来古灵精怪的想法，对某些事物独到的见解，坚强独立的个性……在父母看来，这些远远比认多少字，会多少算术等重要得多。

陪孩子爱阅读

我想，当孩子来到世上，每对父母都曾无比激动、感慨、感到幸福，当然偶尔也会夹杂着一些些的小烦恼，一开始都是出于本能地和孩子相处。随着孩子的成长，每天能和他们相处的时间是如此的有限，那么在有限的时间里，除了游戏、吟唱，我们还能和孩子一起做些什么？渐渐我发现，我们可以和孩子相拥在一起，慢慢地，在绘本的世界里一起畅游。

不求功利，只愿快乐

现今，社会竞争日益膨胀，每做一件事情，人们都会问：这样做会给我们带来什么？同样，越来越多的父母意识到阅读绘本的重要性，但谈到孩子幼儿时期阅读绘本时，也难免会发问：阅读大量的绘本会给孩子带来什么？让孩子更早更快的认字？让孩子出口成章？让孩子聪明伶俐、德智体美劳全面发展成为标杆式的人物？

不！对想在以上问题得到"yes"答案的父母们，我想大声说"不"！如此功利地阅读绘本，父母往往无法轻松地讲故事，从而使绘本失去了其最重要的功能——带给孩子快乐。也许得到短暂的所谓的成效，但从长远发展来看，未必是益事。甚至，还适得其反。好在我和孩子他爸在阅读绘本上达成了一致的意见——快乐阅读。

如此功利地阅读绘本，父母往往无法轻松地讲故事，从而使绘本失去了其最重要的功能——带给孩子快乐。

第三辑　为什么读？

芃芃 1 岁之前，我对绘本几乎一无所知，更不用说如何去阅读。当时，仅出于作为母亲的本能，会给芃芃讲一些我们小时候听过看过的短小故事，例如九色鹿、沉香救母等，或是记忆中仅存的少得可怜的三字经、唐诗、宋词、童谣。很多时候，和孩子在一起该做些什么是我感到迷惑的问题。绘本世界无论对于我还是芃芃，就像是笼罩着薄雾的神秘国度。

无意中，看到吉姆·崔利斯的《朗读手册》和彭懿编写的《图画书阅读与经典》，很受启发，像一阵清风吹散了薄雾，神秘的绘本世界，散发着夺目的光彩，吸引着我们一步步地走进。

2 岁时，读《玛德琳》

推荐书目：
《玛德琳》

第一本真正的绘本是《玛德琳》，那个永远的疯丫头、野丫头深深地吸引了我，也吸引了才 2 岁的芃芃。现在，芃芃快 6 岁了，依然会时不时将《玛德琳》找出来翻阅。每个年龄阶段的阅读，我想，芃芃都会有不同的体会，于我亦是如此。

《玛德琳》一共 44 幅图画，其中 8 幅是彩色的，余下的 36 幅则是黄底黑白画面。画面简单、潦草，建筑及人物的比例不正确，看上去有点像小孩子随心所欲的涂鸦。但是感觉那么真实！也许，正是这样，它让初次接触绘本的芃芃如获至宝，爱不释手。每一页短短的一两句，甚至仅仅一两个单词，对于当时只有 2 岁的芃芃来说，理解起来不那么费劲，也为

陪孩子爱阅读

将来展开无限想象埋下了伏笔。当然，它的美妙之处远不止这些，我把芃芃不同年龄阶段阅读的经历在这里做个简单的分享。

翻开《玛德琳》第一页时，没有色彩艳丽的画面，没有萌萌的人物，而是简单的几笔勾勒出一幅"巴黎有一栋老房子，房子外墙上爬满藤萝"的景象，这是芃芃第一次对老房子有了初步的认知，藤萝也就成为老房子必备的标志。以至于在此后的旅行岁月里，一见到有藤萝的房子，芃芃便会问：这是玛德琳住的那栋老房子吗？为此，我们常会驻足讨论一番关于老房子，关于谁住在里面，天马行空般的问题。

"我们一起看看房子里有些什么吧？"芃芃应声翻了一页。

"房子里住着 12 个小女孩儿，她们常常排成两排。"

"她们排成两排吃面包，刷牙，上床睡觉。"

"她们对好人微笑，对坏人皱眉头。"

每一页虽是短短一句，但我读得很慢。读好后，静静地等着，等芃芃看够了，自己翻到下一页。慢慢地读着，静静地看着，没有过多语言的交流。这个时候，更多的是聆听，认真而仔细地看每一幅图画，每一个细节。从她的眼里，我发现充满了好奇和探索，每一幅图画都是那么的有魔力，抓住了 2 岁孩子的心。在那个阶段，芃芃学会了对她喜欢的人微笑，不喜欢的人皱眉头。

读到"有时候，她们也会很难过"，芃芃问：

每一页虽是短短一句，但我读得很慢。读好后，静静地等着，等芃芃看够了，自己翻到下一页。慢慢地读着，静静地看着，没有过多语言的交流。

"妈妈,她们为什么难过?"

"有人受伤了。"我指着图中的伤员回答。芃芃仔细地瞧了又瞧,默不作声。

有一天,我一不小心腿上撞了个乌青块,芃芃嘚嘚嘚嘚地跑过来,盯着大乌青,小手摸了摸,说:"妈妈,我很难过。"也许,对于才2岁的芃芃来说,还不知如何解释和表达"什么是难过",但她知道什么情况下她难过了。

也许,对于才2岁的芃芃来说,还不知如何解释和表达"什么是难过",但她知道什么情况下她难过了。

"每天早上9点半,她们排成两排出门去,不论雨天,还是晴天。"芃芃指着说:"妈妈,很热,她们穿裙子了。"这是晴天这幅图画上给芃芃最直接的感受。

"最小的那个女孩儿,名叫玛德琳。她不怕老鼠,她最爱冬天、下雪,在冰上跳舞。在动物园的老虎面前,玛德琳轻轻松松地说:喵!"多么相似的一幕啊,芃芃第一次去动物园看见老虎很激动地说:"喵呜,这是喵呜!"而大人们却忙不迭地纠正:"老虎,这是老虎。"苍白无力的成人思维!

故事可没有这么平淡无奇哦。"这一天半夜里,克拉菲老师打开灯说:不大对劲喔!"玛德琳哭了,孔医生来了,是盲肠炎。"玛德琳为什么哭?""生病了,盲肠炎。""疼吗?""很疼的。"

在医院里的玛德琳发现了"天花板上有一些裂痕,有时看起来好像兔子",那段时间,我和芃芃经常在睡觉前躺在床上看天花板,互相讨论着看到了什么,苹果、小鸡、大树,有时会是一条毛毛虫,虽然我

那段时间,我和芃芃经常在睡觉前躺在床上看天花板,互相讨论着看到了什么。

们家的天花板上并没有太多的裂痕。

"在一个美好的早晨,克拉菲老师宣布——今天的天气很好,我们可以去探望玛德琳。""大家不敢笑也不敢说话,拿着花和花瓶轻手轻脚地走过去。"芄芄的表情也跟着很严肃,小嘴抿得紧紧的,盯着画面一动也不动。轻轻地,翻一页,"然后大叫:啊!她们看到很多玩具、糖果,还有主教送的娃娃屋。"浅浅的微笑在芄芄的嘴角荡漾开,仿佛她就是这 12 个女孩中的一个。"可是,最让人惊讶的是玛德琳的肚子上有一道疤!"看着玛德琳自豪而骄傲的神情,芄芄看了又看,久久未翻过这一页。

"再见!她们说,我们会再来的!"

"然后,小女孩儿们在雨中离开了医院。"

"她们回到家,吃面包,刷牙,上床睡觉。"

"妈妈,她们不开心了。"

"知道她们为什么不开心吗?"芄芄想了想,摇摇头。那我们就继续读下去吧。

"这一天半夜里,克拉菲老师打开灯说:不大对劲喔!"

"所有的小女孩儿都哭着说:呜呜呜……我们也要割盲肠!"

"晚安,小女孩儿们!

感谢神,你们都很健康!

现在,好好睡觉吧!"

克拉菲老师说。

她关掉了灯——

关上门——

就这样——

结束了。

合上绘本，芄芄的第一句是："我也要割盲肠！"以至于在此后的几个月里，芄芄对割盲肠念念不忘。多么可爱的女孩儿啊，在芄芄的身上，我看到了玛德琳身影，在玛德琳的世界里又发现了芄芄的点点滴滴。

每一页缓缓道来,停留,细看,翻页,不做过多的渲染和讲解,让芄芄自己去看去听去想。

这就是我和 2 岁时的芄芄一起读《玛德琳》的经历，每一页缓缓道来，停留，细看，翻页，不做过多的渲染和讲解，让芄芄自己去看去听去想。用她那清澈的眼睛，未染尘埃的心灵，去发现玛德琳的魔力，绘本的魔力。

4 岁时，重读《玛德琳》

芄芄 4 岁时，差不多读过 400 本以上的绘本了，她的书架上摆满各种绘本，有享誉国内外的，有排行榜畅销的，有些相似，有些风格迥异，《小熊宝宝》《玛蒂娜》《不一样平的卡梅拉》《巴巴爸爸》《小黑鱼》《我的壁橱里有个大怪物》《贝贝熊》等。那么，她还会对简简单单的《玛德琳》感兴趣吗？

在读之前,先和芄芄做了个小小的讨论。

某一天，芄芄又翻出《玛德琳》让我读，这次和以往有些不同。在读之前，先和芄芄做了个小小的讨论：

"你最喜欢哪幅画？哪个情节最吸引你？"

"最喜欢有玫瑰花的那一幅，最吸引我的是玛德琳给其他小朋友看肚子上的瘢痕。"

女孩子喜欢花的本性显露无遗,但又不忘初衷。那我们再读一遍吧。

当然,这次读和芃芃2岁时给她读有些不一样了,绘本中涉及的埃菲尔铁塔、巴黎歌剧院、旺多姆广场、荣军院、巴黎圣母院、卢森堡公园、圣心大教堂以及杜乐丽公园及远处的罗浮宫,在读绘本时,我对这些都做了简单的介绍和讲解。每讲一处,芃芃都长大了嘴巴,不敢相信这么小小的一幅画里藏了这么多的秘密。故事讲完了,我们开始了大量的讨论。最有意思的莫过于当11个小女孩探望玛德琳后回到老房子吃面包时却变成了12个小女孩,刷牙、上床睡觉时又变成了11个小女孩了。

故事讲完了,我们开始了大量的讨论。

"哎呀,芃芃,这是怎么回事儿呀?"

芃芃想了想:"因为玛德琳饿了,想回去吃,她喜欢和小朋友一起吃,吃好了,还是要回到医院里去的,就少了一个。"

"哦,这样的啊,我还以为作者搞错了呢。"

"就是这样的,你相信我!"

这就是4岁时芃芃看《玛德琳》的最大的收获,不必告诉她你的成人式的答案,自有答案在孩子心中。

6岁时,再读《玛德琳》

转眼,芃芃快6岁了,读过的绘本更是不计其数,图书馆成了我们最喜欢去的地方之一,娘俩常常在图书馆一待就是一天。随着芃芃阅读量的增加，范围渐广，也许《玛德琳》对她而言过于简单而毫无吸引力了吧。可孩子的世界并不是我们成人能完全解读和掌控的。就在我们整理旧玩具、旧书籍准备义卖时，芃芃再次翻到了《玛德琳》。

这次，她没有第一时间要求我给她读，而是自己捧起书，一页页，安安静静地看着。当她合上书时，她说道：

"妈妈，这本书留下吧，我喜欢玛德琳。"

"为什么呢？"

"她和我一样，不怕老鼠，喜欢沿着台阶走，喜欢花儿，去医院割盲肠，她很勇敢。"

"妈妈，我给你讲一遍，我用我自己的话来讲。"

芃芃讲得很仔细，表情、服饰、她们在想些什么、她们之间的对话……远远超出了我的预期，带给了我深深地震撼。孩子在听了、读了很多绘本后，已经有了自己独特的想法。

"下雪了，克拉菲老师和玛德琳她们在滑冰，她们有的两个一起滑，有的自己滑，那里，一个老爷爷牵着一只小狗在看她们滑冰，小狗不停地在为她们叫好呢。"

"救护车来了，带着玛德琳和孔医生去医院了，其他小女孩站在窗户边，还在哭。"

"她们买了鲜花，一人一朵，一共11朵。"

"所有人都大叫，啊，选了自己喜欢的玩具，有的玩皮球，有的玩洋娃娃，有的跳绳，也有的在看书，她

芃芃讲得很仔细，表情、服饰、她们在想些什么、她们之间的对话……远远超出了我的预期，带给了我深深地震撼。

陪孩子爱阅读

们太高兴了，有这么多玩具可以玩。"

"玛德琳太想她们了，就回到老房子和小朋友一起吃晚饭，吃好晚饭，克拉菲老师说：玛德琳你要回医院去了，玛德琳回医院去了。其他小朋友都很不高兴，她们的嘴巴都是往下弯的。"

"克拉菲老师越跑越快，越跑越快，差点都摔倒了。"

"她咚的一声推开门问：怎么了？"

"小女孩们呜呜地哭啊哭，她们都想要割盲肠。"

"克拉菲老师笑了，她说晚安，宝贝们，睡觉吧，关了灯，关了门，结束了。"

芃芃讲完了，我们又展开了一次讨论，从坏人的定义到伤员是怎么受伤的，世界和平，从巴黎圣母院到名著《巴黎圣母院》，为什么对着老虎说"喵"，其他女孩为什么羡慕玛德琳肚子上的瘢痕，最后克拉菲老师为什么笑了，甚至作者的生平及其他作品等等。每一次的讨论都会有不同的火花四溅。

这就是玛德琳的魅力所在，她勇敢、淘气，充满了活力，每个孩子都会爱玛德琳，也会爱那另外 11 个孩子。每个孩子也会是玛德琳，是那 12 分之一。

2 岁时的安静聆听，4 岁时的寻找答案，6 岁时的独立讲述，每次阅读都会有不同收获。从芃芃身上，不难发现，好的绘本，不必按年龄区分阅读，因为每个年龄阶段她都会有不同的理解和收获。

很高兴，在芃芃这 6 年的成长里，我们能一起互相陪伴阅读那么多的绘本，我们常常一起讨论喜欢

好的绘本，不必按年龄区分阅读，因为每个年龄阶段她都会有不同的理解和收获。

她时不时冒出来古灵
精怪的想法，对某些事
物独到的见解，坚强独
立的个性……在我看
来，这些远远比认多少
字，会多少算术等重要
得多。

的情节，更改故事的结局，谁最懒，谁最漂亮，谁最温暖，这么多绘本的阅读，并没有让快6岁的芃芃认识很多汉字，从而有能力去读大部头书，也没有如想象中的出口成章，更没有上知天文下知地理。但她时不时冒出来古灵精怪的想法，对某些事物独到的见解，坚强独立的个性……在我看来，这些远远比认多少字，会多少算术等重要得多。正如彭懿在《图画书阅读与经典》中写道：

人的一生中能有几次邂逅图画书？三次：童年，初为父母，人生过半为了自己的时候。经典图画书以震撼心灵的方式，让孩子感知生命，解说父母无法生动言说的挫折、灾难、离别和死亡……

初为父母，若自己错过了邂逅图画书的童年，那么千万不要错过：将孩子拥入怀中，翻开绘本，慢慢地，轻声地，带着感情，和孩子一起畅游在绘本的世界里。

感谢芃芃让我有机会认识、了解并走进绘本的世界，这里有着看不见的魔力，将我们牢牢牵引，握着孩子的手，紧紧地依偎在一起，高兴就欢笑，悲伤就哭泣，生气就皱眉，没有束缚的想象，没有牵绊的思考，和孩子一起感受喜怒哀乐，和孩子一起成长。

读完芃芃妈妈的手记，我一下子想起很久很久以前读过的一篇文章,《用八年时间回答三岁女儿的一个问题》,作者是旅美学者薛涌。从芃芃2岁到6岁,妈妈带着她三次读《玛德琳》,我隐隐觉得,这里面,同样有着薛先生那样的敏锐与执着。

"2岁时的安静聆听,4岁时的寻找答案,6岁时的独立讲述,每次阅读都会有不同收获。从芃芃身上,不难发现,好的绘本,不必按年龄区分阅读,因为每个年龄阶段她都会有不同的理解和收获。"

这是芃芃妈妈自己给出的思考,这个思考大大突破了将"绘本"作为某种学习资源而存在的肤浅认知。很显然,这句话里有着非常深刻的内容,绘本自有其阔大的内涵,在儿童成长的节律中,它可以重复出现,反复启动。一册经典绘本永远不止"一册",它就是一个独特的世界,甚至是多个独特的世界,而当这个世界与孩子的世界发生关联,奇迹就发生了。

芃芃妈妈所引用的彭懿先生在《图画书阅读与经典》中的话,也是这个道理:"人的一生中能有几次邂逅图画书?三次:童年,初为父母,人生过半为了自己的时候。经典图画书以震撼心灵的方式,让孩子感知生命,解说父母无法生动言说的挫折、灾难、离别和死亡……"

换句话说,《玛德琳》这一册绘本,她们才读了三次而已,在往后的日子里,应该还可以一次又一次接着读吧?当芃芃8岁,芃芃18岁,芃芃28岁……难以想象的辽阔,是吗?在这辽阔里,她们读到了什么——

"这里有着看不见的魔力,将我们牢牢牵引,握着孩子的手,紧紧地依偎在一起,高兴就欢笑,悲伤就哭泣,生气就皱眉,没有束缚的想象,没有牵绊的思考,和孩子一起感受喜怒哀乐,和孩子一起成长。"

没错,她们读到的就是那个看不见却始终在发生着的"成长"。当然,这一切,需要你我每个大人的努力。

冷玉斌

在绘本中找寻孩子的身影，在共读中见证孩子的成长

自述者　邵家楠(5 岁苗苗的妈妈)

家庭档案

　　一边是超级细心，思维严谨，做技术工作的爸爸；一边是个性直爽，雷厉风行，做销售工作的妈妈。这样一对性格迥异又互补的 70 后父母，构建的四口之家，在育儿观点上，不可避免的会有所争执。但是，每天为孩子带来各种图片精美，内容有趣的故事书，为他们朗读不同类型的绘本，是爸爸最欣赏妈妈，也是妈妈最喜欢并且坚持的一项亲子活动。

　　从当初三口之家的职场妈妈到二宝到来后的全职妈妈，妈妈和孩子们一起看书是每天的必修课。爸爸虽然工作忙碌，但也会积极利用一些闲暇时间，力所能及地为孩子们带来自己擅长讲读的科技和数学类绘本，以及其他各种有趣的故事书。

　　在这两个孩子的家庭中，姐姐和弟弟也有着截然不同的个性，两位起初对书有着不同接受方式的孩子，最终都爱上了绘本。而爸爸妈妈则通过这种爱的阅读陪伴，在绘本里找到了自家孩子的身影，在故事中看到了孩子的成长。

亲子阅读 Tips

★　无论孩子是在幼儿期、婴儿期甚至是胎儿期，只要准备好

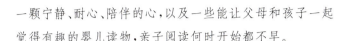

一颗宁静、耐心、陪伴的心，以及一些能让父母和孩子一起觉得有趣的婴儿读物，亲子阅读何时开始都不早。

★ 别把给孩子讲故事仅限于在家里进行，其实它可以无处不在。

★ 这种经得起折腾的，可以携带的图书在选择上要注意，最好是小巧轻便，耐翻，而且是那个时间段，孩子最喜欢的系列绘本之一。

★ 在故事书中，父母能找到那个稚嫩、天真、淘气的自家孩子的身影，并且开始学着慢慢地、从容地、智慧地应对孩子成长中的各个问题。

自从我的第一个孩子苗苗出生后，大家都亲切地叫我苗苗妈妈，这是升级成母亲后，大家对我最多的称呼了。因为工作性质的原因，我在生活中养成了提前规划，学习部署，未雨绸缪的习惯。养育子女亦是如此，容不得半点马虎，一旦确定了自己的准妈妈身份，床头就出现了不少育儿书籍。希望自己能在理论中学习，在实践中摸索，成为孩子心目中那个懂她，爱她的称职妈妈。

女儿 3 岁前，我还是个充满工作激情的职场妈妈。虽然平时工作忙碌，双休日还要奋战于在职工商管理硕士的课堂上，但正是心中有此信念，所以，无论事业上如何忙碌，我以家庭为重的原则一直没失衡过。每天利用各种休息时间挤奶，确保女儿母乳喂养至 14 个月大；下班后的第一任务，就是陪伴她，给她念各种故事、儿歌，直到她上床睡着后，再投身于各种邮件回复和工作安排中。现在回忆起那段苗苗成长中变化最快的日子，母女俩一起躺在床上看绘本的时光，虽然忙碌，却无比温馨和柔软。

在女儿过完 3 岁生日后，我的第二个孩子降临了，这让原本就繁忙的家庭，变得更加疲惫不堪。为了让工作繁重、压力巨大的老公更安心地投入于事业中；让二宝的到来，能使我们家庭更和谐，温暖；让苗苗能感觉到这份珍贵的手足之情，2 年前我决定投身到全职妈妈的队伍中来，回归家庭，更好地照顾我的两个孩子。感谢当初的这个决定，让我们现在一家四口的生活更丰富多彩，让我可以拥有更多的时间，耐心地、从容地，去陪伴我的孩子们。可以伴随着他们的成长，一起在他们的心中播种下一颗爱生活、有思想、喜阅读的珍贵种子。

亲子阅读可以来得更早些

❁ 月子里，给女儿念童谣

确实，从孩子出生，作为母亲一直陪伴于他们的成长，在这个过程中，我和他们有个永恒不变的主题，那就是陪他们讲故事、念绘本。当确定自己怀孕

现在回忆起那段苗苗成长中变化最快的日子，母女俩一起躺在床上看绘本的时光，虽然忙碌，却无比温馨和柔软。

陪孩子爱阅读

后，我参加了一些医院举办的准妈妈课程，通过一些讲座了解到新生婴儿，尤其是在月子里的宝宝是最没安全感的。从原来自己居住的恒温子宫房间离开，来到人间的第一个月，是最需要母亲呵护的。但是，初为人母的妈妈，按中国传统的说法，月子里是需要有足够的休息，没法为孩子洗澡，换尿不湿，抱着他们晃来晃去。那么，除了喂奶，当小家伙睡醒后，睁开乌溜乌溜的大眼睛时，我应该陪她干点啥，让她也能感受到妈妈的爱呢？

一次，老公从新华书店带回一本《儿歌》，据说那是他买童谣 CD 时，顺手一起买回来的，竟意外被我相中。于是决定在孩子醒着的时候，就陪她念念儿歌吧。让我记忆最深刻的是"柳树"这首儿歌，内容是这样的：

> 柳树姑娘高个子，
> 站在河边照镜子，
> 春风吹来当梳子，
> 扎起长长小辫子。

这首押韵的儿歌，朗读起来很清脆上口，所以我也很喜欢每次都拿出来和宝宝念一念。月子里的小家伙，当然只会傻傻地睁着眼睛，没有反应地听我读；不过过几天，当我再次读起时，她就可以睁大眼睛注视我的脸庞，看着我读了；又过了段时间，当她再听到这首儿歌时，还会激动的手脚并用，好像在打太极一样，又仿佛是在给妈妈反馈："妈妈，你读的儿歌，真好听，我听得很开心哦。"有了初次的成功体

我决定在孩子醒着的时候，就陪她念念儿歌吧。

验,我开始尝试更多的互动。在女儿 6 个月前,因为我有足够的产假和陪伴时间,只要我们母女一空下来,我就会找本书出来,给孩子翻翻、读读。

现在回想起来,当其他孩子都不知道什么是书时,苗苗就能静下性子,接受我为她挑选的各种类型的儿童书籍,并且很耐心地听妈妈讲故事。其中的一个原因可能是小家伙在月子里,就受到了妈妈为她无意间进行的朗读启蒙吧。女儿不属于那种特别安静、专注力强的孩子,但是每每到阅读时间,她总是能很耐心地把故事从头听到尾。我想能支撑她从那么小,和妈妈一起专注地听故事的,除了故事的本身,还应该有听故事时,能依偎在妈妈怀里,同时听到妈妈声音的那种甜美感觉吧。当孩子在很小的时候,通过讲故事,让他们感受到父母的爱,和对声音的依恋,我想这是培养孩子爱上阅读的,养成听故事习惯的情感支撑吧。

🌸 慢热升温的儿子

同样的,在儿子身上我也看到了尽早进行亲子阅读带来的正面效果。相对于女儿,不到周岁的儿子对书可就没那么温柔了。图片精美的绘本在他手中,有时会被撕坏,让我一度很困惑是不是要给小家伙讲故事;同时,还很担心弟弟会不会不像姐姐那么爱看书呢。但是在接下来的半年里,随着弟弟认知能力的增强,对书籍的热爱程度也呈加速递增,而且对书本的热爱,和专注一点不弱于姐姐。现在想来,

当孩子在很小的时候,通过讲故事,让他们感受到父母的爱,和对声音的依恋,我想这是培养孩子爱上阅读的,养成听故事习惯的情感支撑吧。

其实那段时期的弟弟，不单单只是对绘本粗暴，他对好多东西的理解，都是在揉、撕、敲、打的肢体动作中来体会的，那应该是男性在成长过程中经历的一个正常行为发育期吧。

如果那时，我武断地自以为是地认为儿子不爱看书，而中断亲子阅读，那我恐怕就见不到那个爱看书的"自家孩子"了，那该有多可惜啊！所幸俩孩家庭里的弟弟，虽然不像姐姐那样爱靠在妈妈怀里，听故事，但是每当他在摸索肢体动作的同时，边上还有个爱听妈妈讲故事的姐姐，虽然他没看着绘本听妈妈说故事，但这些故事也同样都听到他的心里去了。而且相比妈妈在月子里给姐姐讲故事，弟弟的故事时间其实来还要更早。因为当他还是胎儿时，妈妈在给姐姐讲故事的时候，他应该在肚子里一起听吧。

❋ 何时开始阅读，不必彷徨

家长们大可不必彷徨：何时开始亲子阅读，孩子们会不会听不懂我在说什么？因为，无论您的孩子是在幼儿期、婴儿期甚至是胎儿期，只要你准备好一颗宁静、耐心、陪伴的心，以及一些能让你一起觉得有趣的婴儿读物，相信无论什么状态下的孩子，肯定能感受到爸爸妈妈的这份陪伴，以及喜欢你搂着他们，抱着他们，为他们念儿歌，讲故事时的那种快乐。如果，你也是信息时代的年轻父母，不想无聊地打发怀孕期或月子时间，那么可以考虑在怀孕时，就备好几套有趣的宝宝绘本，作为送给宝宝初生的第

其实那段时期的弟弟，不单单只是对绘本粗暴，他对好多东西的理解，都是在揉、撕、敲、打的肢体动作中来体会的。

只要你准备好一颗宁静、耐心、陪伴的心，以及一些能让你一起觉得有趣的婴儿读物，相信无论什么状态下的孩子，肯定能感受到爸爸妈妈的这份陪伴。

一份礼物吧。相信，如果母乳是你献给孩子的物质粮食，那么陪伴孩子阅读无疑是一份珍贵的精神食粮了。

　　为女儿在半岁前朗读的一些书籍，我没有做过太多研究，大都是些朗朗上口的诗歌、儿歌或者经典童话故事。可能是因为那个阶段的孩子更多的是对母亲声音的向往吧，所以对于我读的任何故事苗苗似乎都很有兴趣地认真聆听。所以，半岁前的故事书，妈妈觉得只要是自己喜欢的故事或儿歌，随口给孩子念念，读上几篇，就很棒了，因为里面盛满了妈妈的爱和气息。儿子出生后，作为全职妈妈的我，有了更多的时间，通过现在的绘本市场，用心挑选出与一些更适合 2 岁以内的低幼宝宝绘本。绘本每页都有可爱的图片，故事内容非常简单、短小，内容很好理解，句子重复性多，更适合婴儿期宝宝的启蒙。其中儿子最喜欢看的儿套系列是《幸福宝宝益智启蒙绘本》《奇迹小宝宝，初次见面绘本》《小玻翻翻书》和《小熊宝宝》这些系列丛书。

亲子阅读可以无处不在

　　在当下 21 世纪，大家都知道孩子的成长最重要的就是有父母的爱和耐心的陪伴。但是如何进行高质量的陪伴，对于很多家长来说是在不断琢磨和学习的。对于一些本身有一技之长的父母，可以运用自己的特长，与孩子进行节奏游戏、涂鸦创作，或体

半岁前的故事书，妈妈觉得只要是自己喜欢的故事或儿歌，随口给孩子念念，读上几篇，就很棒了，因为里面盛满了妈妈的爱和气息。

绘本每页都有可爱的图片，故事内容非常简单、短小，内容很好理解，句子重复性多，更适合婴儿期宝宝的启蒙。

陪孩子爱阅读

育探索,科学探究等各种有趣的亲子互动。但是对于一个普通家长,我想陪着孩子一起讲故事,看绘本应该是一种最容易入手,而且无需太多门槛的高质量陪伴。特别是对于疲惫工作了一天的职场父母们,有时候下班,一本好的绘本,无论从绘本风格,故事内容还是人生寓意上,都会让你自己也爱上它。与孩子亲子阅读,更多的是一种情感交流和自我放松。

 职场妈妈,晚上的固定阅读时间

作为职场妈妈和全职妈妈不同的角色,我在养育女儿和儿子的过程中,感受到绘本阅读带给我不同的力量和帮助,原来亲子阅读可以无处不在。

在养育第一个孩子时,除了休产假期间,我和女儿讲故事时间不受限制外,后来因为返回工作岗位,像其他大部分家庭一样,我们的故事时间只能安排在了晚上。和所有的孩子一样,因为白天看不到妈妈,下班回家后,女儿会特别黏我。有很多孩子宁愿牺牲自己的休息时间,不在正常入睡时间就寝,为的就是能和父母晚上多待一会。了解到孩子的这一心理特征,在职妈妈的我,每天下班回到家,晚饭后休息片刻,我们就会一起早早地躺在床上,因为床头柜上放了厚厚一叠苗苗爱看的书,一本接着一本讲,讲到小家伙真的累了,她自己会说"妈妈,我想睡觉了"。我想那时我们母女的亲子阅读,是一种可以弥补女儿一天来对妈妈的相思之情,满足她的情感依

第三辑 为什么读?

283

恋,更是一种可以帮助她安静入睡的有效方法。

🌸 一拖二的全职妈妈,充分利用碎片时间

在养育老二时,情况则完全不同,因为虽然我身为全职妈妈,但是弟弟的故事时间只能安排在白天,因为晚上故事时间得留出来给幼儿园放学回家的姐姐。而我们家弟弟脾气倔强。平时那个乖巧懂事的孩子,经常会钻牛角尖,而且一旦情绪来了,那就是脾气暴躁,各种无赖、哭闹、手打脚踢、一应俱全。好在,儿子爱看绘本,这时绘本在巧妙的应用下,又变成了缓解儿子情绪的好帮手。每每儿子乱发脾气时,我只要一拿出他爱看的绘本,一页页读他喜欢的故事,小家伙立马进入看书状态,一本书第一遍讲完,之前的暴躁情绪就已经缓解得差不多了,再来几遍后,他的状态就基本稳定,相比气头上和他较真,讲道理,这个时候和他解释他更愿意接受。

二宝家庭全职妈妈还经常需要带着两个孩子外出,如何让陪伴姐姐的弟弟也能过得开心呢,那就讲故事呗。所以,相比别人家整洁干净的绘本,我们家的绘本,都是其貌不扬,有点皱巴,甚至缝补多次的了。那是因为妈妈去哪都会带着——各种点餐等待时间、去医院排队等叫号时间、陪姐姐上课时打发的无聊时间,各种碎片时间都是妈妈拿来和弟弟分享阅读的好时光。如果若干年后,儿子书包里会有本钟爱的课外书籍,随手喜欢拿来翻阅,还懂得利用碎片时间学习的话,那一定是他在幼儿期,和妈妈亲子

每每儿子乱发脾气时,我只要一拿出他爱看的绘本,一页页读他喜欢的故事,小家伙立马进入看书状态,一本书第一遍讲完,之前的暴躁情绪就已经缓解得差不多了。

各种点餐等待时间、去医院排队等叫号时间、陪姐姐上课时打发的无聊时间,各种碎片时间都是妈妈拿来和弟弟分享阅读的好时光。

陪孩子爱阅读

阅读时养成的那份潜移默化的习惯吧。这会不会又是一个你羡慕的"别人家的孩子"呢,那就请您别把给孩子讲故事的时间仅限于家里了,其实它可以无处不在。比起出门在外,给孩子玩手机打发时间,陪伴他们学会等待时的阅读,是不是更有意义呢。

比起出门在外,给孩子玩手机打发时间,陪伴他们学会等待时的阅读,是不是更有意义呢。

 ## 把绘本带来带去

其实早在姐姐小时候,我们家的绘本就是扛来扛去的,每次我们外出旅行,或是去爷爷奶奶、外公外婆家,我们都会带着绘本。

这学期双休日我们班级自发组织了前往文化公园的家庭日活动。其中一项活动内容是小伙伴们在草地上席地而坐,迎着大自然的风声,听着"故事妈妈"给大家讲好听的故事。这项活动作为当天的压轴戏,不仅小朋友们非常喜欢,连家长也连连称赞。因为,经过一天的玩耍,孩子的大脑和身体处于非常兴奋的游戏状态,如果当时就提出活动解散,怕有不少小朋友还意犹未尽,不肯离去。唯有通过讲故事,才能让孩子们原来兴奋的大脑放松下来,那时才会感到自己身体的疲惫。而借着孩子们专注、认真、安静地听故事时间,爸爸妈妈们则抓紧时间收拾各种装备、食物和垃圾。等到"故事妈妈"合上故事书的最后一页时,活动场地也已经整理得差不多了,借着孩子们的倦意,大家就欢快地道别离开了,给活动画上了圆满的句号。

这种经得起折腾的,可以携带的图书在选择上

这种经得起折腾的,可以携带的图书在选择上要注意,最好是小巧轻便、耐翻,而且是那个年龄段,孩子最喜欢的系列绘本之一。

推荐书目：
《不一样的卡梅拉》
《妈妈，我问你》
《蜡笔，咕噜咕噜》
《彩色纸，撕撕撕》
《小玻的第一个圣诞节》
《叮铃铃，来电话了》

要注意，最好是小巧轻便、耐翻，而且是那个年龄段，孩子最喜欢的系列绘本之一。其中，《不一样的卡梅拉》《妈妈，我问你》是女儿小时候外出携带频率最高的；而《蜡笔，咕噜咕噜》《彩色纸，撕撕撕》《小玻的第一个圣诞节》《叮铃铃，来电话了》等故事书是从上述提到的系列丛书中选出来的儿子最爱看的那几本，也是儿子外出携带频率最高的。其实，只要你们家也有亲子阅读的习惯，相信这种绘本都是可以随手拿来，好好利用一番的有效工具呢。

亲子阅读可以见证孩子的成长

在我们家的书柜里，装满女儿和儿子的故事书，这些绘本，都可以追溯其购买时期和故事背后的那些故事，因为每种类型的书籍，都记录着孩子们的成长轨迹。

❀ 在绘本中寻找孩子的身影

回到前面讲过的佐佐木洋子的《小熊宝宝》，那是我和女儿在她1岁左右开始读的第一套故事简单、画面可人的成长类绘本，也是这套绘本，我和女儿开始进入了充满魔力的，给人力量的绘本世界。《小熊宝宝》对于1岁多宝宝来说，都是爱不释手的，每天要缠着爸爸妈妈重复循环地讲好几遍。画面里那只憨态可掬、可爱害羞的小熊，正是那个年龄段孩子的缩影，故事里讲述的那些有趣的，"平常的"小事情，对于我们的孩子来说，那可是他们认为"天大的"大事情。

于是，从那套书开始，女儿开始喜欢上了这种拟人化的成长系列书籍。到了 2 岁多，这类主题书在书柜上已经厚厚一叠了。从《淘气宝宝》系列、《兔子小白》系列、《青蛙弗洛格的成长故事》系列到《小兔汤姆》《贝贝熊》和《大卫》系列。现在，儿子随着年龄的增长，也进入了对这类绘本的钟爱期。

这些围绕着成长话题的系列绘本好似可以满足"Trouble Two"的孩子对外面世界的好奇，以及借着书中的那些角色，给自己感觉"我长大了，也会变得如此强大的"各种心理暗示。而对父母而言，陪伴孩子共同阅读成长故事，在故事书中，也找到那个稚嫩、天真、淘气的自家孩子的身影，并且开始学着慢慢地、从容地、智慧地应对孩子成长中的各个问题。这些被翻来覆去，讲到妈妈都可以背出来了，内页都已经破旧不堪，玻璃胶也不知道补过多少遍了的故事书，虽然"颜值"不高了，但其"内涵"却映衬着我的两个孩子成长初期的无数记忆。

❀ **在绘本中，寻找解决方法**

到了 3 岁多，女儿苗苗的个性也彰显得越发清晰了。情感丰富，热情善良，对陌生环境的适应有点慢热，有点谨慎胆小，行为上有时会不拘小节，大大咧咧的女孩。对于这样一个经常说 NO、有个性的孩子，在成长中也有一些过不去的坎和生活上的坏

这些围绕着成长话题的系列绘本好似可以满足"Trouble Two"的孩子对外面世界的好奇，以及借着书中的那些角色，给自己感觉"我长大了，也会变得如此强大的"各种心理暗示。

习惯，我为此一直感到头疼；如何才能不用传统的说教，婉转地帮助孩子认识到自己的这些缺点，并且帮助她改变呢？

《胆小鬼威利》《胆小的猫头鹰》《小鸡小鸡胆子小》《胆小的老鼠》是我第一次按一个主题购买绘本，目的是想告诉成长中的女儿，现在那个容易害怕的小姑娘，未来是可以变勇敢的。用《可爱的身体》系列和《鼻屎的藏身之处》，告诉女儿刷牙、保持良好的个人卫生以及疫苗接种的重要性，它们都是帮助我们保卫身体的武器。到了自我意识膨胀期，小姑娘特别容易受情绪影响，我们又购入《生气的亚瑟》《菲菲生气了》《儿童情绪管理系列》《杰瑞的冷静太空》等情绪管理主题的书籍，并且经由绘本得到启发，在家里也开辟了一个专属苗苗的冷静角。随着女儿的成长，当时的那些问题，有些已经消失，有些正在缓解。无论如何，现在翻开这些主题书，重新回味时，仿佛眼前又呈现出当时的那个苗苗，以及她成长中的一个个小故事。

尝试按主题购入绘本，有针对性地解决孩子成长中的问题。

❀ 在绘本中，探索新的领域

4岁时，伴随着女儿对分类、排序和数字大小开始有了兴趣，进入了数学敏感期，于是我们逐步开始了数学绘本的探索——从初期的《小小数学家》《数学游戏故事绘本》系列，到《数学小子系列丛书》《时间的故事》，再到《走进奇妙的数学世界》。伴随着女儿逻辑思维能力、推理能力和认知能力的提升，我们

伴随着女儿对分类、排序和数字大小开始有了兴趣，进入了数学敏感期，于是我们逐步开始了数学绘本的探索。

陪孩子爱阅读

又开始挑战无字书——从《海底的秘密》《七号梦工厂》《艺术大魔法》《疯狂星期二》到《小红书》《雪人》。

5 岁我们开始了琴童之路,在《大家一起听音乐会》的感染下,第一次和苗苗一起去了东方艺术中心欣赏儿童新年音乐会;《我的第一本古典音乐启蒙书》带给孩子更多的西洋乐器知识和古典音乐欣赏。今年,女儿快满 6 周岁了,借着和爸爸玩科学,又开始了科学绘本的探究——从《揭秘科学》系列翻翻丛书、《神奇校车》到《妙想科学》。这些不同时期她爱看的书籍都是见证她成长的一本本故事书,陪伴她度过每段敏感期,每个成长的里程。

其实,现在想来,当初为女儿在月子里种下的第一枚小种子,是我以爱的名义在不经意间播撒的。现在随着她的成长,这些阅读种子让她变得更有学识,更丰富她的生活,也让她变得内心更有思想,更加坚强。

现在的苗苗也不再是以前那个在襁褓里的小婴儿了,6 年的成长,她学会自己在书柜里挑选各种喜欢的图画书,有主见地自己翻阅、看书。现在,她还经常会拿出一些小时候喜爱的绘本,一个人悄悄地看,或者读给弟弟听。这些书籍一定带着妈妈的味道,像种子一样,已经生根在她内心,滋润着她,养育着她。而这些年来,那颗在女儿心中壮大起来的种子,何尝不也感染着我呢? 那些可以伴随孩子们成长的绘本,仿佛也可以唤醒我们 70 后这代人的童年,重温我们儿时的时光。同时,跟着绘本里的那些

这些不同时期她爱看的书籍都是见证她成长的一本本故事书,陪伴她度过每段敏感期,每个成长的里程。

6 年的成长,她学会自己在书柜里挑选各种喜欢的图画书,有主见地自己翻阅、看书。

第三辑 为什么读?

故事，更清楚地认识自己，学做那个更好的我、更懂孩子的家长，我想这就是亲子阅读的力量吧！

读完苗苗妈妈的亲子阅读手记，不禁想，在给自己的孩子讲绘本这件事情上，真的没有专家，绘本的挑选和讲述，就是一个因材施教的过程，这个"材"，还可以分两方面，一方面是孩子这块"材"，另一方面，当然就是自己这块"材"。每个大人的擅长与趣味都不一样，每个孩子的天性和喜好也不一样，那么，所谓"专家"，说到底就是对自己能了解，对孩子能把握。这篇文章，苗苗妈妈就是以自己的绘本阅读行动为最佳路径，走出了一条属于她孩子的独特的绘本阅读之道，在绘本中找寻到了她孩子的身影。

我以为，苗苗妈妈这位专家在这篇长长的文章里，至少有两点值得我们参考并借鉴。

第一点，她根据她的绘本阅读之道提出来的那些共读策略，都特别实用，有巧思，很贴心，如绘本阅读的时间安排，绘本阅读不一定只在家中，从绘本中探索新领域，对这一项我尤为认同，绘本阅读固然"更多的是一种情感交流和自我放松"，但是，对于如今品类繁多、内容丰澹的绘本而言，从中可以获取的信息实在太多太多，人文历史、艺术审美、天地自然、科学发现……苗苗妈妈熟悉这些，借着这些一本本好看的绘本，见证了孩子们一段一段的成长。

第二点，或许与绘本阅读过程或策略等是两回事，但说到底是一回事，因为若无此点，那么绘本阅读过程就不会发生，更不必说阅读策略了，那就是苗苗妈妈明确的"家庭之爱"，不必多说，只要找一句话："我决定投身到全职妈妈的队伍中来，回归家庭，更好地照顾我的两个孩子。"

我并不是鼓励大家都要像苗苗妈妈这样，事实上，能做到这一点自然需要很多外在条件，还有勇气，我是借她这句话来表明，有"爱"就有了一切，这，是最重要的吧？

　　最后，我想引用苗苗妈妈文章结尾的话："那些可以伴随孩子们成长的绘本，仿佛也可以唤醒我们 70 后这代人的童年，重温我们儿时的时光。同时，跟着绘本里的那些故事，更清楚地认识自己，学做那个更好的我、更懂孩子的家长，我想这就是亲子阅读的力量吧！"要我说，这不仅是亲子阅读的力量，可能，正是亲子阅读最大的意义！

　　　　　　　　　　　　　　　　　　　　　　　　冷玉斌

绘本里的分量、诗意和哲理

自述者　冷玉斌（9 岁念念的爸爸）

家庭档案

三口之家。爸爸是小学语文老师，妈妈是小学英语老师，女儿是 3 年级小学生。

曾经，爸爸给女儿读中文绘本，妈妈给女儿读英语绘本，女儿喜欢听绘本，现在，女儿最喜欢读的是中国历史故事。从绘本到历史书，一家人，继续这有分量，也不乏诗意与哲理的阅读之旅。

亲子阅读 Tips

★ "有分量感的语言"会带给孩子音调、韵律、声音的美丽和愉悦，这就是语言体验的发端，也是唤醒生命存在感的开始。

★ 现代社会，散文性的语言被过分使用，语言变得贫瘠了，语言贫瘠就意味着表达的贫瘠。改变这一点，就必须要在孩子还小的时候给予一些文学的、诗性的语言体验，孩子可以从诗的语言中感受到更多语言的韵律、语调、意象，以及它们彼此间的联系，及其蕴涵的乐趣和愉悦，所以，要多多寻找诗性的图画书给孩子。

"萤火虫在我们手边流逝，于是一如现代生活乃至于现代阅读的一则隐喻，尤其是童年的、启蒙的阅读。"我一度迷恋于唐诺的叙事，他写下的几乎是一部小说，主人公就叫"阅读"。读了这句话，我反复咀嚼这个"萤火虫"的象与意，是的，"萤火虫"，对童年的阅读而言，这真是再恰当不过的比喻。只是，我有些不甘，萤火虫流逝了，但它真的什么也没有留下来吗？想啊想啊，或许不是，在它飞过的那一刹那，在那微茫的光亮掠过时，还是会为我们童年的阅读点起几盏小灯，所以，现在回过头去，拣拾与女儿的共同的阅读记忆，我做不到从一架书里取出一些汇编成"书单"那样的傲慢与偏见，只能将某个时刻亮起却至今闪烁心头的几盏小灯提出来，零零星星，飘飘悠悠，只是那幽幽的光，长久以来，一直照着我们彼此。

3 岁，有分量感的语言：《凯迪和一场很大的雪》

我们家开始共读，应该是从念念 2 岁之后。开始也谈不上"共读"，就是我们读，她来听——有没有认真听？说不上来，现在想想，这是对的，那样的阶段，做父母的只要在意"有没有认真读"就好了，读是重要的，读就是最好的。

我后来读到松居直先生的《爱的语言》，哎呀，我

做父母的只要在意"有没有认真读"就好了，读是重要的，读就是最好的。

真是觉得讲述给孩子读书这件事的意义，再没有谁能说得比他更温馨、更贴切了。引用几段：

有一些话，是父母必须对孩子说的，为了使他们健全地成长，将来能够靠自己的力量过活。例如，人活着到底是为了什么？该追求什么？"活着"的真谛何在？父母应该从小灌输孩子这些事，让它们深深地刻在孩子心里。

念书给孩子听，也就是为了传达这些观念……我从孩子很小的时候开始，到他们 10 岁左右，一直念书给他们听，从没有间断过。我念的书范围很广，从图画书到分量不少的儿童文学作品都有……数不清我到底念过几百本书给他们听，但其中有不少是我自己非常喜欢，希望全心全意和孩子分享的故事，也有我小时候百听不厌的故事。有时候说着说着，我自己比孩子还陶醉。我常在事后才察觉到，我期望某个故事能让孩子了解某些事情，或产生一些特定的想法或感受。

孩子长大以后，我才真正了解到，当时我用自己的声音、自己的语言讲了这么多故事……透过这些书，我已经在他们小时候，把一个父亲想对孩子说的话说完了。

真的，关于绘本阅读或共读，这一篇，最喜欢！松居直先生以过来人的质朴话语，温暖地传达出图画书阅读——乃至整个亲子阅读的意义，诚恳、有

陪孩子爱阅读

力。这样的话语，就是他强调的亲子之间最该存在的"有分量感的语言"吧。

我起初不懂，我不知道什么是"有分量感的语言"，我觉得我身上没有产生什么"有分量感的语言"，直到一本书出现，在共读中所发生的奇妙状况，让我醍醐灌顶恍然大悟，从这一本书中，我真真切切体会到什么是"有分量感的语言"，同时，这大概也是我们和念念第一次与"听的力量"的正面相逢，这本书就是《凯迪和一场很大的雪》，维吉尼亚·李·伯顿的作品。

✿ 简单的故事

书的故事很简单：

凯迪是一台红色履带式拖拉机，夏天推土，冬天铲雪。某一个冬天，一场大雪来到，城市被雪覆盖。凯迪横空出世，"慢慢地、稳稳地"，奋力为城市犁出一条路，她一处一处走过，让所有的机构继续工作，让所有的道路畅通，让城市回归到正常生活，最后"才打算停下来好好休息"。

维吉尼亚·李·伯顿这本书初版于 1943 年，画风朴实老派，有浓浓的风俗画味道，注重细节描摹，就连边框里也有小叙事。故事以整个城市为背景，从凯迪的行动中，完全可以想象城市中人的生活——一个安宁和谐的市民社会。我最初读的时候就对"吉波利斯市"的市政建设印象深刻，这书出版70 年后，我生活的地方，仍然没有完备的公共设施，

推荐书目：
《凯迪和一场很大的雪》

前不久女儿还在问:"我们这里的消防车怎么还没有呀?"她无数次从外婆家对面的派出所门口走过,那儿有间大屋子,是预备停消防车的,屋子建起来有两年了,消防车却始终没出现。

第一遍听这个故事,她就喜欢上了。每次固定读两遍,有时更多,一遍听完就马上要求:"再读一遍!"

之后很长一段时间,一直读"凯迪",她始终兴致勃勃乐此不疲。起先我还纳闷儿,怎么一个小小丫头,对拖拉机这样笨重的大家伙感兴趣。有天中午放学回家,转弯时看到远处工地上拖拉机、推土机、起重机来来往往,恍然大悟,她经常由外婆抱出去晃悠,工地去得想来不少,所以,"凯迪"能将书与生活连接在一起,她也就看得开心。在写这篇文章时,有文章提醒,对"凯迪"的喜欢除了与生活相连,更有可能是孩子天然的对拯救主题与秩序感的敏感,因为这两者都可以带给孩子安全感,我再回头读"凯迪",深以为然。几乎可以说,"凯迪"讲的就是一个英雄故事,丰富的细节中包含诸多英雄壮举,对于需要权威的孩子来说,对凯迪的喜欢也就不足为奇了。

✿ 有特色的语言

"凯迪"的语言很有特色,简洁,指示明确,紧贴故事,没有难解词,口语化,虽然不是韵文,但文字相近的段落不断重复,就有了诗的韵味。文字叙述的情节又特别紧张,而贯穿其中凯迪的勇气、热忱与尽职最动人,自始至终,面对各方求助,她只有两句回答,"跟我来"或者"没问题,跟我来"。"咔嚓"、"咔嚓",她孤独行进,以一己之力,将整个城市从大雪中"拯救"出来,斗志昂扬,又不毕现锋芒,最后一句是:"直到这时,她才打算停下来好好休息。"简直有些英雄解甲壮士归来的悠长余味。

后来有一天,外婆告诉我们,女儿一个人玩的时候,嘴里老念念有词,好像说了一些句子,但又听不清楚。我和妈妈一留意,听到了,她是在念明:

"整个夏天,凯迪带着她的推土铲在城市的各条道路上工作。她喜欢工作。越费力越有难度的任务她越喜欢。"

"有一回,蒸汽压路机掉进池塘,凯迪把他拉了出来。公路局的人很为她感到骄傲……"

拉拉杂杂,音虽不准,字倒不差。我就把书拿过来,从第一句开始,我说一两个字,她就接下去,一页一页试过去,除了个别页有记岔的,她几乎把整本书的文字都记住了。我第一次发现小孩只是听故事就能记住文字,而大人虽每天在读,也就只记得前面几句。当然,我尤为感叹的是她对这本书真的喜欢,而这种喜欢只是因为"听",她一个字都不认识,只能一次次听,一点点积蓄喜欢,最后不知不觉就把这些话全部记下来了,再念给自己听。这就是幼小的她与书的共鸣。现在再想这件事,还是感动。日本著名精神科医生神谷美惠子说:

生命最质朴的感受,就是从心底最深处涌出强烈的、跃动的、无法压抑的喜悦。

她一个字都不认识,只能一次次听,一点点积蓄喜欢,最后不知不觉就把这些话全部记下来了,再念给自己听。

"有分量感的语言"会带给孩子音调、韵律、声音的美丽和愉悦，这就是语言体验的发端，也是唤醒生命存在感的开始。

要让儿童从文字中获得这种喜悦，是通过看、听，还是读？我想，肯定是听。"有分量感的语言"会带给孩子音调、韵律、声音的美丽和愉悦，这就是语言体验的发端，也是唤醒生命存在感的开始。

5岁，在他们小时候：《世界为谁存在？》

还是松居直先生，他在《我的图画书论》中指出：

图画书的好坏，取决于图画书中有多少丰富的语言，有多少富有内涵的、实在感的语言，有多少读者和听者从内心能共鸣的语言。而正是这样的语言，才塑造出了丰富和实在的意象。

这样的语言，就是诗吧？在与女儿的共读中，要说我们曾感受到的诗性的力量，会立刻想到《世界为谁存在？》这本书，它的文字部分是汤姆·波尔的一首诗。虽然有点长，可一些段落，女儿听着听着也记在心里，这也证明了诗的力量：

世界为谁存在？
熊宝宝问妈妈。
她钻出冬眠的洞口，
挨近妈妈毛茸茸的肚子。

呃，看看你的四周，妈妈回答。

陪孩子爱阅读

这个世界有那么多又深又黑的洞穴，

为你遮风避雨，

那么多在阳光下闪闪发亮的溪流，

鱼儿在悠游，

每一座森林，不管多么辽阔，

你永远也不会迷路走错。

世界为你存在！

世界为谁存在？

狮子宝宝问爸爸。

他们沐浴在阳光里，

闻着干热的空气。

呃，看看你的四周，爸爸回答。

这个世界有那么多绿油油的草原，让你奔跑跳跃，

每一只斑马、羚羊与大象，帮助你茁壮成长，

每一块平滑耸立的岩石，让你享受阳光。

你应该相信，

世界为你存在！

……

世界为谁存在？

猫头鹰宝宝问妈妈。

他靠着妈妈的翅膀，

一起坐在松树的枝头上。

呃，看看你的四周，妈妈回答。

这个世界有那么多高大青葱的树木，让你停靠鸣叫；

那么多栅栏支柱，让你休息睡觉；

皎洁的月光照亮夜空，帮助你精准地向地面上的猎物俯冲。

亲爱的孩子，世界像一棵大树，

世界为你存在！

世界为谁存在？

小男孩问爸爸。

他们裹着皱巴巴的毛毯，窝在床上。

呃，爸爸回答，世界非常大。

星空下的某个地方——

很遥远的地方——在寒冷的山岭旁，

熊宝宝和妈妈一起蜷缩在漆黑温暖的山洞里；

狮子宝宝跟着爸爸，昂首阔步在尘土飞扬的草原上；

雪兔宝宝和爸爸在冰层下的秘密地洞里打盹儿；

离家近一点儿，近一点儿，再近一点儿——

仔细听！

猫头鹰正在暗沉绿荫的枝桠间，

轻声地对她的小宝宝鸣唱。

世界为了这

所有的一切存在。

小男孩靠在爸爸身旁，
凝视着布满星光的夜空。
世界也为人们存在吗？
包括你和我在内？他问。

一点儿都没有错，爸爸回答，
世界也为人们存在，
不管是住在什么地方的人，
世界为每个人存在！

而我的世界在这里——和你在一起。
我们的世界有公园，
让你嬉戏玩耍，
有山丘，让你向上攀爬，
有溪流，让你涉水而过，
也有古堡和海滨，
让你尽情探索。

虽然我们已经亲眼见过许多许多，
但还有更多更多的事物
等着我们去看去做。
世界为谁存在？

世界为你存在！

我甘愿不惮篇幅把它抄录下来。世界因为这首诗存在！

诗歌立意高远，译文多书面语，我本来觉得女儿不太能懂，也就谈不上喜欢——没想到，她非常爱听这本书。这真是一本有魔力的书，诗中无尽的生灵、浩瀚的存在、辽远的世界观，更有罗伯·英潘梦幻与写实交织的图画撼动人心，每次读我都仿佛着了魔，情绪高昂，心中激动，有时简直热泪盈眶，读着读着，真像松居直先生说的"自己比孩子还陶醉"。

或许正是我读书时的澎湃，让女儿内心有了感应，她对这本书也是钟爱有加，每次都凝神静听，偶尔问几个问题，那一刻，她"听"到的是多么有分量感的世界！我非常好奇，总想知道她到底懂不懂里面的一些话。日后读到《我的图画书论》中说：

给三四岁的幼儿提供语言丰富的图画书就很重要。而且要反反复复给他们读。对三四岁的幼儿来说，与语言的意义和理解相比较，我认为更应重视语言的趣味、愉悦等感性的方面。

尽管如此，偶尔还是想明白她到底懂什么不懂什么，直到得了《重要书在这里》的指引：

那些意象呈现在书页上会有另外一种效果，它们像是酵母的作用，使诗人心中所见的意象在读者心中发酵，引发更多的意象而蔓延出意象的大原野。

> 诗歌立意高远，译文多书面语，我本来觉得女儿不太能懂，也就谈不上喜欢——没想到，她非常爱听这本书。

陪孩子爱阅读

我恍然大悟，她懂或者我懂，实际上是一回事，我们到底有没有在心内存下这个"酵母"，而蔓延出意象的大原野，这是最重要的。小朋友读诗，本来就是靠直觉的，他们有时候不知道自己已经知道，也有时不知道自己还不知道，总之，从"情"与"意"进入，这就足够了。

小朋友读诗，本来就是靠直觉的，他们有时候不知道自己已经知道，也有时不知道自己还不知道，总之，从"情"与"意"进入，这就足够了。

诗与生命同在，《世界为何存在？》真实、大气、自然，所以也就切中同为自然之子的儿童之心灵脉动。毫无疑问，一本真正好的图画书一定是诗性的，也是人性的。诗性的深度，正是人性的深度。林贤治在《中国新诗五十年》中说："为人性所浸润的思想内涵的深厚程度，以及它有机地渗透于美学形式中的各个细节的润泽程度，决定了一首诗的质量。"同样的计较，也决定一本绘本的质量。

现代社会，散文性的语言被过分使用，语言变得贫瘠了，语言贫瘠就意味着表达的贫瘠。改变这一点，就必须要在孩子还小的时候给一些文学的、诗性的语言体验，儿童可以从诗的语言中感受到更多语言的韵律、语调、意象，以及它们彼此间的联系，及其蕴涵的乐趣和愉悦。所以，我们要多多寻找诗性的图画书给孩子。回想女儿至今的"听"书轨迹，这几册印象深刻：

必须要在孩子还小的时候给一些文学的、诗性的语言体验，儿童可以从诗的语言中感受到更多语言的韵律、语调、意象，以及它们彼此间的联系，及其蕴涵的乐趣和愉悦。

《古利和古拉》《雪姑娘》《大河马》《拔萝卜》——都是"儿童之友"系列，每一本都值得读。

《迈克·马力甘和他的蒸汽挖土机》——同样是伯顿的作品。这本书以及《凯迪和一场很大的雪》是

推荐书目：
《古利和古拉》
《雪姑娘》
《大河马》
《拔萝卜》

我家所有图画书中最破的,读太多遍了。

《让路给小鸭子》《妈妈的红沙发》——"启发"系列。不管是优雅自在的马拉先生一家,还是日子艰辛的"我"这一家,两本书里的生活,都有着浓浓的诗情。

《鸭子农夫》——"嘎嘎"声一起,女儿就知道,鸭子又开始受罪了。这个故事的深处,蕴藏着"革命"。

我读图画书给女儿听,没什么特别的方法,就是一路读,用心读,不发问——除非她自己有疑问。多年以后,我希望自己也可以像松居直先生那样,淡淡提起:"透过这些书,我已经在他们小时候,把一个做父亲的想对孩子说的话说完了。"

我读图画书给女儿听,没什么特别的方法,就是一路读,用心读,不发问——除非她自己有疑问。

6岁,谁此时孤独:《年》

推荐书目:
《年》

我们家的共读里,念念一向是忠实听众,阅读活动并不太多,连对话都少,唯独有一本,在一路对话中读完此书,只是,读着读着、说着说着,最终的落脚已不知所终,唯其如此,殊为有趣,印象深刻,值得一记。

这本书是熊亮先生的作品:《年》。熊先生的图画书,一向独特,他曾说自己的成人书里"充满了使人难以接受的气息",那是因为他"希望更深入了解真实世界、了解真实的内心",就画面而言,他的书充满了极其鲜明的个人风格,单纯、稚拙、天真、夸张、变形、粗重、怪诞,特别隐藏在画面与文字背后的智

陪孩子爱阅读

性与深意。

读《年》这本书时，正是农历新年，我跟念念一样，开始就以为是噼噼啪啪讲过年的热闹，孰料翻开书，竟然从"孤独"讲起，直讲到孤独被化解。故事里年怪的造型奇巧多变，最终慢慢变化，成了可爱的"新年"，想到邻家阿婶，生在大年初一，家里就给她取名"新年"，哟呵，"新年快乐"。这其中语多关涉，画风又是中国味，洋洋得意，气韵生动，若无一番领悟，可没那么容易读得顺。

没错，对于这样一本书，不以情节取胜，又更多展现传统风味与智慧，念念在听读过程中并不十分投入。

开始时拿出书，递给她，她立刻大叫："哇，过年！"

我很奇怪，我说你怎么知道，她说这就是"过年"，她认识。

"你认识这个字？"

"我认识。"

我看看那个"年"字，她什么时候认识的？

不过，我后来再翻时，迅速明白这个故事并不是讲过年，而是讲"年"这个怪物，因为年字旁边有英文名"New year Monster"。

环衬一出现，她指着直嚷："小怪物、小怪物！"又忙不迭地追问："爸爸，爸爸，他住在哪里呀？"

我引领着她："他是谁呢？"边说边翻页，故事开始了。

读《年》这本书时，正是农历新年，我跟念念一样，开始就以为是噼噼啪啪讲过年的热闹，孰料翻开书，竟然从"孤独"讲起，直讲到孤独被化解。

"你们知道……他是寒冬里的孤独感慢慢聚积而成的一个怪物。"

我想我是不是该停下。

我决定停下。

"念念,'孤独'是什么,还知道吗?"

"'孤独'就是'寂寞'。"

"噢,那'寂寞'是什么?"

"'寂寞'就是一个人,没有人玩也没有东西吃。"

"哟,你这家伙,是个大馋虫,只要有东西吃你就不寂寞了!"

她作势要打,"你才是大馋虫!"

我不理,问:"你'孤独'吗?"

她笑起来,摇摇头。

"为什么?"

迅速指指我和妈妈:"你们在和我玩。"

我于是不再追问。

她倒问了:"'聚积而成'是什么意思呀?"

"嗯——意思就是说这儿一点孤独,那儿一点孤独,它们……"

"混合起来?"

"对的! 合起来,变成了好多好多的孤独!"

"他是寒冬里的孤独感慢慢聚积而成的一个怪物。"

这句话好难讲啊。

"孤独感"是个什么东西? 我也说不清;"孤独感"又"聚积而成"一个怪物,那种状况,我更说不清。

想起李普曼的儿童哲学训练计划,计划中所有与儿童展开的讨论都有一个原则,即不能出现哲学概念、定义那样的专有名词,比如"形而上""辩证法""自由""伦理"等,在图画书里,突然出现这样一个非常直接非常突兀的"孤独感",着实令我纠结。要不就是这么理解吧,在作者所追求的中国味道里有"虚实相生"一说,那么,"孤独感"是什么,就是那么个腆着肚子,抓着男孩与猪的稀里哗啦的怪物!事实上,如果一本正经地读这句话,再对着画细细品味,倒也是有一些古里古怪的幽默感。

继续,继续。

"很久很久以前……"

"他饿不饿呀?"

"你觉得呢? 我们往下看。"

"哇,他饿了,他要去吃了。"

"……去吓唬那些落单的人。"

"'落单'是什么?"

"你看看图,想想。"

不吱声。

"看图上,他们有没有朋友?"

"没有。"

"对呀,'落单',没人玩,一个人。年怪来了……"

"他要吃他们?"

"你说呢?"

"他抓他们玩!"

翻页,"救命啊!"……

一路听完了这个故事。

读完了,隔了好一阵,我问道:"刚才那个故事,有什么问题要问吗?"

她没多想,问道:"为什么最后'年'愿意重新来过?"

"嗯?"

"他已经把小男孩吃下去了!"

"嗯?"

"他真可怕。"

"他吃掉小男孩了吗?"

"没有,在他嘴里。"

"你还记得吗,说'年'跳出来,一直,一直钻到……"

她想了半天,想起来:"钻到心里。"

"对呀,他没吃掉小男孩,是钻到他的心里。"

"那他为什么愿意重新来过?"

"那……你觉得呢?"

"我知道,肯定是因为小男孩先提出来的。"

"小男孩先提出来?"

"小男孩说,我们重新来一次,'年'就同意了。"

我心里想的是,这就是故事呀,故事可以无休止地重复与修正。

我觉得她想的比我想得好,她在故事里面,我在故事外面。

她启发了我,我问道:"还有别的可能吗?"

说不上来。

"我想，'年'可能也想重新来过吧。你看，重新来过后，'年'也不再是怪物了，成了'新年'。"

她似懂非懂。

"那你看，他们重新来过，做了些什么事情？"

"打电话！"

"为什么这样就好了？"

"打电话了，就有人说话，他就不难过了，"突然间她像想起来什么，急急补道："爸爸，以后你在外面，孤独了就打电话给我，你就不要怕了。"

轮到我不吱声了。有她这句话，我永远不会孤独吧。

故事里，"年"始终是孤独的化身，所谓孤独钻到心里，实则心里生出孤独——可这层意思，我实在讲不出来，现在她这么一说，我一下子明白了，我根本不用去推敲这个"词"，她只要能知道，不孤独的前提是在一起就好了，什么是孤独？那就是没人玩没东西吃，什么是不孤独？那就是和爸爸、妈妈在一起。虽然肤浅，对她来说，却是切近而实际。她都能想到我一个人在外面会孤独，那就足够理解孤独了。

故事里，年怪因为孤独，而落寞，而伤悲，而哀怨，而愤恨——但，孤独其实也不希望自己孤独，我再想想念念的话："他抓他们玩！"深深感觉孩子有时对故事的发现，远远比现实且功利的成人干净得多，她早就看到年怪的内心，当然，她未必知道她能看到。

深深感觉孩子有时对故事的发现，远远比现实且功利的成人干净得多，她早就看到年怪的内心，当然，她未必知道她能看到。

作者对图画书的意义有这样一个观念，他认为好的图画书也是当代艺术谱系里的，他说："当代艺术，其实更像心理治疗，希望每个人都快乐，如果不快乐，也能找到发泄的地方。"在《年》里，所谓"重新来过"，大概正是他试图开的方子。这一点有两重意义，一是故事的转折，二是图画书价值的体现。以他在图画书里的表现，这个方子着实简单，描述得也纯真，打打电话、问候朋友。如果往深处想想，"别漏下任何一个"，亦是直面孤独，叩问孤独，与孤独握手言欢。孤独，也就不再孤独。

说起来，"打电话"这样小小的情节，日常而且平凡，但恰恰在这样的日常与平凡背后，也有快乐，也有欢笑，而最终年的变化，本质上，是自己与自己的和解——一切顽固的都烟消云散了。"年"变成了"新年"，"人"变成了"新人"——是不是所有读这本书《年》的小朋友，都会有这样暗暗的变化呢？当然，这样的变化，绝非一朝一夕而成。

从现代性伦理观念着眼，所谓"与孤独的和解"恐怕是个伪命题，因为孤独是当下人之生存常态，在现在这个世界，这个时代，人是越来越难从他人那儿找到真正不孤独的时刻，甚至当"我拥抱着一个热爱的身体时，我知道，自己是彻底的孤独的，我所有的情欲只是无可奈何的占有"（蒋勋语）。因此，从我个人的想法，是一定要害怕孤独，消除孤独，还是折返自身，学会与孤独共处，学会与孤独对话，可以商榷。不过，那不是本篇共读所能承载，打住。

我在《汉声中国童话》正月故事里读过《年兽来了》，故事接近传说本身，"年"是头害人怪兽，在海底一年睡到头，到了大年初一饿着肚子上来见东西就吞，在那个故事里，藏着中国人的思维、道德与习俗——而在《年》里，"年"是巨大的隐喻，他是孤独的化身，是过年所以热闹的由头，是啊，无论如何，过年总是要热闹的，总是要放鞭炮的，总是要打电话的，总是要祝福大家的，总是要团团圆圆的，总是要……所有这些，藏着作者的另一个关于艺术、关于图画书的观点，"人生就是为了笑起来，其他的都是细枝末节"。当看到站在大红灯笼上的那只"新年"，你快乐吗？你笑了吗？

读这本书时不正过年嘛，到最后，我与她也不知道是乐呵呵，还是苦哈哈，总而言之，心里倒想，谁此时孤独，他呀，就是个怪物。哈哈！

说起来，已经很久不与女儿念念一起读绘本了。最近一次购置——《绘本聊斋》一套——差不多是在半年前了，到现在搁在架上，塑封似乎还没拆。她自己也很少翻出绘本要求我讲了，现在特别喜欢的是历史故事。我都说不上来原因，怎么读着读着就迷上了历史故事——阿姨寄来两套《经典少年游》，8 - 9本一个晚上就本本翻过去，大觉过瘾——之前看她如此，曾紧赶着买了几套经典的历史读物：《林汉达讲中国历史故事》《上下五千年》《吴姐姐讲历史故事》……还真不赖，一套《吴姐姐讲历史故事》，我读给她听一些，她自己读一些，慢慢慢慢，单册不少七

推荐书目：
《林汉达讲中国历史故事》
《上下五千年》
《吴姐姐讲历史故事》

第二辑 为什么读？

311

七八八都读完了。

只是偶尔，她兴之所至，又会抓出某册绘本，坐在书桌前津津有味地翻着。那一刻，我不由会想，这些被她抓在手里的绘本，都曾是飞临她生命的小小萤火虫吧？都曾是照亮她童年阅读的盏盏小灯吧？

每每这时，看到她在绘本架前逡巡，左挑右拣，恍惚间，这个9岁的小姑娘，还是那个牙牙学语的小丫头，而这一盏盏闪烁心头的小灯，不仅在当时照亮了它们所能照亮的，并且，早就成为我们之间重要的语言联系，我们之间愉快的亲子游戏，我们之间共同的生活记忆——当然，我还期待着，有一天，也会成为我们之间美好的未来。

绘本的爱好者，身边很多，尤其是年轻的小学教师、幼儿园教师，其中更为投入的，又数年轻的妈妈们。但是，恕我直言，这些粉丝心态比较浓烈的老师、妈妈们，读绘本时，比儿童的阅读领悟能力高不了多少，因此出现了这样一种情况，读了多年的绘本，口味始终是相对单一的，自身的精神高度始终是持平的。以至在一个全国范围的公益研习营上，一位小学老师在晚间的读书沙龙里隆重介绍一本她心仪的绘本之后，在场的一位以尊重、呵护教师文明的专家忍不住这样点评：教师不能只爱读绘本，拜托也多一点哲学、历史、社会学、人类学等经典。

这让我想到一个话题：绘本是不是就意味着浅显、易读？绘本本身背后的哲学、历史、社会学、人类学等经典性的元素，如何能够被顺利地挖掘出来，以达到滋养教师生命、提升精神境界的作用？当儿童在绘本的帮助下,顺利走向历史书以及其他更有阅读难度的人文经典时,我们的教师、家长真的不能只留在原地,满足于陪着孩子读浅显绘本的小境界。

冷玉斌老师是我结识的小学语文老师中最有分量的阅读者之一,而且,他阅读的宽度、深度和联系教育实践的能力,也是一般的绘本粉丝所达不到的。因此,读到他的家庭阅读故事时,我很期待,他的9年父亲伴读叙事与提炼,我也读得相当过瘾。因为,他从浅易的绘本伴读中,发掘出了儿童语言的分量,淬炼出了诗性的语言体验,而让我最感兴趣的,莫过于在详细记录与女儿共读互动的过程中,他反刍出的是成年人与儿童围绕共同的哲学问题的有趣对话,让哲理性的情绪情感弥散在一些特别绘本的阅读中,也弥散在整个家庭的阅读故事当中。"哲学",就是爱智慧,这样的家庭共读,就比一般的场景多了那么一点思考的景深和向人性深处漫溯的可能。

也就是说,人性里首先有喜欢浅显、喜欢明亮、喜欢简单重复的一面,这一点在儿童时期特别明显。绘本充分照顾了这样的特征,因此,特别契合儿童的成长机理,父母在伴随儿童成长的过程中,就要尊重这种人性的特征,按照生理、心理的节律去寻找孩子更有感觉的绘本。这种"更有感觉"不仅指五官层面的,即照顾孩子的视觉、听觉、触觉等更容易观察到的,也要包括语言性的,即相对内隐、相对不容易察觉的。比如冷老师在女儿读《凯迪和一场很大的雪》的过程中,发现到她的喜欢此书,不仅表现在对拖拉机等身边能看到的形象的链接,更可能是契合了孩子天然的对拯救主题与秩序感的敏感,因为这两者都可以带给孩子安全感。我相信,不用心观察儿童、不用心研究绘本,是很难达成这样的发现的。多读绘本研究者的研究,或许是快速提升这方面能力的一种良方。

同时,人性里同时有喜欢探究,喜欢转向幽暗的背后,喜欢与众不同的体验的一面。而这样的内容在绘本中,往往就是那些相对另类的作家、画家喜欢表现的，某些绘本粉丝，未必能发现这类绘本的阅读价值。冷老师带给女儿的书目，就显得不同，比如《世界为谁存在？》这本书，文字部分就是一首立意高远的诗歌，译文多书面语，一般的家长肯定会担心孩子读不懂，更不太可能喜欢。但是，经过冷老师"着了魔"般的高声朗读(有时简直热泪盈眶)，女儿非常爱听这本书。冷老师反思中提到，"或许正是我读书时的澎湃，让女儿内心有了感应，她对这本书也是钟爱有加，每次都凝神静听，偶尔问几个问题"。可见，在这样的有分量的挑书、读书中，儿童能"听"到一个更有分量感的世界！

我当然最喜欢这对父女讨论《年》、讨论孤独的那些段落。孤独，是最有哲学意味的人类情绪之一，即使很小的孩子，也有可能在合适的故事背景下，在合适的讨论场景中，以他们稚嫩但直接的思维方式，来触碰这样本质性的人类哲理命题。女儿理解了绘本中关于"打电话"的设计，又以这样一句急急的补充，暖到了父亲，暖到了所有读者："爸爸，以后你在外面，孤独了就打电话给我，你就不要怕了。"

我最想为冷老师点赞的是，他在跟孩子翻开此书时，敏锐地在适当的时候停下，又在适当的对话后"止步不前"：

"你们知道……他是寒冬里的孤独感慢慢聚积而成的一个怪物。"
我想我是不是该停下。
我决定停下。

这种"决定停下"，是教师、家长的敏感使然，也基于对此绘本哲思价值的判断。

我不理，问："你'孤独'吗？"

她笑起来，摇摇头。

"为什么？"

迅速指指我和妈妈："你们在和我玩。"

我于是不再追问。

这种"不再追问"，是教师、家长对自己那个孩子的精神发展状态的敏感使然，也是对孩子刚萌芽的哲思能力的保护。

当绘本里的分量、诗意、哲理等等更高级的精神元素被发掘出来，我们看到了这样一幅美好的画面：那就是，成人划桨，儿童乘舟，满载一船星辉，向人性的深处漫溯。而这个美好的小船，就是美好的绘本。

欣　如

阅读和写作相辅相成、相依相生

自述者　赵雨舟(8 岁依诺的妈妈)

家庭档案

　　三口之家,爸爸是工科专业毕业,妈妈是文科专业毕业,女儿今年 8 周岁,读小学二年级。妈妈特别喜爱阅读,中学时代还经常逛逛二手书店淘书,即便在高考冲刺最紧张的阶段也雷打不动地保证睡前阅读半小时,当然看的多半被大人定义为闲书,古今中外无不涉猎。女儿是非常乖巧懂事、成绩优异的女孩,她对书籍的热爱不亚于妈妈,每次出门都会随身带上一本小书,在餐厅等餐食服务时、在剧院等演出开场时、在飞机飞行途中她都在阅读,并逐渐进入自发创作期。

亲子阅读 Tips

★ 读万卷书,是形成创作能力的基础。通过大量阅读,积累基本知识和写作素材,培养丰富想象和审美旨趣,养成良好的人际能力和正确的价值观。

★ 记、写、行,是迸发创作灵感的源泉。边读边记,挖掘深度;读写结合,及时鼓励;心向远方,开阔视野。

★ 父母的投入,是养成创作能力的助推器。

陪孩子爱阅读

春天到了，这是迈进春天的第一步

春天是美好的记忆，现在就是最美好的时刻

今天我漫步在小路上，感受到了春天的气息

我看到了，我看到了春天的象征

春天的象征数不清，它值得我们去观察值得我们去发现

不管太阳在哪里，我都愿意寻找它

我愿意把空下的时间留给寻找

绿颜色，它是给生命的礼物

如没有它在，处处都没有欢笑声

春天啊春天，请你不要走开，永远留在我们身边

依诺 2013 年春作于上海浦东

　　古语有云，"读书破万卷，下笔如有神"，这一点在我女儿身上得到了充分的印证和反映。在现代社会，生活节奏加快，生活压力加大，我们对孩子没有遥不可及的期许，只要她心理和身体健康，能够保持独立的人格即可。而阅读是一个特别有效的解压方式，所以无论阅读有多少功能，我最看重的是阅读能够给孩子一个自我解压的机会，使她能够成长为一个云淡风轻、宠辱不惊的人。多年的亲子阅读经历，使我们的生活有了非常大的变化，我们在优秀的书籍中获取审美欣赏体验，获得内心坚定的力量，形成完整的阅读素养，养成持续阅读的习惯。而且，一个颇为意外的收获是，诺诺不仅钟爱阅读，也热爱创

我最看重的是阅读能够给孩子一个自我解压的机会，使她能够成长为一个云淡风轻、宠辱不惊的人。

第二辑 为什么读？

作,她的创作热情和能力得到极大的提升和显现。

读万卷书,是形成创作能力的基础

我和诺诺的亲子阅读经历为时不短,从怀胎十月至今,算来已近 10 年。

❀ 通过大量阅读,积累基本知识和写作素材

孕期,我每天都会找一个相对安静的时段读一段《论语》,《论语》语句简洁、思想深邃、朗朗上口,期望给腹中的宝宝一些美妙语言的初次体验。诺诺出生后,我从未让她离开过书籍的陪伴,不同月龄配合不同类型的书籍,帮助她在适当的时候开启感官、开启智慧、开启对未知的渴望和探求。

我记得我们曾经读过辨认植物、动物、简单汉字、英文字母之类的书籍,我也一直坚持为她念童谣、念唐诗,偶尔还读读宋词,也会读点《三字经》《弟子规》之类,早期阅读重在培养她的语感。

在阅读过程中,我从不急着翻页,而是让她仔细地观察画面,让她充分欣赏和消化,等她允许我翻页我再翻页。而且,读书的时候会带着丰沛的感情,让孩子感受到作品的情绪和力度。我的讲读,使她有充分的时间将语言和绘画融为一体,诺诺非常喜欢听妈妈读故事。

自她升入幼儿园后,我们的阅读水平有了质的飞跃。她就读的幼儿园是一所书香校园,特色是绘本阅

在阅读过程中,我从不急着翻页,而是让她仔细地观察画面,让她充分欣赏和消化,等她允许我翻页我再翻页。

陪孩子爱阅读

读和田园野趣,培养出的孩子都是被故事书喂大的孩子。幼儿园既有绘本教学、故事爸爸妈妈、童话剧表演、外借图书等活动,给孩子提供了丰富的阅读机会和阅读样态,打造了良好的阅读环境;还有园长亲自挂帅的绘本阅读工作坊、绘本阅读俱乐部等,通过家园互动,促进父母觉醒,使家长能够自觉地、专业地开展亲子阅读。这个阶段可以说是诺诺阅读的井喷期,由原来的单纯讲读,慢慢转为互动阅读,再进行延展阅读,即由阅读衍生出游戏、实验、手工等活动。

这个阶段可以说是诺诺阅读的井喷期,由原来的单纯讲读,慢慢转为互动阅读,再进行延展阅读,即由阅读衍生出游戏、实验、手工等活动。

还记得一次绘本阅读工作坊活动,园长在讲小老鼠系列可以如何阅读的时候,请其他老师和小朋友配合演示了整个阅读过程。这期间调动了小朋友的很多感官体验,例如一幅画上画了两个动物,画前挡了块板,通过移动那块板做局部猜测全部的游戏,小朋友一看那浑圆的小屁股、粗壮的后腿和细细的尾巴,就知道是头小象;在小象旁边还有个浑圆的大屁股,小朋友异口同声地猜是象妈妈,等整块板移走时,大家才发现那不是大象妈妈而是河马。之后,老师说给小朋友们准备了棒棒糖礼物,但是装在盒子里,让孩子们摇摇封闭的盒子,听听看是不是棒棒糖的声音,再来摸摸看,原来盒子里面不仅有棒棒糖还有积木。

我也受此启发,和诺诺一起做过许多延展阅读的活动,例如诺诺对《跟上那头熊》痴迷有加,在一个月内基本上每晚都要进行角色扮演游戏。我们俩扮成想猎熊的兔子,把道具准备齐全,包括《最佳猎熊指导手册》、一副渔网、一些绳子、一个手电筒等,把

319

各种情绪全部演足，笑料不断，诺诺乐此不疲，每晚要演好多遍才肯作罢。在这长达一个月的表演当中，她对这本书倒背如流，对小兔子情绪的认识也一天比一天深刻，对做事应该有充分的准备也有了属于自己的体会。

好的书籍有许多题材，不仅仅有文学性，而且知识性、哲理性和趣味性都非常强，例如《神奇校车》就是非常好的科学书籍。谢尔·希尔弗斯坦的《失落的一角》《失落的一角遇见大圆满》也是个颇有哲理性的题材，读罢令人玩味，"我就是我"的呐喊早已有之，"缺憾"和"圆满"、"成熟"和"依赖"是值得大家思考的话题，前段时间还有个流传甚广的微信就是由《失落的一角》改编的。

❀ 通过大量阅读，培养丰富想象和审美旨趣

我曾经看过一本育儿书，书里有个观点，就是让孩子多认字，提高阅读能力，这样日后涉猎才广，理解和表达能力都会强于常人。不过幼儿园的老师告诉我，如果孩子在不该认字的年龄识得太多字，读书也就只是读书了，想象力、创造力和思考力都无从谈起，因为她看到的画面完全囿于所配文字的限制，不知不觉进入了所谓知识的牢笼。这在理念上对我是极大的触动，于是，我就慢慢调整阅读策略。

刚开始，诺诺有些抗拒，因为每次拿新书回来我不再读给她听而是让她自己先看，她见我不读，就嗔怪地对我说："快点念快点念。"我先是推说这会妈妈

如果孩子在不该认字的年龄识得太多字，读书也就只是读书了，想象力、创造力和思考力都无从谈起。

暂时没空。后来,我就跟她讲道理,说老师是跟妈妈沟通过,绘本不是识字书,她就慢慢理解了。每次新书到手,她都会先翻看一遍,根据自己的理解先讲述故事,然后我再讲一遍给她听,接着她再复述,或是重新编一个故事,让她发挥主动性、积极性和创造性,提升记忆力、想象力和创造力。有一段时间,老师引导家长与孩子共读无字书,我把书买回家后,诺诺都欣然接受,还津津有味地讲起来。《小红书》那么简单的画面,她可以配出丰富的语言。

就我的理解,只有强化多感官体验,才能培育出有灵气的孩子,而调动感官体验的一个重要方法就是"猜"。"猜"这个字,说出来很简单,但仔细思索却深意无限。什么是"猜",一无所知胡乱揣测是猜,略知一二推断其三也是猜,知其八九说出全部还是猜,所以"猜"包含了思考、推断、表达等一系列过程。无字书的奥秘恰恰在此,它对培养孩子的想象力、创造力有极大的促进作用,并能够促使孩子去全方位欣赏绘本,例如更加关注其他元素比如绘画和色彩,而不仅仅是文字。

绘本的艺术性也是不容小觑的,能够给孩子美的熏陶。其绘画,通常是由著名插画大师画的,甚至与世界名画有异曲同工之妙,其构图体现作品的情节和主题,但又不会过满,用暗示的方式留下自由想象的空间。每一张画,都考虑了其在整体中的地位,画面彼此之间非常连贯。诺诺 6 岁生日那天,收到一套世界著名插画大师英诺森提的作品,包括《胡桃

每次新书到手,她都会先翻看一遍,根据自己的理解先讲述故事,然后我再讲一遍给她听,接着她再复述,或是重新编一个故事。

"猜"包含了思考、推断、表达等一系列过程,无字书的奥秘恰恰在此。

绘本的艺术性也是不容小觑的,能够给孩子美的熏陶。

第三辑 为什么读?

321

夹子》《灰姑娘》《木偶奇遇记》等，虽然都是老故事，但在插画大师的笔下则呈现出更精致的艺术场景、更细腻的绘画笔触，以及更流畅的审美旨趣。

同时，颜色在绘本里还有很多特殊的作用，迪克·布鲁纳说："颜色之所以重要，是因为每一种颜色都会产生唯有那种颜色才会有的特别的力量。"我们从颜色中获得联想，比如黑白绘本多表示悲哀、难过，彩色多表示欢快、希望等，有的绘本在各种颜色之间穿插，所以我们应该注意色彩语言。

比如《逃家小兔》里，小兔子跑走的画面都是黑白的，但兔妈妈抱小兔子在壁炉前的温馨画面就是彩色的。还有视角，指观察的俯仰角度，被专业的绘本创作者所使用，配合主题丰富了视觉语言。

在《让路给小鸭子》里，罗伯特·麦克克洛茨基用一个跨页大开面的野鸭夫妇在空中飞翔俯瞰的画面，交代了故事发生的季节和地理环境。绘本也有音乐性，有些作品的语言文字节奏感很强，像古诗一样有合辙押韵的音乐感，有的作品本身就是经典音乐童话。

总体而言，绘本阅读能够激发孩子对美的向往，培养孩子对美的感受力和鉴赏力，是一个巧妙的艺术启蒙过程。

❀ 通过大量阅读，养成良好的人际能力和正确的价值观

好的书籍，用优美的语言讲出来的好故事，都带着强烈的人际能力提升的功能，但又那么自然不露

推荐书目：
《逃家小兔》
《让路给小鸭子》

绘本阅读能够激发孩子对美的向往，培养孩子对美的感受力和鉴赏力，是一个巧妙的艺术启蒙过程。

陪孩子爱阅读

痕迹，使我们在浮躁的世界依然能坚守初心。

谢尔·希尔弗斯坦的《爱心树》，令人动容，我和诺诺一读再读。这是一棵树和一个男孩的故事，男孩小的时候，每天会跑到树下采集树叶为自己做王冠，他也常常爬上树干在树枝上荡秋千，吃树上结的苹果，同大树捉迷藏，在树荫里睡觉，大树很快乐。男孩长大成了男人，他需要钱，大树把结的苹果给他让他进城换钱；男人需要房子，大树让他把树枝砍下来去盖房；男人老了想要一条船，大树让他把树干砍掉做了一条船；男人老态龙钟累了想休息，大树将仅有的树墩挺挺直给他坐。大树依然很快乐。我曾问诺诺："你是树，还是男孩呢？"诺诺说："我不是树，我没有树枝；我也不是男孩，树不可以随意砍伐。"阅读这个绘本最容易联想的便是，父母和子女的关系。父母就是一棵爱心树，给予便是最大的快乐，可是孩子该怎么做是不是值得所有人深思呢？

还有一本李欧·李奥尼的《世界上最大的房子》，每每读起，都觉得内心平静许多。一只小蜗牛想拥有世界上最大的房子，蜗牛爸爸说有些东西还是小一点的好，房子保持轻巧才容易驮走。小蜗牛不听，终于把自己的房子变大还有尖角，又装饰了美丽的色彩和图案，好多小动物都羡慕它的大房子。但好景不长，房子越来越大，小蜗牛驮不动了也无法到别处觅食了，它越来越弱而大房子也垮了碎了。被这个故事警醒的其他小蜗牛始终保持着轻巧的小房子，想去哪就去哪儿，它们能看到叶子在微风中轻

推荐书目：
《爱心树》
《世界上最大的房子》

323

轻摇摆，水晶在晨曦中闪闪发光，柔嫩的花蕾蘸着晨露……物欲恣意的社会，如何保持内心的坚定，不让心灵被物质奴役？这个故事发人深省。

还有一些绘本，可以说是孩子的代言，把孩子想的、怕的、渴望的，以及所有能够经历的统统反映出来，让孩子通过阅读得到情绪的宣泄，例如入园怎么办、住院怎么办、爸爸妈妈要生二胎该怎么办、新邻居搬来怎么办、在学校被欺负该怎么解决，很多做人做事的道理、方法都能在绘本中找到答案，绘本中某个小动物主人公可能就是小朋友的榜样。

记、写、行，是迸发创作灵感的源泉

❁ 边读边记，挖掘深度

诺诺读书很快，放假时可以一天读完一部几百页的儿童作品，有时一两个小时就读完一部。我不希望她是用浏览的方式读书，走马观花、不解深意，也担心她过度用眼影响视力，所以用写读后感的方式刻意控制下她的读书速度。

我会请她首先谈谈读了什么内容，希望她可以较为完整、简洁、清晰地回顾出来；其次，再谈谈哪些内容留给她的印象比较深刻，哪些语句对她的影响比较大，对哪个人物比较喜爱以及喜爱的原因；最后，还会让她总结一下她读完整部作品后的总体感受。在写读后感的过程中，也不乏讨论和引导，使其对人物的体察更全面，对作品的理解更深刻。当然，

还有一些绘本，可以说是孩子的代言，把孩子想的、怕的、渴望的，以及所有能够经历的统统反映出来，让孩子通过阅读得到情绪的宣泄。

我不希望她是用浏览的方式读书，走马观花，不解深意，也担心她过度用眼影响视力，所以用写读后感的方式刻意控制下她的读书速度。

有时她觉得读过就是读过，没有什么特别的感觉，我也不会勉强，只能说这本书对于诺诺的吸引力还有限。久而久之，诺诺在读书时，便会自然而然地形成一个阅读——思考——感受的脉络，她的阅读体验便也越发深刻和持久了。

❀ 读写结合，及时鼓励

诺诺有写作的欲望，可以说是长期阅读积累的结果，因为在此之前我从未注意写作能力的培养，更不会刻意让她写作。但是当我看到她的创作欲望和能力时，我尽我所能地让她展示，即便有时耽误了作业，也从不为此责备她。

首先，我会及时地抓住她创作的冲动，并帮她做好记录。她最初的创作发生在幼儿园时期，她还不会写字，我会非常兴奋地帮她记录，记录在本上，记录在我的博客、微博里，然后时不时地读给她听，她也非常得意于自己的作品。虽然上学后她会写字了，但有时恰巧在外面手边没有笔纸，我依然会鼓励她，有时找纸笔让她记录，有时我就在手机备忘录里帮她记录。

其次，在她早期创作过程中，我会适时加以引导。诺诺毕竟刚刚读二年级，她没有系统地学习过结构、语法和遣词造句，她的创作都是最本真、最天然，当然也是最富想象力的。在这个过程中，我有时会在结构、语法、遣词造句方面稍微给她做个引导，既不破坏她的创造力，也希望她的表达是比较规范、

久而久之，诺诺在读书时，便会自然而然地形成一个阅读——思考——感受的脉络，她的阅读体验便也越发深刻和持久了。

当我看到她的创作欲望和能力时，我尽我所能地让她展示，即便有时耽误了作业，也从不为此责备她。

第二辑 为什么读？

优美和精致的。叶圣陶先生说过,大作家写作也不可能"无须组织、纯任机缘""作文的必须组织,正同做事的必须筹划一样"。

第三,我积极地宣传和展示她的作品,当她有好作品时,我会第一时间发送给她的老师、她的同学群,在我的博客、微博或微信朋友圈中推送。她的小作品在朋友圈收获的点赞量非常之多,她的字迹、语言、文笔、想象力都广受好评,朋友都叫她才女。我会将大家的评论给她看,她得到很多认可和鼓励,特别有成就感,对创作的兴趣越来越浓厚。

❀ 心向远方,开阔视野

在读书学习之余,我也常常创造机会带她出行,既要读万卷书,也要行万里路。每逢假日,我都尽可能地安排时间陪她出去走走,天气好则野外踏青,天气差则室内观看展览;短假则周边出行,长假则远途跋涉。虽然现在是上学阶段,周末难免要安排课外学习,但我坚持保证她有一个完整的休息日,以便有安排出行的时间和机会。这样做,一方面是希望能将她的生活安排得劳逸结合、多姿多彩;另一方面,希望其将书中所读和目中所见进行结合,开阔视野;再有就是希望她多接触不常见的人和事。带她去超市,带她去菜场,带她去乡间,带她去景点,无论去哪里都可以促进她的全面成长。

在各方面因素不断地激荡作用下,诺诺长期的阅读积累有了施展的空间,灵感不断迸发,创作的小

陪孩子爱阅读

宇宙爆发了。那首《与春天的约会》，就是在晴朗的春日，我与她在一条小河边，在郁郁葱葱的大树下散步时，她即兴创作的。

家长的投入，是养成创作能力的助推器

任何能力的养成都不是天然的，我也从不认为哪个孩子是天才。孩子好习惯的养成，一定是家长积极参与的结果。一来家长需要尽早帮助孩子培养阅读兴趣；二要选好书帮她确立阅读品位；三要适时参与引导，提升阅读的精度和深度；四是当阅读进入到不同阶段，比如有创作欲望时，家长要及时助推。

一来家长需要尽早帮助孩子培养阅读兴趣；二要选好书帮她确立阅读品位；三要适时参与引导，提升阅读的精度和深度；四是当阅读进入到不同阶段，比如有创作欲望时，家长要及时助推。

阅读的启蒙期在幼年，亲子阅读的关键期也是在幼年。这段时间是阅读习惯培养的最佳时段，因为这个阶段孩子的专注力更高，对世界充满好奇，喜欢问问题，这个时候最先出现在她生活中的事物比较容易进入生命成为习惯。而且，随着孩子进入义务教育阶段，课业压力加大后，阅读时间能够保留的多半是家庭和孩子都特别热爱阅读的。所以，如果幼年时没有培养起阅读习惯，少年期则难有时间培养，并且在语文学习中会存在一定的发展局限。

亲子阅读中，家长不应该仅仅停留在自发阶段，还应该通过学习加强自己对孩子的引导能力。亲子阅读中，家长的角色是多维的，既是朗读者，也是倾听者，还要做个有心人，是孩子语言行为的发现者。阅读前，家长要提前进行充分的准备，熟悉绘本的内

容和情节,了解作品的背景,不能仅仅照着文字读,也不能把注意力单纯放在故事情节上。同时,也需要对绘本的艺术构成有一定的专业认知,能够理解孩子心理生理特点,还要掌握一定的讲读技巧。

此外,绘本的讲读是互动的、开放的,孩子是主动的参与者,而不是被动的接受者,所以,在这个过程中,家长对于孩子的问题,要给予尊重和鼓励,给予提示性的解答,或者引领孩子一起去寻找答案。亲子阅读,为家长和孩子创造了一段美妙的共处时间,家长必须放下手机放下工作,安静下来陪伴孩子进入作品。有了家长的陪伴,阅读就有了亲情的交流,阅读过程会变得更有幸福感,家长有更多了解孩子内心世界的机会。亲子阅读的过程中,家长与孩子或并肩而坐,或相拥而坐,一起阅读、感受、遐想,充满了宁静和温馨,有助于建立起高品质的亲子关系。

教育家叶圣陶先生说过:"阅读是吸收,写作是倾吐,倾吐能否合乎法度,显然与吸收有密切联系。"阅读和写作相辅相成、相依相生。唯有大量的阅读,才有精彩的写作。唯有笔耕不辍,才会促进对阅读的渴望。因此,希望培养孩子写作能力的家长,一定要从培养孩子的阅读习惯和能力做起。

亲子阅读,为家长和孩子创造了一段美妙的共处时间,家长必须放下手机放下工作,安静下来陪伴孩子进入作品。

唯有大量的阅读,才有精彩的写作。唯有笔耕不辍,才会促进对阅读的渴望。

请原谅我的唐突,读完依诺妈妈这篇绘本阅读手记,想先引用来自

陪孩子爱阅读

诗人王小妮的文字：

如果可能，请记录孩子平日里冒出来的那些话，虽然它们不合大人的逻辑道理，但很有趣，很多诗性的短语，既是成长的纪念，也是大人和孩子之间的乐趣。别鼓励孩子通过写诗获取什么，这不可能是一份职业。他们可以写点什么，渐渐体会对细腻微妙美好事物的认知和最初的感悟，这就是好的开始，其他的顺其自然。

把这段话送给依诺妈妈，也送给所有读到这篇手记的人。

王女士讲的是孩子写诗，在我看来，因为阅读而写作——我指的是那种真正充满孩子灵性与天真的写作，而不是写应试作文——皆可如是观。依诺妈妈已经讲得很明白，如果用我这个小学语文老师常常讲的，那就是她交代了清晰的策略，这策略又是经过她实践而得以验证的，我们都可以"拿来主义"，现学现用：读万卷书，是形成创作能力的基础；记、写、行，是迸发创作灵感的源泉；家长的投入，是养成创作能力的助推器。

三大策略，历经10年，小小的枝叶已经开始青翠、慢慢鲜亮：

多年的亲子阅读经历，使我们的生活有了非常大的变化，我们在优秀的书籍中获取美学欣赏体验，获得内心坚定的力量，形成完整的阅读素养，养成持续阅读的习惯。而且，一个颇为意外的收获是，诺诺不仅钟爱阅读，也热爱创作，她的创作热情和能力得到极大的提升和显现。

真好。那么，大家是否会进一步问一句，为什么会这么好？

是的，单从赵雨舟女士这篇手记来看，我个人觉得，要特别重视其中"爱与生活"的力量。先说爱，很明显，文中的依诺妈妈自身极爱阅读，她爱学习，敢尝试，能够多方汲取，文中多处有体现，她参加绘本阅读工作坊，从育儿书里吸收营养。她更舍得花时间，用空间，且不谈微信、微博上对依诺的展示与鼓励，有一句话令我很有触动，她说：

当我看到她的创作欲望和能力时，我尽我所能地让她展示，即便有时耽误了作业，也从不为此责备她。

能够坚定地走在自己的路上，这真的是一位好妈妈。

至于"生活"，"记、写、行"中潜藏尤多，或者，到目前为止，依诺蓬勃的创作力，正是"生活"在她身上的绵延与影响，看起来这是阅读带给她的，那其实是因为这"阅读"从来没有与她的生活分离，借着"阅读"，她们在生活；因为"生活"，她们的"阅读"如此有意义有意味，于是，更开启了"写作"的大门。

——就是这么简单，可是，你得承认，这事儿就是这么好。深深祝愿依诺小朋友，今后的生活与写作，依然是"白云飘呀绿水摇，世界多逍遥，自由的风呀自在的鸟，今朝的欢笑，多么的快乐，多么的美妙"！

冷玉斌

阅读让我们思接千载

自述者　叶　青(8岁小石子的爸爸)

家庭档案

石子毕业于锦绣博文幼儿园,现在是上音实验学校二年级的学生。妈妈敏之,复旦大学法学博士,从事金融。石子他爸自号石头,毕业于复旦大学国关学院,混迹于出版界。

这个书虫型家庭,每年用来看电视的时间少得可怜,除了忙碌的工作,就是读书写作。每次搬家,最大的负担和乐趣就是琢磨着打包和搬运那一箱一箱的图书。忙碌之余,石子姥爷拉着京胡,妈妈哼唱两段京剧,石子则弹着钢琴,爸爸凑个趣儿,也吹起了竹笛,丝竹之声给略显单调的生活增添了一抹亮色,辛苦,却其乐融融。石子爸妈都是文科生,有着复旦书生的偏好和偏执,喜欢阅读文史哲图书,喜欢在朗朗星空下享受那种浪漫而无用的畅想,有一种念天地之悠悠的家国情怀,自命不凡,却百无一用。

亲子阅读 Tips

★　诗歌阅读需要诗化的引导方式。

★　意境之美是培养孩子文学阅读的独特优势。

★　捕捉孩子阅读中稍纵即逝的兴趣点,因势利导。

★　在阅读中培养小心求证的科学习惯。

★ 阅读与科学探索相互促进，相得益彰。

★ 英语学习要多听原版，多看原版，在模仿中习得。

★ 让阅读变成旅行的一部分。

对很多每日为生活忙碌奔波的父母说，阅读如儿时牛背上的柳笛声，早已成了悠远的记忆。阅读的时间越来越少，想象力便渐渐从天边走近，走到山间地头，走到房前屋后，最后落入碗大的天井中央。

岁月在你的生活周围筑起了围墙，你已经习惯了围墙内的生活，少年时那追逐梦想和自由的翅膀早已失去了飞翔的力量，只有重拾阅读才能够让你的思维和想象力飞越藩篱，重获精神的自由。因此，有人说："阅读，是一种精神上的越狱，阅读者情到深处常会心生苍凉之感，在秋夜，望见树木藤蔓上有霜，感觉大地好像是在夜里哭过一场。"

对石子来说，阅读是一条通向精神世界的开满鲜花的小路，他在阅读这条充满神奇和惊喜的小路上自得其乐，欲罢不能。

阅读让生活变得诗意盎然

中国古典诗歌对于培养孩子的健康情趣和文学

陪孩子爱阅读

修养具有独特的作用，但是，孩子们并不是天生都喜欢阅读诗歌。

中国古典诗歌对于培养孩子的健康情趣和文学修养具有独特的作用，但是，孩子们并不是天生都喜欢阅读诗歌。

❀ 诗歌阅读需要诗化的引导方式

石子一开始不太喜欢诗歌，因此，我们很早就对石子进行诗歌阅读的引导。

大概两岁的时候，我精心选购了一套唐诗、宋词诵读的图书，这套图书配有原创的动漫，画面细腻，意境唯美，朗诵专业，很有感染力。每天下班回家，我把石子拉到沙发上，父与子一起听配乐诗朗诵，一起看精美、古典韵味十足的动漫，每天半个小时，看完动漫之后我俩又一起阅读纸质的诗词读本。一周之后，石子把一张光盘上的 48 首诗歌倒背如流。石子妈妈每天晚上用 10 分钟时间给他大声朗读泰戈尔的《新月集》和《飞鸟集》，给石子念中国画绘本中清丽的小诗："老水牛进入了甜美的梦乡。"石子会接着说："我的妈妈进入了我的梦乡，我把妈妈放在我的心里，我的梦里有我的妈妈。"

大概两岁的时候，我精心选购了一套唐诗、宋词诵读的图书，这套图书配有原创的动漫，画面细腻，意境唯美，朗诵专业，很有感染力。

这下，石子的生活开始诗化了，并由此引出了好多趣事。

有一天晚饭，石子妈妈突发奇想说："米饭叫做粒粒皆辛苦"，"这块胡萝卜叫做红掌拨清波"，"藕片叫做回乡偶书"。"不！是藕断丝连！"石子纠正妈妈，对，上次吃藕他学会了说藕断丝连。石子觉得很有趣，吃一样就说一个诗意菜名。

突然他想起来说："妈妈，我要吃闻官军收河南河北!"啊？这个？石子妈妈赶紧扫视桌上，还有一份茄子，赶紧说："这就是闻官军收河南河北，吃吧!"石子咬了一口，觉得不好吃，说："我不要吃闻官军收河南河北了，我要吃江畔独步寻花（西兰花的诗名）!"这么长的拗口的句子，就被他这么说着，真是好玩极了。然后他又说："妈妈，我要吃枫桥夜泊!"石子妈妈灵机一动，把那碗油珠上漂浮着菜叶的汤端出来，说："喝吧，枫桥夜泊!"石子马上说："我要吃绝句!"石子妈妈赶紧说："这碗汤也叫绝句，因为汤总是最后一道菜。"这么几个诗意菜名，让晚餐变得乐趣横生。

石子的生活开始诗化了。

有一次，石子妈妈给他讲《中国少儿文学60年·太阳卷》里的《小柳树和小枣树》的故事，石子开讲："小柳树说：'我给你背一首诗，碧玉妆成一树高，万条垂下绿丝绦……'背完了，小枣树说：'我给你背一首早发白帝城：朝辞白帝彩云间……'小梨树说：'我再给你背一首宿建德江：移舟泊烟渚……'小苹果树说：'我背一首登鹳雀楼……'"

大概是因为经常跟爸爸妈妈做赛诗会的游戏，石子3岁多的时候，有一天早上起床随口就来了一句："我赶走了月亮，月亮却赶走了我的睡眠。"还有一次，石子说："我用棍子打了太阳，于是，闪电和雨来了，它们说'太阳，晚安!'"

❋ **意境之美是培养孩子文学阅读的独特优势**

我们喜欢挑选那些意境美的诗词让石子阅读和

背诵,因为意境之美不仅能够吸引孩子喜欢诗歌,还能够培养孩子思接千载的想象力。

石子4岁时,经常吟诵北朝民歌《敕勒歌》:"敕勒川,阴山下。天似穹庐,笼盖四野。天苍苍,野茫茫。风吹草低见牛羊。"这是南北朝时期在黄河以北的北朝流传的一首民歌,将敕勒川放在阴山壮阔的背景下,水草丰盛、牛羊肥壮、极目远望、天野相接,一幅北国草原壮丽富饶的风光跃然纸上。

石子喜欢张九龄的《望月怀远》:"海上生明月,天涯共此时。情人怨遥夜,竟夕起相思。灭烛怜光满,披衣觉露滋。不堪盈手赠,还寝梦佳期。"

记得我最初跟石子读这首诗的时候是2010年的6月,石子正好两周岁的生日,我和石子妈妈带着石子和他姥姥、姥爷去亚龙湾度假。海风轻拂、涛声拍岸的夜晚,我牵着石子的手在海滩边散步,看着一轮明月从海上冉冉升起,于是,我给石子朗诵张九龄的《望月怀远》。

第二次朗诵这首诗是石子读幼儿园中班的时候,那时幼儿园有一个活动,让孩子们在中秋之夜朗读咏月诗,幼儿园的老师还给孩子们打印了一页纸,上面有好几首古代咏月诗,我们自己另外也打印了几首咏月诗。我和石子妈妈特意把凳子搬到了阳台上,皓月当空,在"今人不见古时月,今月曾经照古人"的情境里,我们邀请石子跟我们一起吟诵了很多诗歌,其中就有那首《望月怀远》。夜色沉沉,茫茫的海上升起一轮明月,这样的夜晚注定是用来相思的,

我们喜欢挑选那些意境美的诗词让石子阅读和背诵,因为意境之美不仅能够吸引孩子喜欢诗歌,还能够培养孩子思接千载的想象力。

我和石子妈妈特意把凳子搬到了阳台上,皓月当空,在"今人不见古时月,今月曾经照古人"的情境里,我们邀请石子跟我们一起吟诵了很多诗歌。

思念亲人,思念爱人,思念故乡。怜惜这满屋子的银色月光,于是赶紧熄灭风中摇曳的蜡烛,披衣起坐,在屋里独自徘徊,竟发觉月光如秋露般寒凉。虽然当时的石子未必能够领会古代关山阻隔、天涯孤旅锦书难寄的思念之苦,但我相信诗歌文学所营造的意境之美他是能够感受到的。

因此,要想让孩子喜欢诗歌,就应该为诗歌阅读营造对应的环境,那样,人与环境会通过诗歌产生感应,想象力也会在诗歌描绘的意境里飞越千山万水,飞越时光隧道,去感受古人的情怀。

有时候,你想要跟孩子讲一个时光如梭、生命易逝的严肃话题,孩子表现出对你刻意设置主题的漠视和索然寡味,往往会令家长有一种深深的挫折感。但是,如果找一首好的诗歌跟孩子一起来阅读,一起去吟诵,让孩子从诗歌中感受生命的短暂和光阴的宝贵,效果可能会好得多。有一段时间,我跟石子一起诵读《乐府诗集·长歌行》:"青青园中葵,朝露待日晞。阳春布德泽,万物生光辉。常恐秋节至,焜黄华叶衰。百川东到海,何日复西归?少壮不努力,老大徒伤悲。"每次讲到"少壮不努力,老大徒伤悲"时,石子就会冲我坏坏地笑一笑,大概是嘲笑我在齿危发秃、蹉跎岁月中一事无成地老去。有时还会跟石子吟诵庾信《枯树赋》中那句"昔年种柳,依依汉南。今年摇落,凄怆江潭。树犹如此,人何以堪!"让自己,也让石子去感悟如滔滔江河不可抗拒的生命的自然法则。

要想让孩子喜欢诗歌,就应该为诗歌阅读营造对应的环境,那样,人与环境会通过诗歌产生感应。

陪孩子爱阅读

捕捉孩子阅读中稍纵即逝的兴趣点，因势利导

善于发现机会去培养孩子诗歌阅读的兴趣非常重要，而且，这种机会往往稍纵即逝，作为父母一定要及时抓住，因势利导。

上小学第一学期，有一次班主任让石子领读《声律启蒙》中的"一东"："云对雨，雪对风，晚照对晴空。来鸿对去燕，宿鸟对鸣虫。……"特别是那句"两鬓风霜，途次早行之客；一蓑烟雨，溪边晚钓之翁"在描绘生活不易的同时，也有一种悠然自乐、天人合一的沧桑之美，画面感很强，很有意境。于是，石子妈妈便果断地利用这个机会，引导石子对这本《声律启蒙》深入阅读，反复吟诵，石子想整个背下这本书的热情也十分高涨。

前不久，石子放学回家嘟囔了两句"唧唧复唧唧，木兰当户织"，我一听，便跟石子建议，让他背诵《木兰辞》，立即得到石子的积极回应，并说班主任也跟他提过这个建议，可谓一拍即合。于是，石子妈妈便将《木兰辞》打印出来，将几个难念的字标注拼音，再把整个大意给他疏通了一遍。石子用了两个晚上将《木兰辞》背得烂熟，就连走在上学的路上也念念有词地背着。结果无意插柳柳成荫，石子班上"六一"儿童节搞活动，班主任安排石子压轴朗诵《木兰辞》，他那字正腔圆、抑扬顿挫的朗诵赢得了大家的称赞。相信石子幼小的心灵也在"阿爷无大儿，木兰无长兄，愿为市鞍马，从此替爷征"的诗句中感受到

第三辑 为什么读？

了木兰巾帼不让须眉，为爹分忧、为国分担的良苦用心和责任担当。

由此，我想到很多年前南怀瑾先生的一个讲座，讲座之后有听众问："先生，你们那代人中，很多人博闻强记，口吐莲花，为什么现在的孩子却做不到呢？"先生略加沉思后回答道："我们3到5岁蒙学读的是《三字经》《百家姓》《千字文》《弟子规》和《声律启蒙》等。所谓熟读《三字经》，可知天下事。现在3到5岁孩子读的多半是'小兔子，跳三跳'这样的文章，怎么能口吐莲花呢？"

其实，在语言学习中，语言的输入与输出有着直接的关系，没有大量的高质量的语言输入，就不可能有高质量的语言输出，更不用说口吐莲花了。因此，不能让垃圾图书占据了孩子宝贵的阅读时光，父母有责任对孩子阅读的图书进行过滤，应该让童年的阅读生活变成诗意的栖居。

不能让垃圾图书占据了孩子宝贵的阅读时光，父母有责任对孩子阅读的图书进行过滤，应该让童年的阅读生活变成诗意的栖居。

为孩子的阅读和科学探索营造氛围

虽然我们不是条件决定论者，但我们还是相信孩子阅读是需要在一定条件和环境下进行，至少好的环境会催化孩子阅读的化学效果。

❀ 在阅读中培养小心求证的科学习惯

冬天的晚上，石子和爸爸妈妈一起挤在卫生间，一人一个水桶，一人一本书，一边泡脚一边读书，有

冬天的晚上，石子和爸爸妈妈一起挤在卫生间，一人一个水桶，一人一本书，一边泡脚一边读书。

陪孩子爱阅读

时我们仨会围绕一个话题进行激烈的讨论，这个习惯已经坚持了两年。那是温暖的读书时光，那是一家三口共聚的幸福时刻。石子照例看他着迷的那套原版书 *The Magic School Bus——Lost in the solar system*。石子迷这套书到什么程度呢，就是临睡前必看此书。石子看着看着，说："这本书上写错了，海王星的卫星应该是 17 颗。"我一看，书上写的明明是 13 颗。真的吗？将信将疑。石子爸为了保护幼犊的热情，专门去网上查了，回来略带遗憾地对石子说："宝贝，爸爸查过了，的确是 17 颗。"石子说："我记得《什么是什么》上面说是 17 颗的。"

我走到书架前随便翻了翻，没想到真找到了那本《什么是什么：宇宙中的天体》。这套书买来就放在一边，没记得让石子看过，石子拿到这本书很兴奋，迅速往前翻，往前翻，我当时没很在意。不过后来出现的一幕让我们都感到吃惊。石子迅速地翻到了一页，上面都是太阳系的行星，而且他马上指着其中的"海王星"给我们看，上面清清楚楚地写着：海王星拥有 17 颗卫星。

这本书他看得不多，我印象中也就那么一次两次吧。我真的难以相信他是如此清晰地记得这个曾经看过的书上的一个小小的数据，又如何和他看到的这本英文原版书对上号的。这只能说明一点，那就是他看书真的是看进去了，而且非常用心，记住了。

就像之前我考他：哪个行星重力最大？他马上

我真的难以相信他是如此清晰地记得这个曾经看过的书上的一个小小的数据，又如何和他看到的这本英文原版书对上号的。

第三辑 为什么读？

339

就回答是木星，还准确地说出同样的物体在地球和木星上的重量，我惭愧自己总也记不住，对于这么小的孩子来说，记忆力果然是好。

对于两本书上数据的差异，我们谨慎地给了一种解释，那就是两本书出版年月不同，那本美国的书1990年出版时，是13颗，到这本德国的书出版时，又发现了4颗。我们答应石子给查一查，这不是科研启蒙的第一步吗？这不是培养孩子求证习惯的绝好机会吗？后来查证的结果证明了我们的推断是对的。

还是那句话，重要的不是学到某个知识，而是具有科学探索的热情和专注，我们欣喜于看到石子由好奇心激发出越加浓厚的探索意识。

❋ 让阅读与科学探索相互促进，相得益彰

石子对上海科技馆似乎有着永不消退的激情，科技馆好像一块巨大的磁铁，吸引着石子这颗小小的钉子去那里探求科学的无穷乐趣。

一定要提一提神九上天和天宫交会，这在中国航天史上可以载入史册，而在石子小小的脑袋里，这火箭发射过程也成了一个饶有兴趣的话题。

2012年6月16日傍晚六点多，神九发射。这天上午9点半，石子和妈妈来到科技馆宇航天地。妈妈有意识让他看火箭和卫星，就在太空南瓜旁边，有一个小屏幕，大大地吸引了他的注意。点击"观看火箭发射"，屏幕上就开始："10、9、8、7……点火，发

重要的不是学到某个知识，而是具有科学探索的热情和专注。

射!"于是,"一二级分离,助推器分离,整流罩分离,二三级分离,星箭分离",石子看得如痴如醉,一遍又一遍,不肯离去。

神九要来上海科技馆了! 这个爆炸性的消息大大地触动了好事的妈妈和爱好天文的石子,二话没说,就奔往科技馆。2012 年 11 月 3 日下午,深秋的风有些冷,经历了长长的排队,终于让石子亲手触摸到了真实的神九返回舱,近距离观察到了返回舱表面与大气层摩擦时燃烧留下的痕迹。从科技馆出来,趁着热情未减,我和石子又去了浦东图书馆,从图书馆借了 Discovery 的太空系列光盘,感觉要想学习天文知识,这些都是非常好的载体,石子对这套光盘爱不释手。

2012 年暑假在美国国家航空航天博物馆参观时,有专门一个场馆是关于莱特兄弟的,我看到了充满梦想又不断去努力尝试并最终成功的力量,这是一颗种子,在他们还很幼小的时候,就根植下了。多么宝贵的种子,希望石子在人生之初,也能够根植梦想并将其小心保护好。想着如果石子以后能够从事此类科学探索并醉心其间、在浩渺的宇宙放飞自己的科学梦想时,好像我童年的梦想又重新被点燃了一般。

石子上小学后,一度迷上了上海玻璃博物馆,创下了一天往返 4 次仍恋恋不舍的纪录,参加了多次儿童玻璃博物馆组织的科学探索实验室活动,这些活动,都在他小小的头脑中埋下了热爱科学的种子。

就这样，我们支持石子的阅读和科学探索，最大限度地保护了他的好奇心和探究热情。看他如此喜爱科学，我们为他购买了《玩科学！我的科学实验宝盒》，里面一盒一盒不同的实验器材，每一个实验包中都有对应的实验器材和实验流程说明书，这一下子就把石子攫住了，每天回来都自己边看说明书边做实验，晚上做到很晚也要缠着爸爸做实验。

有一天晚上做了一个月亮实验，把月亮造型的夜光贴纸贴好，灯一关，哇，好神奇啊，一个个不同形态的月亮呈现在黑暗中。石子兴奋地大叫，各房间乱窜，把每个人都叫过来观赏。还把月亮贴纸贴到自己的小床上，看着它入睡。印象中这是石子做实验最为兴奋的一次，天真的孩子享受着发现和探索的乐趣。通过一套套科学实验，石子阅读说明书的能力也大大增强了，这为他独立组装各种机械玩具和搭建积木提供了极大的帮助。

正是凭借这种对科学的热爱和阅读的积累，他在后来的机器人学习中游刃有余，在亚太青少年机器人比赛中取得了好成绩。在班级里，他成了老师和同学眼中名副其实的科学小达人。

❀ **英语学习要多听原版，多看原版，在模仿中习得**

石子对英语的学习执着而痴迷。记得石子刚出生的时候，我和石子妈妈就讨论过英语学习的事情，我们俩在有关石子英语学习这件事情上保持着高度的一致。那就是，小孩子学英语应该多听多看原版的视频,多看原版的英文图书。因为,对于两三岁小孩来说,脑子里没有外语和母语的概念,无论是汉语还是英语都是语言,语言学习的基本规律就是多听、多说、多模仿,而小孩最大的优点就是模仿能力强,因此,英语学习一定要抓住这个关键时期。

　　石子学英语是从一套洪恩的点读笔系列开始的,他对那套点读笔丛书非常着迷,每天拿着点读笔跟读、跟唱,慢慢地很多单词他就会读了,很多简单的英文歌他也会唱了。石子也喜欢看迪士尼原版动画,其最大的优点就是画面形象生动,主题妙趣横生,很能吸引小孩子的注意力,在英语听说的梯度安排上循序渐进,语言材料地道而系统,如果能够坚持下来,是小孩学习英语很好的启蒙材料。

　　3岁那年,我们让石子去迪士尼学校学习英语。石子在迪士尼上完一年后,没有继续,当时想着以后在家里营造英语学习氛围,未必非要每周一次去上课。事实证明这种想法过于高估了我们作为家长的精力和能力,不去上课的结果就是:我们并没有每天持续给石子英语学习的训练,倒是石子自己继续发扬好学上进的特点,每天用那支点读笔自己学英语、唱儿歌,不亦乐乎。于是,在中断了几个月的学习之后,我们带着石子又重回迪士尼学校了。

　　石子在英语学习方面有一套自己的学习方法和学习习惯。迪士尼教材的编写也有一套行之有效的理念,它会将每篇课文都编成英文歌曲,不但语言地道、朗朗上口,而且每篇课文都有节奏和韵律的美。

343

每次新课本发下来,石子便迫不及待地拿出光盘,对照课文听歌,十来首歌全部唱得烂熟,课文很自然也就背下来了。由于每篇课文早就背熟了,上课的时候他也信心十足,学习的积极性高涨。因此,石子在迪士尼 4 年的学习过程中,曾经连续跳了好几级。

石子看过的英文书不少,但他最喜欢的一套英文书是那套原版 *The Magic School Bus*。这是一套经典的科普读物,配有视频材料,石子从幼儿园放学回到家中,几乎每天都看这套书的视频,而且在语言选择上总是选择英语,不选择中文。

英语学习最需要的是融入或曰浸泡式学习,在这方面,表演英语话剧无疑是非常好的学习机会。我们支持石子积极参加迪士尼英语组织的英语剧表演。2014 年 1 月 2 日石子在《白雪公主和七个小矮人》中本色出演 Grumpy 的角色,一个容易生气的、坏脾气的小矮人。这是石子第一次参加排练、登台、演出,因此很有意义。后来,他又参加过几次演出,这大大激发了他学习英语的兴趣。而且,戏剧表演本身非常有利于培养一个人全面的品质,尤其是将自我投射到别人的经验中,甚至会产生心理治疗的作用。

除了上课,石子也特别喜欢迪士尼学校大量丰富的英文原版图书,石子每次下课后都不愿离开学校,喜欢在一排长长的书架下找一个安静的角落看书。他甚至希望我们每次接他的时候都迟到,那样,他就可以沉浸在自我阅读的世界里,不受打扰。因

石子每次下课后都不愿离开学校,喜欢在一排长长的书架下找一个安静的角落看书。他甚至希望我们每次接他的时候都迟到,那样,他就可以沉浸在自我阅读的世界里,不受打扰。

陪孩子爱阅读

此,每次我去迪士尼学校接石子的时候,只要看到石子向隅而读,我就在外面找个位置悄悄地坐下来,要么自己拿出书来看,要么静静刷着微信,不让他感觉我的存在。有时候石子看完书,猛一回头发现我在那里,就会淡淡地问一句:"爸爸,你什么时候来的?"我也淡淡地回一句:"刚刚到的。"

只要看到石子向隅而读,我就在外面找个位置悄悄地坐下来,要么自己拿出书来看,要么静静刷着微信,不让他感觉我的存在。

让阅读变成旅行的一部分

2014 年 9 月,我带石子去斯里兰卡旅行,我们让石子提前阅读了斯里兰卡的有关历史和地理,临走时,石子的拉杆箱里装了一些他喜欢的图书。

在科伦坡,我带他去当地最大的百货商场购书,刚进商场他就一头扎进了一楼的书店,从书架上挑选了几本自己喜欢的图书,席地而坐看起书来。临走时,他买了《数学探秘》《神秘埃及探秘》和《古建筑探秘》三本原版的英文儿童读物,其中那本《古建筑探秘》他说要送给好朋友乐乐哥哥。

有一天清晨,我们父子俩各自拉着旅行箱走在天色微曦的科伦坡街头,去赶从科伦坡到古城加勒的早班火车。清晨的科伦坡街头很安静,除了偶尔有乌鸦的叫声从灰白的天空中掠过,就是我们的拉杆箱转轮在地上滚动的声音,父子俩那种从容赶路的感觉真的很美。在等火车的时候,石子借着站台昏黄的灯光,入神地看着他刚刚买来的《数学探秘》,那是他沉浸在自我世界不能自拔的精神享受,他用一种别样的自我

我们让石子提前阅读了斯里兰卡的有关历史和地理。临走时,石子的拉杆箱里装了一些他喜欢的图书。

存在的方式来隔断外界的站台喧嚣声。

从科伦坡坐火车去加勒，一边是悬崖峭壁、碧浪滔天的印度洋，一边是白墙红瓦、椰树掩映的村庄，感觉火车在海上漂行一般，让人想起《千与千寻》。石子坐在车厢里安静地看他的《数学探秘》，有时也抬起头望着窗外茫茫的印度洋出神。从加勒去卡卢特勒的火车上，石子照样安静地看书，累了时，也会拿出随身带的扑克牌邀请我跟他打牌消遣。

我们在加勒的荷兰古堡待了大半天，我跟石子讲述加勒的历史。郑和下西洋曾经在这里登陆，后来荷兰人把这里变成了入侵的桥头堡，接着英国人也来了。在城堡的历史博物馆，石子看到了 13－14 世纪的中国瓷器，旁边也摆着英国的瓷器。我问石子如何区分中国瓷器和英国瓷器，他淡定地回答道："很简单呀，上面的人物不一样。"石子反问："爸爸，为什么郑和没有留下来呀？"爸爸说："因为郑和率领的是和平船队，所以当地人才会立碑纪念他呀。"在石子幼小的心灵中，也许就这样播下了和平交往的种子呢。

2015 年 3 月，石子妈妈带石子去杭州旅行，带上一本《岳飞传》。一上高铁，石子妈妈就开始讲岳飞的故事，石子一下子被岳飞的身世和枪挑小梁王的故事所吸引。石子妈妈还带石子去了岳王庙，这使得他对岳飞精忠报国有了更直观的了解和学习。石子妈妈和石子还通读了一本关于杭州的民间故事，一路走一路讲，到平湖秋月时，对徐文长作的一首诗，石子早就烂熟于心。

石子坐在车厢里安静地看他的《数学探秘》，有时也抬起头望着窗外茫茫的印度洋出神。

陪孩子爱阅读

346

这种一路走，一路读，读万卷书，行万里路的做法，对孩子的成长会起到重要的作用。无论对父母还是对孩子来说，阅读，与其坐在书斋中，不如游走在世界各地，读各地的历史地理和风土人情，让旅行变成阅读的一部分，那种收获是闭门读书得不到的。开门读书，将社会的书和手中的书融会贯通，才会产生最鲜活、最生动的效果。

无论对父母还是对孩子来说，阅读，与其坐在书斋中，不如游走在世界各地，读各地的历史地理和风土人情，让旅行变成阅读的一部分，那种收获是闭门读书得不到的。

《好妈妈胜过好老师》有一段哲学家弗洛姆的话：上帝答应给亚伯拉罕及其后裔的土地（土地常常是母爱的一种象征）被描写为"到处都流动着奶和蜜"。奶是爱的第一象征，是关心和肯定的象征。蜜则象征着生命的甜蜜、生活的幸福和对生命的热爱。大多数母亲都能够给予"奶"，但只有少数母亲能够给予"蜜"。为了能给孩子以蜜，一个母亲不仅必须是一个"好妈妈"，而且必须是一个幸福的母亲——母亲对孩子的这种影响怎么说都不夸张。母亲对生命的热爱会像她的焦虑一样感染孩子。这两种态度都对孩子的人格有很深的影响。

希望阅读习惯能够内化为石子的第二天性，让阅读成为滋养他身体和精神成长的"奶"和"蜜"，成就人格丰满和精神富足的快乐人生。

小石子爸爸这篇手记叫"阅读让我们思接千载"，怎么做到的呢？一路读来，答案自现，那就是因为他们与小石子所进行的是"思接千载"的阅读……读古诗，读科学，读英文，"阅读习惯能够内化为石子的第二天性"，阅读成为滋养他身体和精神成长的"奶"和"蜜"。看起来，他们实现得如此简单，其实，这背后，可见其用心与专注，而这两点，正是我特别感动，所以，特别想说一说的。

"用心"一事，石子爸爸笔下比比皆是，举最初那个例子：

"大概两岁的时候，我精心选购了一套唐诗、宋词诵读的图书，这套图书配有原创的动漫，画面细腻，意境唯美，朗诵专业，很有感染力。"

这一"精心"，得来的正是后面石子小朋友的"会心"，石子的生活开始诗化了，甚至都有了诗意的"报菜名"一节，妙不可言。都说好的开始是成功的一半，这个"好"字，其实不好说，但"用心"的开头一定是好的，当然，用心，不是用功利心，是用陪伴的心，是用从容的心，石子爸爸有一回写到与小石子读《望月怀远》，他说：

"虽然当时的石子未必能够领会古代关山阻隔、天涯孤旅锦书难寄的思念之苦，但我相信诗歌文学所营造的意境之美他是能够感受到的。"

这是大人的愿意等待——只有在这样的等待里，花才会开，春天才会来，也就像后面提到的，小石子英文班放学，爸爸总悄悄等他把书读完，愿意等，愿意等他读书，愿意等他把书读完，"等待"与"阅读"如此相关，两者皆是如此美好，而前提当然是，你得"用心"。

再说"专注"——常常有家长向我咨询，孩子不爱读书怎么办？怎么"引导"孩子爱上读书？最初还好，后来回答多了，我就觉得有点不对劲，想来想去，发现这个问题本身有问题，它最大的问题就是将家长的读书与孩子的读书隔开了——孩子不读或不爱读，这本身就与家长有莫大关系，如果家长不审视自身，不尝试将自己的问题找出来并予以解决，上面那个问题永远无解。家长爱书吗？爱读书吗？是怎么爱上读书的？如果这几个问题，每位家长都能给出肯定而响亮的回答，又何须担心孩子的读书。就这一点，小石子的爸爸、妈妈完全是个好榜样——为孩子的阅读和科学探索营造氛围,让阅读成为旅行的一部分……无他,唯专注耳,因为在爸爸、妈妈心中,永远是有"阅读"的,所以,"阅读"早就如种子一般播在石子心中,所以,读来读去,这一段,我还真是喜欢:

只要看到石子向隅而读,我就在外面找个位置悄悄地坐下来,要么自己拿出书来看,要么静静刷着微信,不让他感觉到我的存在。有时候石子看完书,猛一回头发现我在那里,就会淡淡地问一句:"爸爸,你什么时候来的?"我也淡淡地回一句:"刚刚到的。"

是不是很酷?因为阅读,可以上天入地,思接千载;因为阅读,父子二人彼此相遇,从未错过。是的,书里人,书外人,不曾伤别离,只为相见欢,"原来你也在这里",不早不晚,就是现在,这,就是阅读的力量。

冷玉斌

图书在版编目（CIP）数据

陪孩子爱阅读：20个家庭的亲子阅读之旅/张燕
主编. —上海：华东师范大学出版社，2017
ISBN 978 - 7 - 5675 - 6976 - 8

Ⅰ.①陪... Ⅱ.①张... Ⅲ.①儿童教育–家庭教育–阅读辅导
Ⅳ.①G78

中国版本图书馆 CIP 数据核字(2017)第 249317 号

陪孩子爱阅读
——20 个家庭的亲子阅读之旅

主　　编　张　燕
策划编辑　沈　岚
审读编辑　郑英明
责任校对　胡　静
装帧设计　卢晓红　宋学宏

出版发行　华东师范大学出版社
社　　址　上海市中山北路 3663 号　邮编 200062
网　　址　www.ecnupress.com.cn
电　　话　021 - 60821666　行政传真 021 - 62572105
客服电话　021 - 62865537　门市(邮购)电话 021 - 62869887
地　　址　上海市中山北路 3663 号华东师范大学校内先锋路口
网　　店　http://hdsdcbs.tmall.com/

印 刷 者　上海盛通时代印刷有限公司
开　　本　890×1240　32 开
印　　张　15.25
字　　数　277 千字
版　　次　2018 年 11 月第 1 版
印　　次　2021 年 6 月第 2 次
书　　号　ISBN 978 - 7 - 5675 - 6976 - 8/G · 10651
定　　价　49.80 元

出 版 人　王　焰

(如发现本版图书有印订质量问题,请寄回本社客服中心调换或电话 021 - 62865537 联系)

亲爱的爸爸妈妈，

这是一本为你们和孩子

定制的阅读手帐。

跟随手帐，

见证一次次有趣的阅读旅程吧！

这里有方法、目标、挑战

但所有的量化

都只是你们陪伴孩子的工具，

和孩子一起度过美妙的时光吧！

陪孩子爱阅读，

你们也可以做到！

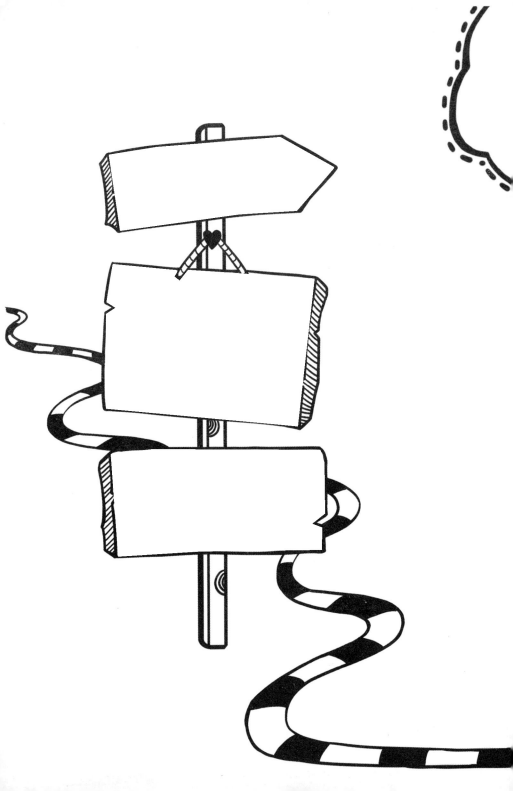

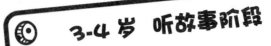

3-4岁 听故事阶段

阅读特点

这个阶段的阅读特点是：父母朗读，孩子倾听。

大部分孩子会倾向于在一段时间里，重复地听自己感兴趣的故事，即不断重复阅读同一本书。

此时，是培养孩子阅读兴趣，并且让孩子逐渐养成阅读习惯的好机会。

家长支持

鼓励孩子每日阅读、
持续阅读、大量阅读

搭配阅读手帐

打卡型记录 1-6

趣味型记录 1

使用手帐效果

养成阅读习惯

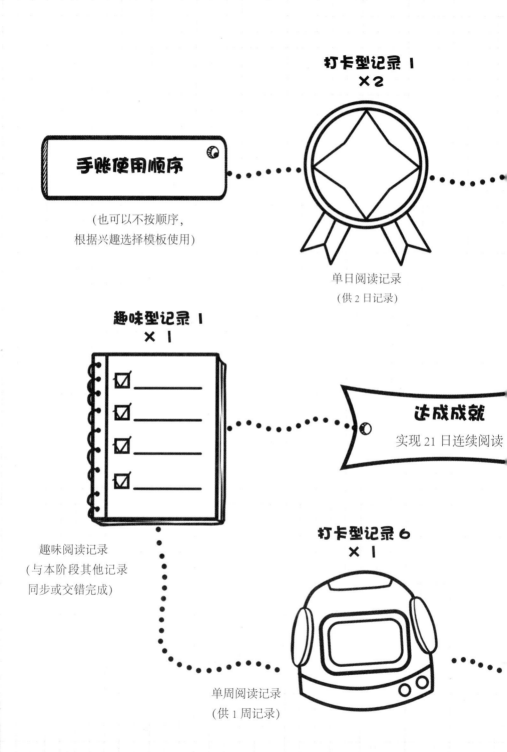

手账使用顺序

（也可以不按顺序，
根据兴趣选择模板使用）

打卡型记录 1
× 2

单日阅读记录

（供 2 日记录）

趣味型记录 1
× 1

☑ _____
☑ _____
☑ _____
☑ _____

趣味阅读记录

（与本阶段其他记录
同步或交错完成）

达成成就

实现 21 日连续阅读

打卡型记录 6
× 1

单周阅读记录

（供 1 周记录）

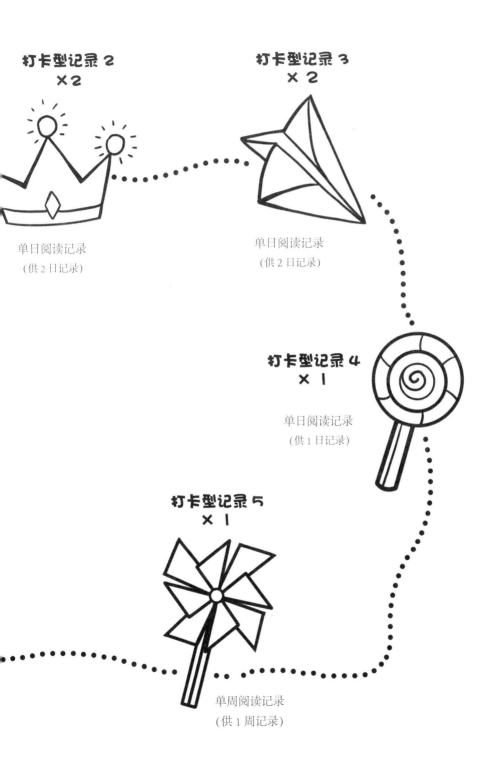

打卡型记录 2
×2

单日阅读记录

(供 2 日记录)

打卡型记录 3
×2

单日阅读记录

(供 2 日记录)

打卡型记录 4
× 1

单日阅读记录

(供 1 日记录)

打卡型记录 5
× 1

单周阅读记录

(供 1 周记录)

打卡型记录 1　　适用阶段：不限　　使用方式：阅读后涂色

今天，我看书了！

今天，我看书了！

今天，我看书了！

今天，我看书了！

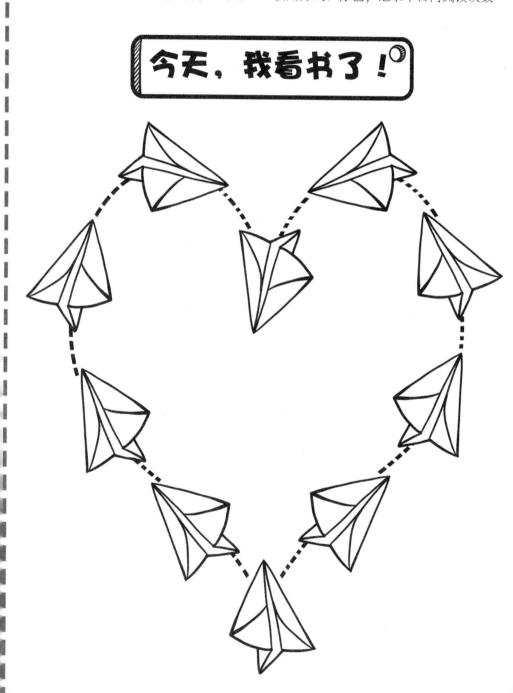

今天，我看书了！

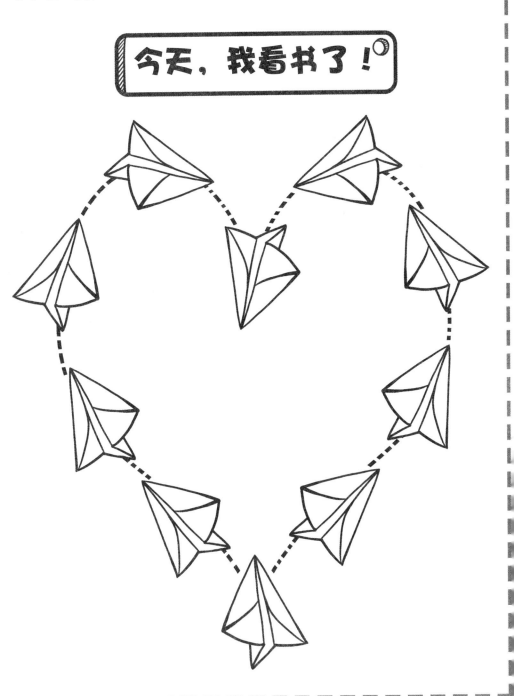

打卡型记录4　适用阶段：不限　　使用方式：在框内涂鸦或贴贴纸，记录单日内阅读次数

今天，我看书了！

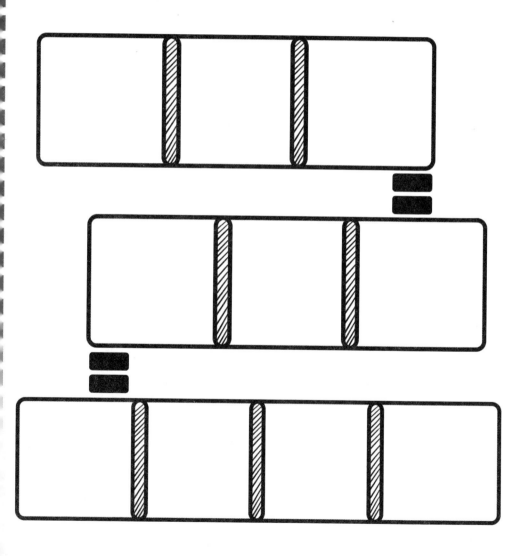

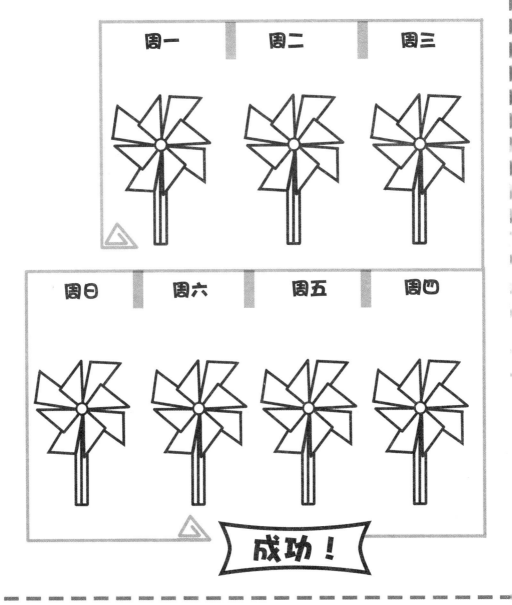

这周，我天天看书！

周一　周二　周三

周日　周六　周五　周四

成功！

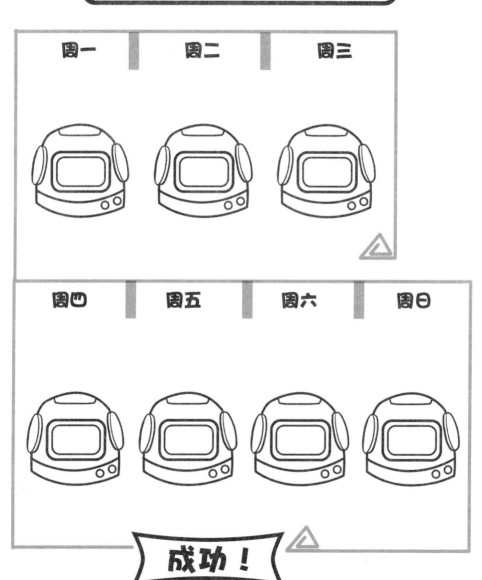

我的阅读挑战

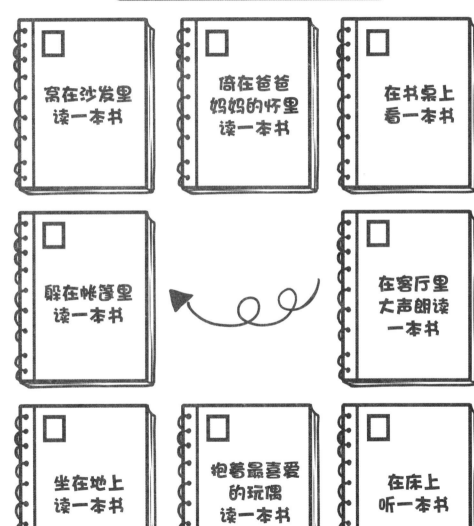

窝在沙发里读一本书

倚在爸爸妈妈的怀里读一本书

在书桌上看一本书

躲在帐篷里读一本书

在客厅里大声朗读一本书

坐在地上读一本书

抱着最喜爱的玩偶读一本书

在床上听一本书

阅读特点

　　这个阶段的阅读特点，仍然主要是父母朗读，孩子倾听。但是，逐渐会有一些孩子出现半自主阅读的倾向。

　　比如，有些孩子记忆力很强，会开始喜欢看着绘本画面复述故事，甚至编故事；一些孩子的识字敏感期较早出现，表现出主动认字的意愿，会自己读出书中的文字；还有一些孩子对涂鸦有兴趣，会尝试模仿绘本的内容，依葫芦画瓢。

家长支持

除了继续鼓励孩子每日阅读、持续阅读、大量阅读以外，还可以帮助孩子拓宽阅读类型、扩展阅读形式，让阅读变得更加丰富、有趣。

搭配阅读手帐

打卡型记录 7-8

目标型记录 1-3

趣味型记录 2

使用手帐效果

巩固阅读习惯、提升阅读质量

手账使用顺序

(也可以不按顺序,
根据兴趣选择模板使用)

打卡型记录 7
× 1

单周阅读记录
(供 1 周记录)

打卡型记录 8
× 1

单周阅读记录
(供 1 周记录)

目标型记录 1
× 1

20 天

单月阅读记录
(供 1 月记录)

目标型记录 1
× 1

图书阅读量记录
(供 1 月记录)

达成成就

实现 1 个月以上连续阅读
完成阅读 30+ 本书

阅读承诺书

阅读达人证书

配合目标型记录使用

目标型记录 3
× 1

图书阅读量记录
(不限完成期限)

趣味型记录 2
× 1

趣味阅读记录
(与本阶段其他记录
同步或交错完成)

这周，我天天看书！

打卡型记录 8　　　适用阶段：不限　　　　使用方式：在圈内涂鸦或贴贴纸，
　　　　　　　　　　　　　　　　　　　　　　　　　记录 1 周内阅读次数

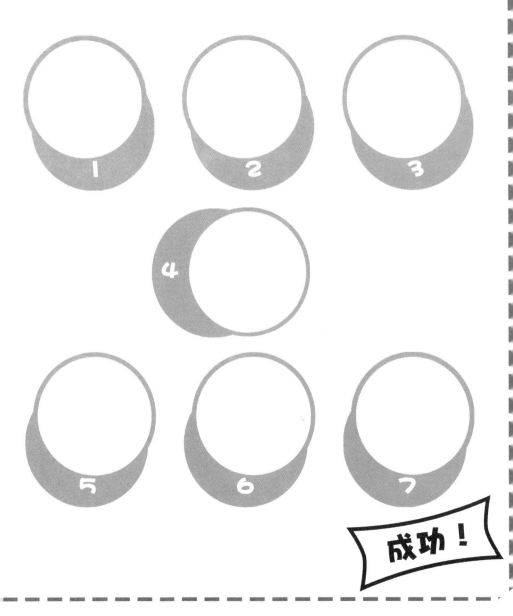

我的阅读承诺

我 _____ （姓名）承诺：

我将在未来的 _____ （时间）里，

_____
_____
_____
_____
（阅读目标）。

承诺人： _____ （签字或手印）　　日期： _____

我承诺

这个月，我挑战阅读 20 天

周一	周二	周三	周四	周五	周六	周日

超级阅读达人证书

超级阅读达人级

今天是属于亲爱的 _____（姓名）的大日子！

祝贺你实现了自己的阅读梦想：

_____

（阅读目标）。

祝贺你成为了超级阅读达人！

颁发人：_____（签字或手印）

日期：_____

我的阅读承诺

我承诺

我 _____ （姓名）承诺：

我将在未来的 _____ （时间）里，

_____

_____

（阅读目标）。

承诺人： _____ （签字或手印）　　日期： _____

这个月，我挑战阅读 10 本书

开始日期：＿＿＿＿＿＿　　　　　　　结束日期：＿＿＿＿＿＿

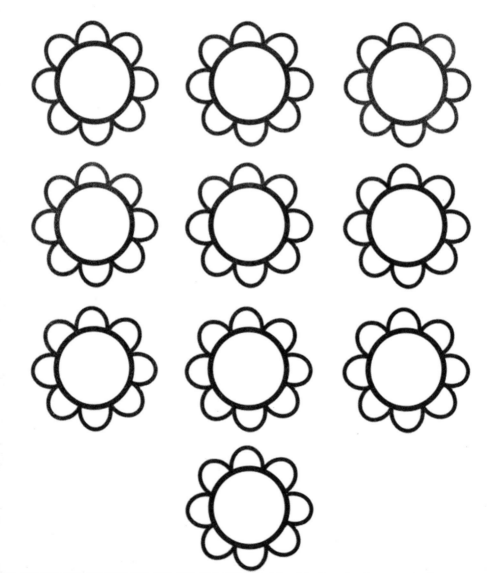

超级阅读达人证书

今天是属于亲爱的 ——————（姓名）的大日子！

祝贺你实现了自己的阅读梦想：

——————

（阅读目标）。

祝贺你成为了超级阅读达人！

颁发人：—————— （签字或手印）

日期：——————

阅读达人

超

我的阅读承诺

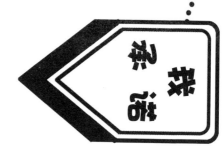

我 _____（姓名）承诺：

我将在未来的 _____（时间）里，

_____

（阅读目标）。

承诺人： _____（签字或手印）   日期： _____

适用阶段: 不限 使用方式: 每阅读 1 本书，涂色小圈；
达到数量目标，在大圈内贴贴纸

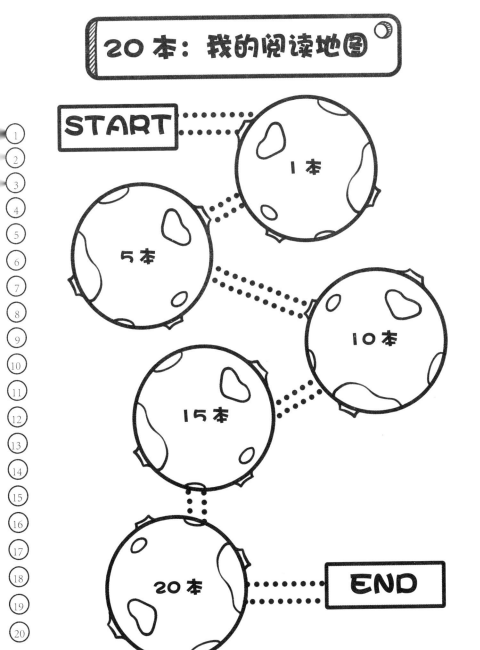

超级阅读达人证书

超级阅读达人级

今天是属于亲爱的 ＿＿＿＿＿（姓名）的大日子！

祝贺你实现了自己的阅读梦想：

（阅读目标）。

祝贺你成为了超级阅读达人！

颁发人：＿＿＿＿＿（签字或手印）

日期：＿＿＿＿＿

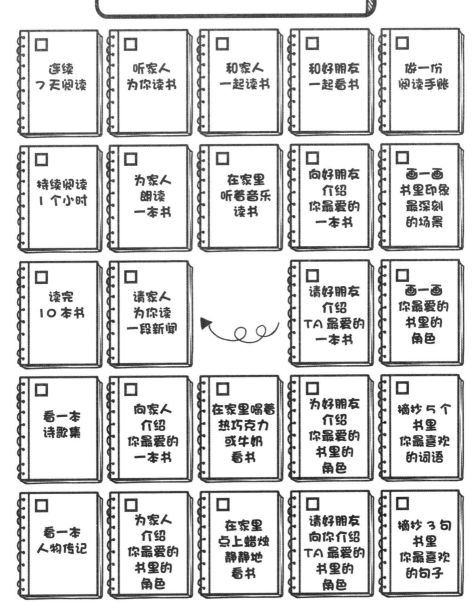

我的阅读挑战

☐ 连续 7 天阅读
☐ 听家人为你读书
☐ 和家人一起读书
☐ 和好朋友一起看书
☐ 做一份阅读手账

☐ 持续阅读 1 个小时
☐ 为家人朗读一本书
☐ 在家里听着音乐读书
☐ 向好朋友介绍你最爱的一本书
☐ 画一画书里印象最深刻的场景

☐ 读完 10 本书
☐ 请家人为你读一段新闻
☐ 请好朋友介绍 TA 最爱的一本书
☐ 画一画你最爱的书里的角色

☐ 看一本诗歌集
☐ 向家人介绍你最爱的一本书
☐ 在家里喝着热巧克力或牛奶看书
☐ 为好朋友介绍你最爱的书里的角色
☐ 摘抄 5 个书里你最喜欢的词语

☐ 看一本人物传记
☐ 为家人介绍你最爱的书里的角色
☐ 在家里点上蜡烛静静地看书
☐ 请好朋友向你介绍 TA 最爱的书里的角色
☐ 摘抄 3 句书里你最喜欢的句子

小学低年级 自主阅读阶段

阅读特点

这个阶段的阅读特点，转变为以孩子朗读或默读为主，父母则是选择性地陪伴阅读。

这个阶段的起始时间，不同的孩子可能会有所差异，但最晚在一年级下学期基本可以实现。

在这个阶段，孩子已经具有一定的识字量，或者可以借助拼音进行独立阅读，可以基本理解字面意思。在阅读过程中，有意识地积累词句，可以为日后的写作打下良好的基础。

家长支持

　　除了继续鼓励孩子每日阅读、持续阅读、大量阅读以外，更重要地是帮助孩子加强对阅读内容的深入思考，主动积累词句，让阅读的深度得以有效提升。

搭配阅读手帐

打卡型记录 9-10

目标型记录 4-10

书评型记录 1-7

趣味型记录 3

使用手帐效果

提升阅读质量、拓展阅读深度

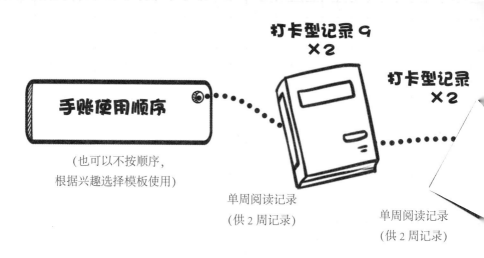

手账使用顺序

(也可以不按顺序,
根据兴趣选择模板使用)

打卡型记录 9
×2

单周阅读记录
(供 2 周记录)

打卡型记录
×2

单周阅读记录
(供 2 周记录)

阅读承诺书

我
承 诺

阅读达人证书

超
阅读达人
级

配合目标型记录使用

达成成就

实现 1 个月以上连续阅读
完成泛读 70+ 本书, 完成泛读 80+ 万字

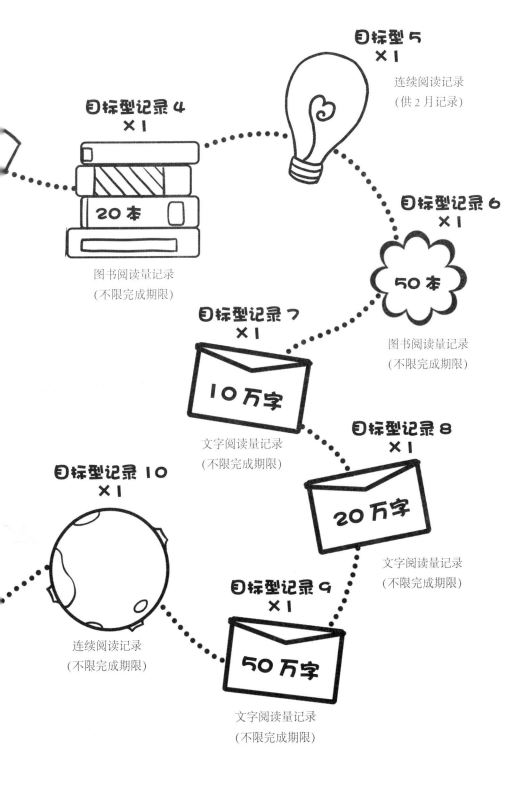

目标型记录 4
×1

20 本

图书阅读量记录
（不限完成期限）

目标型 5
×1

连续阅读记录
（供 2 月记录）

目标型记录 6
×1

50 本

图书阅读量记录
（不限完成期限）

目标型记录 7
×1

10 万字

文字阅读量记录
（不限完成期限）

目标型记录 8
×1

20 万字

文字阅读量记录
（不限完成期限）

目标型记录 10
×1

连续阅读记录
（不限完成期限）

目标型记录 9
×1

50 万字

文字阅读量记录
（不限完成期限）

在进行大量泛读、记录阅读量的同时，可以从中挑选某些书进行精读，并同步使用书评型记录；也可以将泛读、精读交错进行，避免重复单调。

书评型记录 1
×2

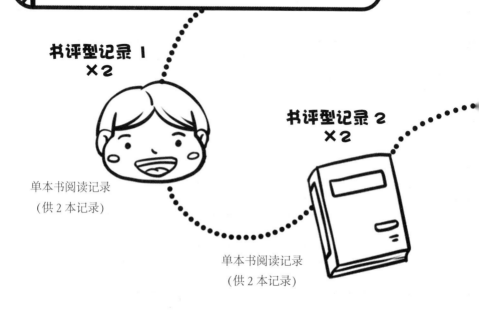

单本书阅读记录
（供 2 本记录）

书评型记录 2
×2

单本书阅读记录
（供 2 本记录）

达成成就

完成精读 10+ 本书

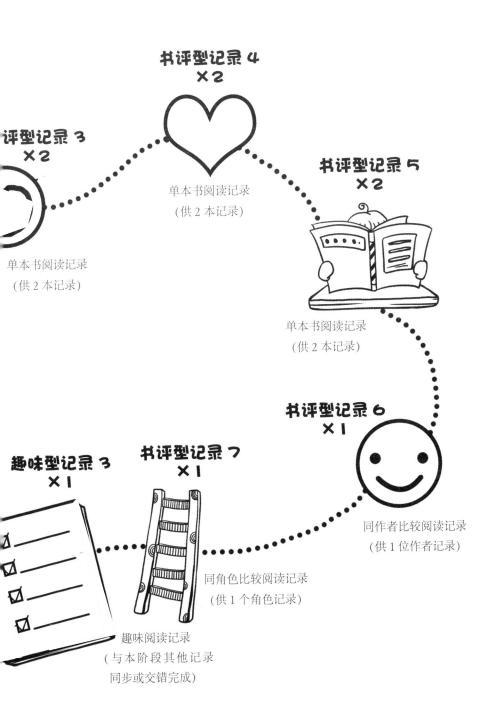

书评型记录 4
×2
单本书阅读记录
（供 2 本记录）

评型记录 3
×2
单本书阅读记录
（供 2 本记录）

书评型记录 5
×2
单本书阅读记录
（供 2 本记录）

书评型记录 6
×1
同作者比较阅读记录
（供 1 位作者记录）

趣味型记录 3
×1
趣味阅读记录
（与本阶段其他记录
同步或交错完成）

书评型记录 7
×1
同角色比较阅读记录
（供 1 个角色记录）

我的阅读周记

周一
书名 ＿＿＿＿＿＿＿＿＿＿　作者 ＿＿＿＿＿＿＿＿
日期 ＿/＿/＿　今日阅读　第 ＿ 页 ～ 第 ＿ 页

周二
书名 ＿＿＿＿＿＿＿＿＿＿　作者 ＿＿＿＿＿＿＿＿
日期 ＿/＿/＿　今日阅读　第 ＿ 页 ～ 第 ＿ 页

周三
书名 ＿＿＿＿＿＿＿＿＿＿　作者 ＿＿＿＿＿＿＿＿
日期 ＿/＿/＿　今日阅读　第 ＿ 页 ～ 第 ＿ 页

周四
书名 ＿＿＿＿＿＿＿＿＿＿　作者 ＿＿＿＿＿＿＿＿
日期 ＿/＿/＿　今日阅读　第 ＿ 页 ～ 第 ＿ 页

周五
书名 ＿＿＿＿＿＿＿＿＿＿　作者 ＿＿＿＿＿＿＿＿
日期 ＿/＿/＿　今日阅读　第 ＿ 页 ～ 第 ＿ 页

周末
书名 ＿＿＿＿＿＿＿＿＿＿　作者 ＿＿＿＿＿＿＿＿
日期 ＿/＿/＿　今日阅读　第 ＿ 页 ～ 第 ＿ 页

我的阅读周记

周一
书名 ＿＿＿＿＿＿＿　　　　　作者 ＿＿＿＿＿＿＿
日期 ＿/＿/＿　今日阅读　第 ＿＿ 页 — 第 ＿＿ 页

周二
书名 ＿＿＿＿＿＿＿　　　　　作者 ＿＿＿＿＿＿＿
日期 ＿/＿/＿　今日阅读　第 ＿＿ 页 ～ 第 ＿＿ 页

周三
书名 ＿＿＿＿＿＿＿　　　　　作者 ＿＿＿＿＿＿＿
日期 ＿/＿/＿　今日阅读　第 ＿＿ 页 ～ 第 ＿＿ 页

周四
书名 ＿＿＿＿＿＿＿　　　　　作者 ＿＿＿＿＿＿＿
日期 ＿/＿/＿　今日阅读　第 ＿＿ 页 ～ 第 ＿＿ 页

周五
书名 ＿＿＿＿＿＿＿　　　　　作者 ＿＿＿＿＿＿＿
日期 ＿/＿/＿　今日阅读　第 ＿＿ 页 ～ 第 ＿＿ 页

周末
书名 ＿＿＿＿＿＿＿　　　　　作者 ＿＿＿＿＿＿＿
日期 ＿/＿/＿　今日阅读　第 ＿＿ 页 ～ 第 ＿＿ 页

打卡型记录 10　适用阶段：自主阅读阶段　　　使用方式：阅读后填写

我的阅读日记

○ 注音书　○ 桥梁书　○ 章节书　　　　起止日期：_____ ~ _____

	书 名	日 期	开始页码	终止页码
周一				
周二				
周三				
周四				
周五				
周六				
周日				

打卡型记录 10　适用阶段：自主阅读阶段　　　使用方式：阅读后填写

我的阅读日记

○ 注音书 ○ 桥梁书 ○ 章节书　　　起止日期：_____ ~ _____

	书 名	日 期	开始页码	终止页码
周一				
周二				
周三				
周四				
周五				
周六				
周日				

我的阅读承诺

我 _____ _____ （姓名）承诺：

我将在未来的 _____ _____ （时间）里，

_____ _____ _____

_____ _____ _____

（阅读目标）。

承诺人：_____ _____ （签字或手印）

日期：_____ _____

我承诺

20 本：我的阅读挑战

超级阅读达人证书

超级阅读达人级

今天是属于亲爱的 ———————（姓名）的大日子！

祝贺你实现了自己的阅读梦想：

（阅读目标）。

祝贺你成为了超级阅读达人！

颁发人：——————（签字或手印）   日期：——————

我的阅读承诺

我 _____（姓名）承诺：

我将在未来的 _____（时间）里，

_____（阅读目标）。

承诺人：_____（签字或手印）

日期：_____

我承诺

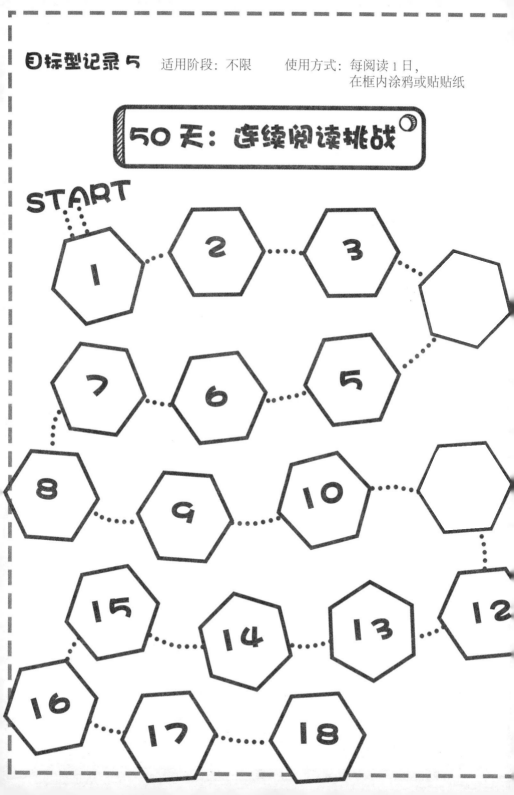

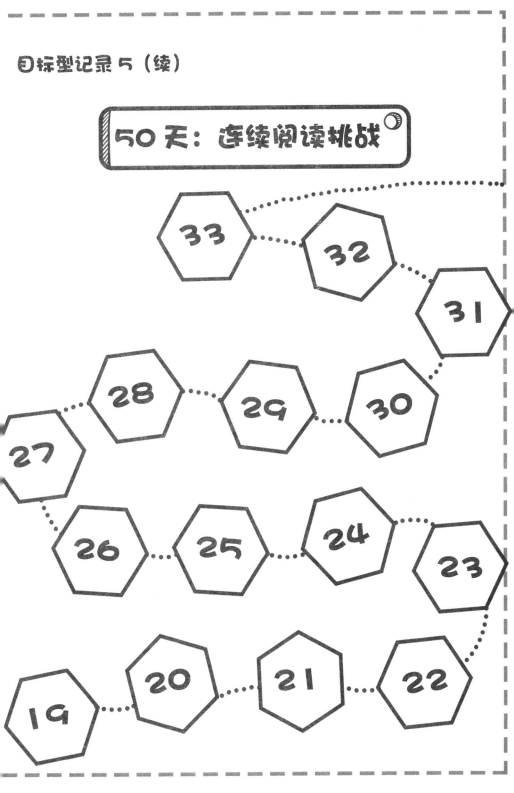

50 天：连续阅读挑战

34 … 35 … 36

40 … 39 … 38

41 … 42 … 43

48 … 47 … 46

49 … 50 …… END

超级阅读达人证书

今天是属于亲爱的 ——————（姓名）的大日子！

祝贺你实现了自己的阅读梦想：

——————

（阅读目标）。

祝贺你成为了超级阅读达人！

颁发人：——————（签字或手印）   日期：——————

阅读达人
超级

我的阅读承诺

我 _____（姓名）承诺：

我将在未来的 _____（时间）里，

_____

（阅读目标）。

承诺人：_____（签字或手印）

日期：_____

我承诺

50本：我的阅读挑战

开始日期：_____　　　　　　　　　结束日期：_____

1	2	3	4	5	6	7
8	9	10	11	12	13	14
15	16	17	18	19	20	21
22	23	24	25	26	27	28
29	30	31	32	33	34	35
36	37	38	39	40	41	42
43	44	45	46	47	48	49	50

超级阅读达人奖状

超级阅读达人级

今天是属于亲爱的＿＿＿＿＿＿（姓名）的大日子！

祝贺你实现了自己的阅读梦想：

＿＿＿＿＿＿＿＿＿＿＿＿＿＿＿＿＿＿＿＿＿＿

（阅读目标）。

祝贺你成为了超级阅读达人！

承诺人：＿＿＿＿＿＿（签字或手印）   日期：＿＿＿＿＿＿

我的阅读承诺

我 _____（姓名）承诺：

我将在未来的 _____（时间）里，

_____

_____

（阅读目标）。

承诺人：_____（签字或手印）

日期：_____

我承诺

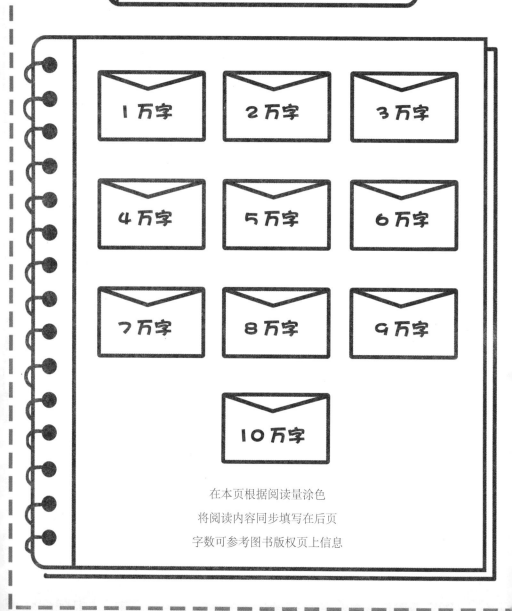

我要挑战阅读 10 万字

日期	书名	阅读字数	累计字数

本页为填写登记页　　　与涂色页组合使用

目标型记录7（续）

我要挑战阅读10万字

日期	书名	阅读字数	累计字数

本页为填写登记页　　　　与涂色页组合使用

超级阅读达人证书

今天是属于亲爱的 _____（姓名）的大日子！

祝贺你实现了自己的阅读梦想：

_____

（阅读目标）。

祝贺你成为了超级阅读达人！

颁发人： _____ （签字或手印）

日　期： _____

阅读达人
超级

我的阅读承诺

我 ＿＿＿＿＿（姓名）承诺：

我将在未来的 ＿＿＿＿＿（时间）里，

＿＿＿＿＿

＿＿＿＿＿

（阅读目标）。

承诺人：＿＿＿＿＿（签字或手印）

日期：＿＿＿＿＿

我承诺

我要挑战阅读 20 万字

1 万字	2 万字	3 万字	4 万字
5 万字	6 万字	7 万字	8 万字
9 万字	10 万字	11 万字	12 万字
13 万字	14 万字	15 万字	16 万字
17 万字	18 万字	19 万字	20 万字

在本页根据阅读量涂色

将阅读内容同步填写在后页

字数可参考图书版权页上信息

目标型记录 8（续）

我要挑战阅读 20 万字

日期	书名	阅读字数	累计字数

本页为填写登记页　　　与涂色页组合使用

我要挑战阅读 20 万字

日期	书名	阅读字数	累计字数

本页为填写登记页　　　　与涂色页组合使用

目标型记录 8（续）

我要挑战阅读 20 万字

日期	书名	阅读字数	累计字数

本页为填写登记页　　　与涂色页组合使用

超级阅读达人证书

今天是属于亲爱的 _____（姓名）的大日子！

祝贺你实现了自己的阅读梦想：

_____

（阅读目标）。

祝贺你成为了超级阅读达人！

颁发人：_____（签字或手印）

日期：_____

阅读达人
超级

我的阅读承诺

我 _____（姓名）承诺：

我将在未来的 _____（时间）里，

（阅读目标）。

_____

_____

承诺人：_____（签字或手印）   日期：_____

我承诺

我要挑战阅读 50 万字

1 万字	2 万字	3 万字	4 万字	5 万字
6 万字	7 万字	8 万字	9 万字	10 万字
11 万字	12 万字	13 万字	14 万字	15 万字
16 万字	17 万字	18 万字	19 万字	20 万字
21 万字	22 万字	23 万字	24 万字	25 万字
26 万字	27 万字	28 万字	29 万字	30 万字
31 万字	32 万字	33 万字	34 万字	35 万字
36 万字	37 万字	38 万字	39 万字	40 万字
41 万字	42 万字	43 万字	44 万字	45 万字
46 万字	47 万字	48 万字	49 万字	50 万字

本页为涂色页　　　　后页为配套的填写登记页

目标型记录 9（续）

我要挑战阅读 50 万字

日期	书名	阅读字数	累计字数

本页为填写登记页　　　与涂色页组合使用

我要挑战阅读 50 万字

日期	书名	阅读字数	累计字数

本页为填写登记页　　与涂色页组合使用

目标型记录 9（续）

我要挑战阅读 50 万字

日期	书名	阅读字数	累计字数

本页为填写登记页　　　与涂色页组合使用

我要挑战阅读 50 万字

日期	书名	阅读字数	累计字数

本页为填写登记页　　　与涂色页组合使用

目标型记录 9（续）

我要挑战阅读 50 万字

日期	书名	阅读字数	累计字数

本页为填写登记页　　　与涂色页组合使用

目标型记录 9（续）

我要挑战阅读 50 万字

日期	书名	阅读字数	累计字数

本页为填写登记页　　　与涂色页组合使用

超级阅读达人奖状

超级
阅读达人

今天是属于亲爱的 _____ (姓名) 的大日子!

祝贺你实现了自己的阅读梦想:

_____

(阅读目标)。

祝贺你成为了超级阅读达人!

承诺人: _____ (签字或手印)　　日期: _____

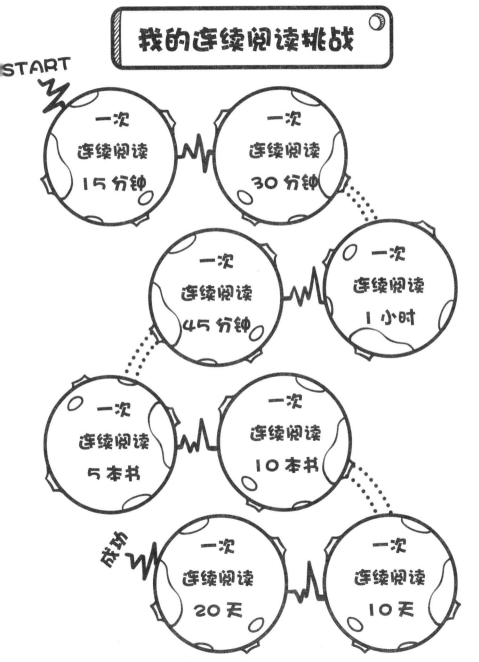

在进行大量泛读、
记录阅读量的同时，
可以从中挑选某些书进行精读，
并同步使用书评型记录；

也可以将泛读、精读交错进行，
避免重复单调。

我的阅读手账

书名：_____

作者：_____ 阅读日期：_____

当我读完这本书时，我感觉

画一画，书里最爱的内容

我的阅读手账

书名：_____

作者：_____　　　阅读日期：_____

当我读完这本书时，我感觉

画一画，书里最爱的内容

书评型记录 2　适用阶段：自主阅读阶段　　使用方式：阅读后填写

我的阅读手账

我喜欢这本书吗？
(涂色评分)

书名：_____

作者：_____

绘者：_____

译者：_____

◐ 当我读完这本书时，我感觉
- ☐ 开心　　☐ 难过
- ☐ 兴奋　　☐ 生气
- ☐ 其他 _____

写一写，故事里留下最深印象的内容

_____

_____

_____

_____

我的阅读手账

我喜欢这本书吗？

（涂色评分）

书名：_____

作者：_____

绘者：_____

译者：_____

🕐 当我读完这本书时，我感觉

☐ 开心　　☐ 难过

☐ 兴奋　　☐ 生气

☐ 其他 _____

写一写，故事里留下最深印象的内容

_____

_____

_____

_____

我的阅读手账

我的评分（涂色评分）

♡ ♡ ♡ ♡ ♡

画一画，
书里最有趣的情节或人物

书里有哪些主要人物？

书名 _____

作者 _____

我发现！

5 个好词语

我最喜欢的 3 句好句子

我的阅读手账

画一画，
书里最有趣的情节或人物

我的评分 (涂色评分)

书里有哪些主要人物？

书名 _____

作者 _____

我发现！
5 个好词语

我最喜欢的 3 句好句子

_____

_____

_____

_____

_____

_____

_____

我的阅读手账

书名：

作者：

喜爱指数 ♡ ♡ ♡ ♡ ♡

开始阅读日	结束阅读日

好词或好句

画一画
故事中印象最深刻的部分
（场景、情节、人物皆可）

写一写
对这本书的感想
（或者喜欢 / 不喜欢这个故事的原因）

我的阅读手账

书名：

作者：

喜爱指数　♡ ♡ ♡ ♡ ♡

开始阅读日	结束阅读日

好词或好句

画一画
故事中印象最深刻的部分
（场景、情节、人物皆可）

写一写
对这本书的感想
（或者喜欢 / 不喜欢这个故事的原因）

阅读手账

书名：_____

作者：_____　　阅读日期：_____

喜爱指数 ♡ ♡ ♡ ♡ ♡

故事中的好词

故事中的好句

写一写，对这本书的感想以及喜欢这个故事的原因

书评型记录 5 　适用阶段：自主阅读阶段　　使用方式：阅读后填写、涂鸦

阅读手账

书名：_____

作者：_____　　阅读日期：_____

喜爱指数 ♡ ♡ ♡ ♡ ♡

故事中的好词

故事中的好句

写一写，对这本书的感想以及喜欢这个故事的原因

我读 ＿＿＿＿＿＿＿＿（作者）

阅读起止日期：＿＿＿＿＿ ~ ＿＿＿＿＿

我的阅读记录

☐ 书名 ＿＿＿＿＿＿＿＿＿＿＿　☺ ☺ ☹

☐ 书名 ＿＿＿＿＿＿＿＿＿＿＿　☺ ☺ ☹

☐ 书名 ＿＿＿＿＿＿＿＿＿＿＿　☺ ☺ ☹

☐ 书名 ＿＿＿＿＿＿＿＿＿＿＿　☺ ☺ ☹

☐ 书名 ＿＿＿＿＿＿＿＿＿＿＿　☺ ☺ ☹

☐ 书名 ＿＿＿＿＿＿＿＿＿＿＿　☺ ☺ ☹

☐ 书名 ＿＿＿＿＿＿＿＿＿＿＿　☺ ☺ ☹

☐ 书名 ＿＿＿＿＿＿＿＿＿＿＿　☺ ☺ ☹

书评型记录 6（续）

我眼中的作者什么样？

_____

_____

_____

我喜欢 / 不喜欢这位作者的作品？为什么？

_____

_____

_____

我最喜欢这位作者的哪一本书？为什么？

_____

_____

_____

书评型记录 6 (续)

我最喜欢这位作者
书里的哪个角色?
为什么?

_____

_____

_____

_____

画一画
最喜欢的角色

这位作者的书里, 我最难忘的一段故事是

_____

_____

_____

为什么难忘? 或者受到了怎样的启发?

_____

_____

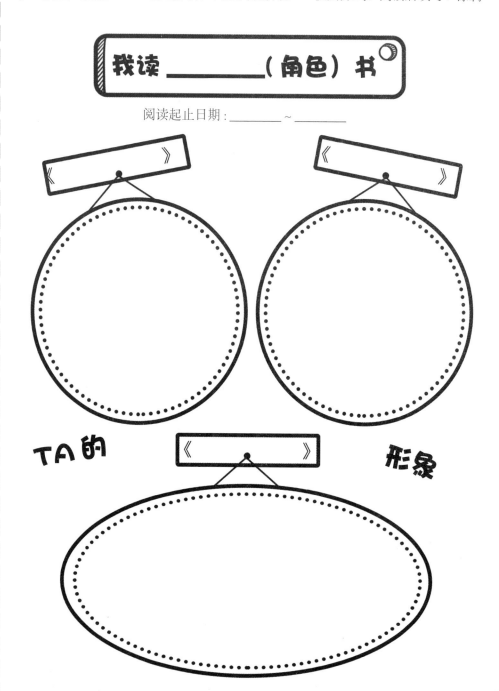

我读 ＿＿＿＿＿＿（角色）书

阅读起止日期：＿＿＿＿＿＿ ~ ＿＿＿＿＿＿

TA的　　　　　　　　　　　形象

书评型记录フ（续）

作品介绍

作品 1

书名：_____

作者：_____ 绘者：_____

作品 2

书名：_____

作者：_____ 绘者：_____

作品 3

书名：_____

作者：_____ 绘者：_____

角色介绍

TA 是：_____

_____

_____

书评型记录フ（续）

角色分析：共同点与差异

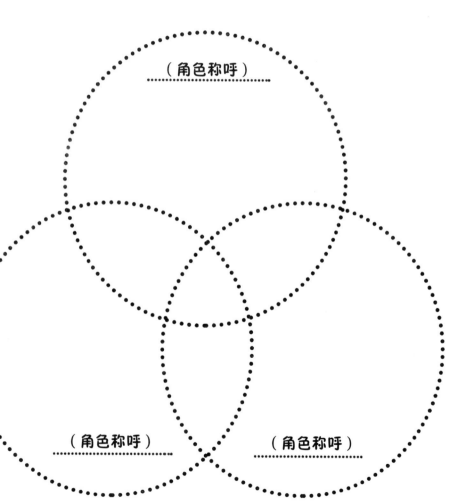

（角色称呼）

（角色称呼）

（角色称呼）

书评型记录 7（续）

这三个角色中，最喜爱的是哪个？为什么？

_____

_____

_____

这三个角色中，从谁那里得到了启发？学会了什么？

_____

_____

_____

_____

趣味型记录 3　　适用阶段: 不限　　使用方式: 自由设定阅读挑战内容, 每完成一项, 打钩、涂色

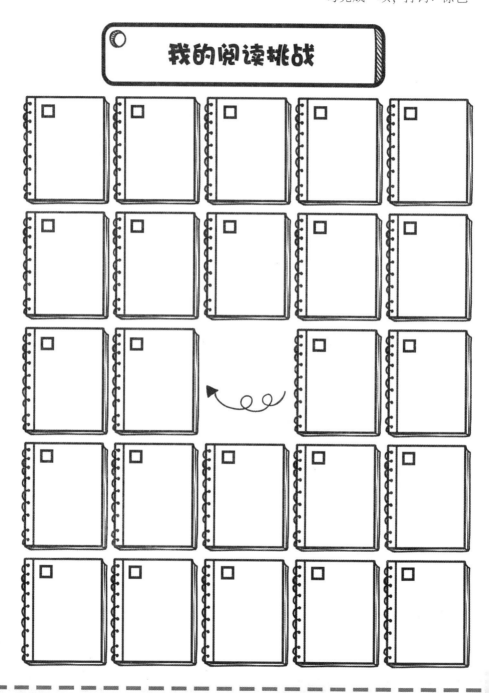

我的阅读挑战

超级阅读达人证书

今天是属于亲爱的 —————（姓名）的大日子！

祝贺你实现了自己的阅读梦想：

（阅读目标）。

祝贺你成为了超级阅读达人！

颁发人：————（签字或手印）　　　日期：—————

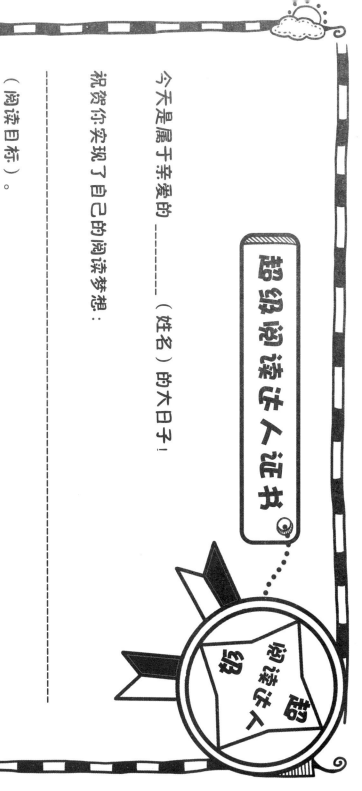

阅读达人 超级

—